高职医学生职业生涯规划与就业指导

主审　王泽泉　陈晓香　王冬杰

主编　陈兰云　刘文玲　王芳倩

科学出版社

北京

内 容 简 介

本书共分为四部分：第一部分为职业生涯规划；第二部分为高职医学生职业认知与能力培养；第三部分为高职医学生就业指导；第四部分为社会实践与继续教育。为保证学生学习的效果和兴趣，教材中设置了学习目标、视野窗和目标检测板块。本书紧扣高等职业院校定位，牢抓高职医学专业特色，为1+X证书制度服务，引导学生的职业生涯规划，提升学生的就业能力，并切合实际地引导学生在为祖国和社会服务中实现自己的人生价值，开启学生奋发向上的动力，不负韶华，不负时代，不负人民，在青春的赛道上奋力奔跑，争取跑出当代青年的最好成绩！

本书适用于高职高专医药卫生专业师生，也可供相关专业从业人员参考。

图书在版编目（CIP）数据

高职医学生职业生涯规划与就业指导 / 陈兰云，刘文玲，王芳倩主编. —北京：科学出版社，2024.1

ISBN 978-7-03-077651-8

Ⅰ. ①高…　Ⅱ. ①陈…　②刘…　③王…　Ⅲ. ①医学院校–大学生–职业选择　Ⅳ. ①G647.38

中国国家版本馆 CIP 数据核字（2023）第 253872 号

责任编辑：滕　云　陈晶晶 / 责任校对：周思梦
责任印制：赵　博 / 封面设计：无极设计

科学出版社 出版

北京东黄城根北街 16 号
邮政编码：100717
http://www.sciencep.com

天津市新科印刷有限公司印刷
科学出版社发行　各地新华书店经销

*

2024 年 1 月第　一　版　开本：787×1092　1/16
2025 年 7 月第四次印刷　印张：15
字数：391 000

定价：49.80 元

（如有印装质量问题，我社负责调换）

编 委 会

前　言

怀揣着对大学生活的美好梦想，学生们走进了职业教育的大学校门。未来的路如何走？如何在职业教育中学有所获，实现自己的人生价值？受传统观念影响，大多数学生从迈入高职院校的那刻起，就认为自己只剩下了"苟且"，失去了"诗和远方"。殊不知随着我国社会经济的发展变化，高职院校的学生因其职业特色越来越多地获得社会认可，"诗和远方"从未远离，关键取决于在即将开始的大学生活中学生自己的态度。"职业生涯规划与就业指导"就是一门帮助学生们去正确认识自己，认知职业，勇对人生，在未来去体验"诗"的惬意，欣赏"远方"美景的课程。为此，在本教材的编写过程中，编者坚持从卫生高职学生的实际出发，从对职业认知的基本知识入手，紧扣医疗卫生各专业培养目标、职业能力要求和就业前景的重点，使学生通过学习知晓在日常的学习生活中为什么做、怎样做、做到何种程度将对自己的未来职业产生什么影响，从而有效地规范自己的行为，脚踏实地地落实自己的职业生涯规划，努力向着就业目标前行，实现自身的人生价值。

本教材分为四部分，共十二章内容。第一部分为职业生涯规划，包括：第一章职业生涯规划概述，第二章职业生涯的自我管理。第二部分为高职医学生职业认知与能力培养，包括：第三章护理职业认知和能力培养，第四章医师职业认知和能力培养，第五章医技职业认知和能力培养，第六章特色医学职业认知和能力培养，第七章中医中药师职业认知和能力培养。第三部分为高职医学生就业指导，包括：第八章就业指导概述，第九章就业准备，第十章应聘礼仪与技巧。第四部分为社会实践与继续教育，包括：第十一章大学生应征入伍，第十二章树立终身学习的理念。为保证学生学习的效果和兴趣，教材中设置了学习目标、视野窗和目标检测板块。在教材中还可以通过扫描相关二维码看到编委现场介绍未来的工作环境和各项要求的视频，能够帮助学生更好地了解职业环境和融入社会，开启学生奋发向上的动力。

本教材特色是立足于"三全育人"理念，突出校企合作，编写组由公共课、思政课、专业课教师以及医院的一线工作人员组成，旨在为社会培养又红又专优秀的医学事业接班人。把卫生高职院校的护理、临床医学、口腔医学、药学、影像、检验等专业的培养目标、职业能力和毕业生的就业前景相关内容纳入本书，突出了教材的实用性和针对性；同时，把大学生服兵役内容写入教材，既解决了学生对如何服兵役相关问题的困惑，又有助于学生献身国防、承担社会责任意识的培养；再有，我们把学生终身学习的内容写入教材，目的是帮助学生更好地规划自己，不但要做好现在的自己，更要明确自己将来的奋斗方向，使其保持自己职业生涯规划的完整性和持续性，从而有计划地实现自己的人生目标。

本教材的创新点：内容与学生的专业有效结合，增强教材的实用性；将中医和中药作为重点章节，体现传统医药特色，传承中华文化血脉精神。

本教材由陈兰云、刘文玲、王芳倩任主编，编写分工如下：第一章由陈兰云、尹怡编写，第二章、第十二章由王芳倩编写，第三章由谢朝霞编写，第四章由马杰编写，第五章由白静编写，第六章由孙航编写，第七章由刘文玲编写，第八章由王艳、王克斌编写，第九章由许连颖编写，第十章由杨荣杰编写，第十一章由李谭编写。全书视频资料由王芳倩、李谭、谢朝霞、马杰、白静提供，由马会全制作剪辑。

在编写本教材的过程中参考了有关教材、著作等文献资料，由于字数有限，未能一一列出，在此谨向原作者表示诚挚的谢意。

本教材的编写，得到学院各级领导及相关企业领导的鼓励和积极支持，同时从事临床医学教学的教师和一线的医务工作者也无私地伸出了援手，保证了相关医学知识的准确性以及编写工作的顺利完成，在此向支持工作的领导和同人表示最诚挚的谢意！虽然编者也尽了自己最大的努力编写出既贴近学生实际又体现社会需求的教材，但由于能力、水平和时间有限，教材中难免有不足之处，敬请批评指正。

编 者

2023 年 2 月

目　录

第一章　职业生涯规划概述

学习目标

1. 了解职业教育和职业教育体系。
2. 了解职业生涯规划的内涵、相关理论和意义。
3. 熟悉职业理想对人生和社会的作用。
4. 掌握高职医学生职业生涯规划的特点。
5. 掌握高职医学生的职业理想和实现途径。

第一节　职业生涯规划简介

对于步入高等学府的大学生而言，不管是否愿意，都已经踏上了自己职业生涯的探求之路。人的一生，大部分时间都与职业紧密相关，包括职业的选择、就业的状况等。从职业学习到职业劳动，人的职业发展都有其自身发展规律，对于大学生而言，尽早学习和掌握一定的职业生涯知识，对于将来的职业发展和职业理想的实现有着重要的意义。为此，尽快了解自己的学院属性和专业特色，缩短大学生活的适应期，对于高职院校的学生来说是十分必要的。但长期以来，由于受"学而优则仕""劳心者治人，劳力者治于人"等传统观念的影响，人们往往把受教育当作晋升仕途的主要途径，社会上以"读书做官"为荣，以"读书谋事"为耻，重士而轻农工商。黄炎培把这种"以职业为贱""以职业为苦"的思想视为"职业教育之礁"，认为劳力与劳心都是神圣的，轻视职业教育必将严重影响社会的进步和人民生活水平的提高，现今职业教育的重要作用更加凸显。今天，作为新时代大学生，走进职业校园，就要了解职业教育特色，做好职业生涯规划，学到技能本领，担起时代使命，时刻不忘 2022 年 4 月 25日习近平总书记在中国人民大学考察调研时的讲话中提出了对全国广大青年的希望："牢记党的教诲，立志民族复兴，不负韶华，不负时代，不负人民，在青春的赛道上奋力奔跑，争取跑出当代青年的最好成绩！"[1]

一、职业教育

为了推动职业教育高质量发展，提高劳动者素质和技术技能水平，促进就业创业，建设教育强国、人力资源强国和技能型社会，推进社会主义现代化建设，2022 年 4 月 20 日，第十三届全国人民代表大会常务委员会第三十四次会议通过《中华人民共和国职业教育法》修订，自 2022 年 5 月 1 日起施行，这是该法自 1996 年颁布施行以来的首次大修。新修订的《中华人民共和国职业教育法》内容更充实，包含明确职业教育是与普通教育具有同等重要地位的

---

[1] 新华网. 习近平在中国人民大学考察时强调 坚持党的领导传承红色基因扎根中国大地 走出一条建设中国特色世界一流大学新路.（2022-04-25）[2022-06-25]. www.news.cn/2022-04/25/c_1128595417.htm.

教育类型，国家鼓励发展多种层次和形式的职业教育。

（一）职业教育的含义

职业教育，是指为了培养高素质技术技能型人才，使受教育者具备从事某种职业或者实现职业发展所需要的职业道德、科学文化与专业知识、技术技能等职业综合素质和行动能力而实施的教育，包括职业学校教育和职业培训。

实施职业教育应当根据经济社会发展需要，结合职业分类、职业标准、职业发展需求，制定教育标准或者培训方案，实行学历证书及其他学业证书、培训证书、职业资格证书和职业技能等级证书制度。国家实行劳动者在就业前或者上岗前接受必要的职业教育的制度。每年5月的第二周为职业教育活动周。

（二）职业教育体系

国家建立健全适应经济社会发展需要，产教深度融合，职业学校教育和职业培训并重，职业教育与普通教育相互融通，不同层次职业教育有效贯通，服务全民终身学习的现代职业教育体系。国家优化教育结构，科学配置教育资源，在义务教育后的不同阶段因地制宜、统筹推进职业教育与普通教育协调发展。

职业学校教育分为中等职业学校教育、高等职业学校教育及其他职业教育。

1. 中等职业学校教育

中等职业学校教育由高级中等教育层次的中等职业学校（含技工学校）实施。

2. 高等职业学校教育

高等职业学校教育由专科、本科及以上教育层次的高等职业学校和普通高等学校实施。高等职业教育，简称高职。根据教育部相关规定，"职业技术学院"或"职业学院"为高职院校的特有校名后缀，是中国高等教育的重要组成部分。高职包括本科和专科两个学历教育层次，现今高职主要是专科层次，相对于普通高等教育培养学术型人才而言，高职偏重于培养高等技术应用型人才。高职学生毕业时颁发国家承认学历的普通高等学校专科（三年制）或本科（四年制）毕业证书，并享受普通高校毕业生的一切待遇。

3. 其他职业教育

其他学校、教育机构或者符合条件的企业、行业组织按照教育行政部门的统筹规划，可以实施相应层次的职业学校教育或者提供纳入人才培养方案的学分课程。

职业培训包括就业前培训、在职培训、再就业培训及其他职业性培训，可以根据实际情况由相应的职业培训机构、职业学校分级分类实施。

其他学校或者教育机构以及企业、社会组织可以根据办学能力、社会需求，依法开展面向社会的、多种形式的职业培训。

国家建立健全各级各类学校教育与职业培训学分、资历以及其他学习成果的认证、积累和转换机制，推进职业教育国家学分银行建设，促进职业教育与普通教育的学习成果融通、互认。

军队职业技能等级纳入国家职业资格认证和职业技能等级评价体系。

二、职业生涯规划的含义及相关理论

要设计好自己的职业生涯，给自己的人生一份满意答卷，我们就要学习职业生涯的有关知识。

（一）职业生涯规划的含义

职业生涯是指人的一生中与职业相关的经历，它是一个动态发展的过程，包括职业理想、职业选择和职业能力等内容。职业生涯规划是指个人通过对主客观条件进行测定、分析、总结，完成对自我和职业认知的活动，它的最终目的是在职业选择时实现人职匹配，并最终实现自己的职业理想和职业发展。具体来说，职业生涯规划是在职业经历中对自身的兴趣、爱好、个性、能力、价值观、特长、经历和不足进行综合分析，完成自我探索；在对目标职业进行全面认识后实现合理的职业选择，最终实现职业理想。

（二）职业生涯规划的相关理论

个人的职业发展是一个连续发展的过程，职业发展理论就是研究人们在这个连续发展的动态过程中的职业心理和职业行为的一种理论。在职业发展过程中，首先要面对的重要问题就是职业选择，而职业选择又与个人的职业态度和要求紧密相关，职业态度和要求的出现也不是偶然的，而是随着个人年龄、经历和教育等因素的变化而不断变化的。所以，职业发展如同人的身心发展一样，可以分成几个既相互联系又相互区别的重要阶段，在职业发展的不同阶段有不同的职业发展任务。关于职业发展的相关理论研究非常丰富，著名的有金兹伯格、施恩和格林豪斯等心理学家的职业发展理论。

1. 金兹伯格的职业发展理论

金兹伯格提出了关于人的职业选择心理与行为发展变化的理论，这一理论认为：职业选择不是某一时刻完成的一次性决定，而是从幼儿期就开始的包括一系列决定的长期过程。职业选择的初期和中期在青年期，青年的每一个决定都与本人的经验有关，并且这些决定是连续的、演进的。为了进行职业选择，应充分理解兴趣、能力、价值观等一系列个人因素，以及这些个人因素与社会需要、职业空缺之间的关系。人的职业选择可分为三个时期：第一为空想期，该时期发生在儿童期，职业愿望还停留在空想阶段，职业意向随生随灭，飘浮不定，极易受外界的影响。第二为暂定期，该时期为11～18岁，个人兴趣、能力、价值观都反映到职业意向上。第三为实现期，这是面对现实进行职业选择的时期，这一时期一般从18岁以后就业或进入具有职业限定性的教育机构中学习直到最后确定职业。

2. 施恩的职业生涯发展理论

美国的施恩教授立足于人生不同年龄阶段面临的问题和职业工作主要任务，将职业生涯分为9个阶段。

（1）成长、幻想、探索阶段。一般0～21岁处于这一职业发展阶段。此发展阶段的主要任务为：发现和发展自己的需要和兴趣、能力与才干，为未来的职业选择打下基础。

（2）走入工作世界。16～25岁的人进入该阶段。首先，进入劳动力市场，谋求可能成为一种职业基础的第一项工作；其次，个人和企业之间达成正式可行的法定合同，个人成为一个组织或一种职业的成员，充当应聘者、新学员的角色。

（3）参加基础培训。处于该阶段的年龄段为16～25岁。对于已经迈进职业或组织大门的新手而言，此阶段的主要任务一是尽快了解、熟悉组织，接受组织文化，融入工作群体，从而成为一名有效的组织成员；二是适应日常的工作程序，应对工作。

（4）在取得早期职业正式成员资格的基础上，谋求组织新的正式成员资格。此阶段的年龄为 17～30 岁。此阶段的主要任务是：第一，承担责任，成功完成第一次工作分配的任务；第二，展示和拓展自己的技能和专长，为提升职场综合能力和素养或进入其他领域的横向职业成长打下基础；第三，依据自身条件，结合组织中的机会和约束，重估当初职业的选择，决定是否留下继续工作或在自己的需求、组织约束和机会之间寻找一种更好的配合。

（5）职业中期，处于职业中期的正式成员。年龄一般在 25 岁以上。此阶段的主要任务是：选定一项专业或进入管理部门；承担较大责任，确立自己的地位，保持技术竞争力，力争成为一名专家或职业能手；开发个人的长期职业计划。

（6）职业中期危险阶段。处于这一阶段的年龄是 35～45 岁。此阶段的主要任务是：现实地评估自己的进步、职业抱负及前途；就是否接受现状或争取看得见的前途作出选择；建立与他人的良师关系。

（7）职业后期。从 40 岁以后直到退休。此阶段处于职业后期阶段，其任务是：成为一名良师，指导别人，对他人承担责任；提升技能，或提高才干，以担负更多、更大的责任；如求安稳，就此停滞，就要接受和正视自己影响力和挑战能力下降的现实。

（8）衰退和离职阶段。一般在 40 岁之后到退休期间，不同的人在不同的年龄会衰退或离职。此阶段的主要任务：一是要学会接受权力、责任、地位的下降；二是要学会接受和发展新的角色；三是要评估自己的职业生涯，准备退休。

（9）离开组织或职业——退休。退休，面临两大问题或任务：一是保持一种认同感，适应角色、生活方式、标准的急剧变化；二是保持一种自我价值观，运用自己积累的经验和智慧，以及各种资源角色，对他人进行传帮带。

对于施恩的职业生涯发展理论，需要注意的是，他虽然基本依照年龄增大的顺序划分职业发展阶段，但并未囿于此，其阶段划分更多的是根据职业状态、任务、职业行为的重要性，又因为每个人经历某一职业阶段的年龄有差别，所以，施恩只给出了大致的年龄跨度，并表现在不同职业阶段上所显示的年龄有所交叉重叠。

3. 格林豪斯的职业生涯发展理论

格林豪斯研究人生不同年龄段职业发展所面临的主要任务，并以此将职业生涯划分为 5 个阶段。

（1）职业准备的典型阶段：1～18 岁。主要任务是：发展职业想象力，对职业进行评估和选择，接受必需的职业教育。

（2）进入组织阶段：18～25 岁。主要任务是：在一个理想的组织中获得一份工作，在获得足量信息的基础上，尽量选择一种合适的、较为满意的职业。

（3）职业生涯初期阶段：25～40 岁。主要任务是：学习职业技术，提高工作能力；了解和学习组织纪律和规范，逐步适应职业工作，适应和融入组织；为未来的职业成功做好准备。

（4）职业生涯的中期：40～55 岁。主要任务是：需要对早期职业生涯重新评估，强化或改变自己的职业理想；选定职业，努力工作，有所成就。

（5）职业生涯的后期：从 55 岁直至退休。主要任务是：继续保持自己已有的成就，维护尊严，准备隐退。

各种职业生涯发展的阶段理论对职业发展阶段的划分并不完全一致，但是，它们的出发点和基本思路是相同的：它们都假设生命的发展阶段和职业的发展阶段是高度相关的，所以，它们都以年龄作为划分职业生涯发展阶段的一个重要依据。它们都认为，个人的职业心理在童年时代就开始逐步产生，随着年龄的增长、受教育程度的提高、经验的积累和社会环境的变化，人们的职业心理也会发生变化。职业发展常常伴随着年龄的增长而变化，尽管每个人从事的具体职业各不相同，但在相同的年龄阶段往往表现出大致相同的职业特征、职业需求和职业发展任务，据此，可以将一个人的职业生涯发展分为不同的阶段。

认识职业发展的不同阶段有哪些任务和发展趋势，可以帮助个人更有效地管理自己的职业生涯，也可以帮助组织管理和开发他们的人力资源工作。

职业发展理论提出了职业的阶段性，把人的职业意识、职业选择、职业适应看成是一个连续不断的长期的过程，职业咨询也应是一个长期的、系统的工作，并贯穿在人生的各个阶段。这些观点对职业咨询产生了重要的影响，特别是对学校职业咨询具有特殊的意义。职业发展理论强调职业咨询工作的重点是培养人，许多研究者都根据大量的实验材料勾画了职业意识、自我认识以及职业决策能力在人的一生中的发展历程，阐述了各个阶段的相互联系以及各阶段之间质的差别性，要求将职业渗透于学校教育的各个阶段，促进了学校教育改革，为学校职业指导提供了理论依据。

职业发展理论也有自身的缺陷，主要表现在两个方面：一是在研究人的职业发展时，对社会分工、职业分化、职业结构的变迁等职业自身发展规律研究不够；二是对如何提高个体的职业适应性研究不够。当然，职业发展的阶段划分，只是一个大概的区间，而不是一个绝对的标准。我们的目标不仅仅是把某一个人划分到某一个阶段中去，更重要的是要了解他们的职业生涯是如何发展的。

人生的丰富和变化无常会使每个人的职业发展遇到或多或少十分独特的问题，特别是现代职场环境，变化大，流动频繁，职业发展模式更加复杂多样，因此，就不能简单地去套用理论。

了解职业发展的各个阶段，有助于我们清楚地认识自身在不同阶段存在的普遍性问题、产生的原因以及应对的方法。通过了解职业发展的不同阶段，我们可以在不同的阶段展开以前，做好功课，充分地做好心理上和技能上的准备，把握好角色转换的关键，在职业发展的不同阶段，作出前瞻性的规划。

三、职业生涯规划的意义

职业生涯规划不仅仅是对职业的规划，更是对人生的规划、对自我发展的规划，它有利于自身的发展和创造。在自我职业生涯规划之前，也许你是一个即将走上社会的大学生，也许只是一个默默无闻、兢兢业业、脚踏实地的工作者，但在认真地规划之后，你就是一个主宰者，至少是自己的主宰。人生的进步少不了动力和目标，而这个目标就从规划开始。

（一）职业生涯规划有助于自我认知

自我认知是职业生涯规划的重要内容。通过科学地自我分析，认识自己，了解自己，估计自己的能力、性格和价值观；找出自己的特点，明确自己的优势，正确设定自己的职业发展目标，并制定行动计划，使自己的才能得到充分发挥，以实现职业发展目标。因此职业目标的实现离不开科学的自我认知，而完整的职业生涯规划有助于自我认知的实现。

（二）职业生涯规划有助于自我鞭策

对许多人来说，制定和实现职业生涯规划就像一场比赛，随着时间推移，自己一步一步地实现规划，这时自己的思维方式和工作方式又会渐渐改变。需要强调的是，职业生涯规划必须是具体的、可以实现的，有目标的人才会感觉充实。每个人只有找准自己的角色定位才能取得最大的成功，做自己喜欢的事情，做到极致，最容易成功。很多时候失败的人不代表没有能力，而是因为角色定位的失败。个人职业生涯规划正是一种对个人角色的有效定位的方式。

（三）职业生涯规划有助于自我管理

制定职业生涯规划的一个最大的好处是，有助于我们安排日常工作的轻重缓急。制定职业生涯规划，能使我们紧紧抓住工作的重点，增加我们成功的可能性。当我们有了明确的职业生涯规划以及清晰的职业目标时，就会知道我们为什么在这里工作，即是为了积累经验或是为了提升技能，再或是为了历练些什么。对于一个希望职业有所发展的人来说，明确知道自己所要的，为工作赋予意义，这时候哪怕再忙再累，也会觉得非常有价值。反之，则会觉得是在瞎忙，甚至是在受罪。

（四）职业生涯规划有助于自我挖掘

职业生涯规划能帮助自己集中精力，充分发挥自己的优势并且向会有最大希望实现自身价值的方面发展，这样有助于自己发挥尽可能大的潜力，最终实现成功的目标。做好职业生涯规划后，定位就会清晰，目标就会明确，随后的任务就是如何有效地一步步靠近目标，直至实现。同时，努力寻找如何才能提高工作效率的方法，对于自己来讲，哪些是需要提升的，哪些是需要锻炼的，哪些是自己比较有竞争力的东西，都会一目了然。每一天的忙碌都是直奔目标主题，正确并高效的，减少了因盲目而多走的弯路。有目标的忙不是负担，而是一种动力。

（五）职业生涯规划有助于自我反省

职业生涯规划的一个重要功能是提供自我评估的重要手段。自己可以根据规划的进展情况评价目前取得的成绩。职业生涯规划的好坏必将影响整个生命历程。我们常常提到的成功与失败，不过是所设定的目标实现与否，目标是决定成败的关键。个体的人生目标是多样的，包括生活质量目标、职业发展目标、对外界影响力目标、人际环境等社会目标，整个目标体系中的各因子之间相互交织、影响，而职业发展目标在整个目标体系中居于中心位置，这个目标实现与否，直接引起成就与挫折、愉快与不愉快的不同感受，影响着生命的质量。

四、高职医学生职业生涯规划的特点

（一）缺乏对职业生涯规划的全面认识

职业生涯规划涵盖了确立职业理想、正确认识自我、设立职业目标、评估职业环境、制定行动计划、付诸实际行动等内容。在实际生活中，高职医学生能够正确和全面地理解职业生涯规划流程的只占少数。大部分学生能够认同职业生涯规划中的职业理想和职业目标，但容易忽视对职业环境和对自我情况的评估。对大部分高职医学生而言，职业生涯规划等同于就业指导，缺乏对职业生涯规划的全面和正确认识。更有部分学生认为职业生涯规划相当于纸上谈兵，没有实际意义，认为书面的规划对实际情况缺乏指导意义。因此，只有少数学生能够对自己的职业生涯进行中长期的规划，或是即使有所规划，也缺乏目标的执行力。

（二）缺乏对自身专业的全面认识

高职医学生的专业选择，是将来个人职业生涯的起点和关键。高考之后的专业选择实质上是自我职业方向和就业领域的确定。通过调查发现，高职医学生对于专业志愿的选择缺乏主动性，多数都是由于父母的期望，或者是老师、亲朋好友的推荐。近年来，随着一些特色医学专业如医学营养、康复治疗技术等热门专业的出现，也有越来越多的学生为了就业前景而选择卫生高职院校。不难看出，学生在选择专业时对父母有严重的依赖心理，对所学专业及其发展前景认知落后，只有少数学生清楚自己将来要从事什么样的具体工作，相当一部分学生入校前对所学专业的关注较少，因而对所学专业今后对应的工作了解不够，大部分学生对职业世界的认识多来自父母或者亲朋好友，对职业世界的认知途径单一，对职业的发展前景的认知不全面。同时，高职医学生对所学专业的满意程度较低，多数学生对当前医患关系紧张和医疗环境等问题存在担忧。总体来看，大多数的高职医学生缺乏对自己所学专业和就业前景的认识，不能清醒地认识自己的专业教育区别于一般的高职专业教育，也区别于一般的本科医学教育。

（三）缺乏对自我的认知

职业生涯规划的关键一步就是对自我的认知，自我认知是进行职业选择的依据和出发点。自我认知是指结合自身的性格特点、气质类型、能力特长、职业兴趣和职业价值观，对自身进行细致、全面、深刻的分析，找出自身的优势和劣势，这是真正实现人职匹配的前提和关键。通过调查发现，高职医学生中能够全面认识自己性格特点、气质类型、能力特长、职业兴趣、优势劣势的学生少之又少，大多数学生缺少自我剖析和深刻的自我反思能力。

（四）缺乏正确的职业价值取向

职业价值观是职业选择的前提，更是职业生涯规划中自我认知的一项重要内容。卫生高职院校专业不同于一般的高职院校专业，卫生高职院校学生承担的是"健康所系，性命相托"的使命，其本身应该有更高的道德水准和价值取向。然而由于市场经济条件的影响和医疗环境的紧张，越来越多的高职医学生过于崇尚物质报酬和个人享受，功利主义思想越发严重。他们在对职业世界的认知上，更多地受到家庭环境、父母职业的影响，部分学生普遍欠缺吃苦耐劳、为人民服务的奉献精神，职业责任感和职业道德意识滑坡现象令人担忧。例如，有的学生在就业选择时，只重视主观感受，不顾社会需要，择业时对于富有挑战性的基层工作，普遍存在畏难和排斥情绪。没有意识到就业选择是双向的，对未来职业的期待过于理想化和功利化，只能导致将来在就业选择中遭受挫折。

（五）缺乏对职业生涯成功的归因认识

每个职业人都渴望职业生涯的成功，职业生涯成功是指个人在职业生涯的奋斗过程中，随着职业生涯目标的实现而产生自我实现的成就感，从而使个人的素质得到全面提高，潜能得到全面发挥。个人职业生涯的成功是社会和他人的赞誉、肯定及自我追求目标实现后的满足。每个人的标准不尽相同，既包括社会地位、收入等客观成分，同时又含有对工作满意度、精神是否感到愉快等主观成分。无论是主观成分，还是客观成分都会随着时间的变迁而发生一定的变化。在当前市场经济的冲击下，毕业生们对物质生活的要求越来越高，自恃为社会的精英分子，个人定位不准确，对自身资历浅薄和工作经验不足缺乏正确认识，脱离实际，带有浓厚的理想主义色彩。大多数的高校毕业生，包括卫生高职院校毕业的准医务工作者，都把拥有大量的物质财富、专业领域职务、职位高低作为衡量职业生涯成功的重要标准。这样的评判标准趋于现实主义和功利主义。但卫生高职院校专业毕业的学生不同于一般高职院校专业毕业的学生，他们今后将从事救死扶伤、为患者服务的相关工作，如果缺乏服务他人、服务社会的无私奉献精神，将很难取得社会和他人的认可。总体来看，高职医学生在职业生涯成功的归因上，更多的是侧重于主观条件，而忽视了社会发展、职业变迁、国家政策对个人职业生涯成功的影响。学生们要注意职业生涯的成功要归因于个人的知识技能的储备和对目标持之以恒的执行力，而不仅仅是人际关系、家庭背景等。

（六）缺乏对就业形势的理性思考

大部分的高职医学生，对就业前景和就业形势有悲观的认识，但是这种悲观认识的来源是建立在在就业选择上医院规模定位是否为三甲、在待遇上期望值过高、在就业地点上是否为大中城市或沿海经济发达地区基础之上的，大多数学生不愿意到乡镇或基层医院工作，至于边远地区或欠发达地区更不愿考虑。对于刚进入职场的高职医学生而言，这样的职业目标定位本身就缺乏理性认识。但许多高职医学生在遭遇求职失败后，不从自身和目标定位上找原因，反而把原因归于缺乏良好的社会关系和机遇，怨天尤人，从而出现情绪低落的情况。为此，在医学院校毕业生更多地涌入市场，卫生高职毕业生缺乏竞争优势的情况下，卫生高职毕业生更要客观地认识自我，做到先就业再择业，不能只考虑主观意愿。

第二节　职业与职业观

马克思说过"人的本质是劳动"，我们每名医学生都要步入社会，都将通过职业活动实现个人价值，同时为社会作出贡献并推动社会的发展，社会通过职业活动对个体贡献进行补偿回报以维持个体稳定生活。众多的职业分工及相应的从业者的工作构成了整个社会的基本结构，职业成为人们在社会生存和发展的手段，我们都会与职业结下不解之缘，不可避免地要成为一名职业人。

一、职业

谈起职业，人们就会想到日常生活中各种各样的劳动岗位和与劳动岗位相关的各种工作，如医生、护士、教师、记者等。这些工作由于性质、任务、对象和方式的不同，被我们称为不同的职业。

（一）职业的含义

职业是指人们为了谋生和发展而从事的相对稳定、有收入的、分门别类的社会劳动，这种劳动取决于社会分工。离开职业，人们就无业可就，就业就是人们谋取职业，并从职业中获得必要生活和生产资料，实现人生价值的过程。职业与工作联系很大，工作是指为了进行某种活动或达成某项任务，个人所需扮演的某些角色及被分配的若干职位。职业是特定的社会分工任务的这些角色及职位的总和，一个职业有时包括好几项工作，例如，从事护士职业，除了护理工作之外，有时还兼任其他的行政、科研、教学等工作。工作是比职业更具体的概念。行业的概念与职业又不同，同一行业中有许多不同的职业，不同的行业中也会有相同的职业，比如，在医疗行业中，包含医师、药剂师、护士、医学检验技师等职业；文秘职业则出现在各行各业中。与职业有关的另一个概念是专业，是指专业化程度比较高的职业。

简单地讲，职业是指人们在社会中所从事的有稳定、合法收入的活动，是指参与社会分工，利用专门的知识与技能，创造物质财富、精神财富，获得合理报酬，满足物质生活、精神生活的工作。其中包含了以下五种关系：①个人与他人的社会关系，强调职业首先必须是一种社会分工。②职业与知识技能的关系，每种职业必须具有相应的知识和技能。③知识技能与财富的关系，只有具备了相应的知识技能才能创造相应的财富。④创造财富与报酬的关系，相对于创造的财富必须获得合理的报酬。⑤获得报酬与需求的关系，从事某职业的人通过获得的报酬来满足个人的物质需求和精神需求。

（二）职业的特征

一项社会活动要称为职业，则必须具备以下六个特征。

1. **社会性**

职业充分体现社会分工，劳动者所从事的每项职业均系他人所需，并且与其他社会成员相关联。社会成员在一定的职业岗位上为社会做贡献，社会也以全体成员的劳动成果作为积累而获得持续的发展和进步。

2. **经济性**

从个人角度讲，劳动者所从事的某项职业是以获得现金或实物等报酬为目的的。可以说，职业是个人获得经济收入的来源，是个人维持家庭生活的手段。从社会角度讲，职业的分工是社会经济运行的主体，职业劳动所创造的社会财富，成为社会存在和发展的物质基础。

3. **稳定性**

任何一种职业都要经历一个从酝酿到形成、从发展到完善再到消亡的变化过程。一般来说，构成职业生存的社会条件变化是比较缓慢的，职业的生命周期便相对地具有稳定性。

4. **技能性**

任何一种职业岗位，都有相应的职业要求，而要完成职业要求，必须有特定的职业素质和专业技能。

5. **规范性**

规范性主要是指职业主体符合并遵守国家法律规定和社会伦理道德标准。

6. **群体性**

处于同一企业或同一部门的从业者，总会形成语言、习惯、利益及目的等方面的共同特征（实际上这点类似于形成群体文化），从而不断产生群体认同感。

二、**职业观**

（一）职业观的含义

职业观是指人们对某一特定职业的根本看法和态度，也是社会对从事某种专业的工作人员较为恒定的角色认定。

职业观由三个要素构成，即维持生活、完善个性和服务社会，三者不同的地位和比例，构成不同的职业观，包括职业地位观、职业待遇观、职业苦乐观等。

（二）职业观的作用

职业观是在长期的职业实践中逐步形成的，有其产生和发展的规律，它一经形成，又会反过来影响甚至指导具体的职业工作和职业行为。特别是当一种职业观内化为从业人员价值体系的一部分时，往往表现出很强的自主性，这种自主性可能达到与职业组织力量相抗衡的程度，如对为什么要选择职业、选择什么职业、什么是好职业、个人适合从事什么职业劳动等的不同看法。正是在这些问题上的看法不同，也就产生了不同的择业方向及职业行为。有人择业方向正确，有人进入误区；有人在职业劳动中成绩卓著，有人毫无作为，甚至屡次在择业竞争中失败。由此可见，职业观对高职高专学生的职业选择具有非常重要的作用。

1. 职业观是择业者选择职业的指导思想

社会生活中职业化程度越高、职业地位越巩固的职业，人们对其从业者的角色认定也越明确。例如，医护人员被称为"白衣天使"，邮递员被认作"绿衣使者"，教师被视为"园丁""蜡烛"等。

2. 职业观影响人生的发展前景

职业观是人生理想在职业问题上的反映，是人生观的重要组成部分；正确的人生观决定正确的职业观。在劳动力市场上，每个择业者都自觉或不自觉地以一种职业观指导自己选择职业。

（三）如何培养正确的职业观

正确的职业观从根本上说就是为人民服务的职业观。择业要以国家需要为重。追求美好的生活、理想的职业和个人的前程是正常的，但要清楚地认识到美好的生活来自奋斗，个人理想和前途根基于国家的前途、人民的事业。因此，个人择业，首先要服从国家和社会的需要，充分考虑国民经济和社会发展的需要，把择业同民族的振兴、祖国的富强联系起来，并以此为己任，提倡无私奉献的精神。

但是，在市场经济的条件下，劳动确实是谋生的手段，就业确实又是在劳动力市场上出卖自己的劳动能力，劳动力是有价格的，就业需要讲报酬，也就是说，就业是有私的，怎样才能把这种无私与有私统一起来呢？古人说："以其无私，故能成其私""圣人不积，既以为人，己愈有；既以与人，己愈多"。就业首先要考虑的应是奉献，社会、人民需要什么，我们就去干什么；干，就要把它干好。也就是说，树立为人民服务、为社会奉献、敬业爱岗的精神。同时，也要依照法律，按照按劳分配的原则，即你付出了劳动，社会就会对你的奉献予以恰当的回报。

就业首先要为满足社会需求，适应用人单位的需要，在岗位上要提倡奉献精神，同时要体现按劳分配、多劳多得的原则，贡献愈大，回报愈高。这就是"以其无私，故成其私"的道理。一味地追求私利，一切从个人利益出发，不讲贡献，只讲索取，到头来，为私而私不成。

一个既具有无私奉献精神，又有才能的人，必定是一切用人单位欢迎的人，也是获得丰厚报酬的人。

第三节　职业理想

一、职业理想对人生的作用

职业理想是人们在职业上依据社会要求和个人条件，借想象而确立的奋斗目标，即个人渴望达到的职业境界。它是人们实现个人生活理想、道德理想和社会理想的手段，并受社会理想的制约。职业理想是人们对职业活动和职业成就的超前反映，与人的价值观、职业期待、职业目标密切相关，与世界观、人生观密切相关。当我们完成高中学业参加高考填报志愿时，填报哪一类高校和什么专业，实际上就开始了自己职业方向的选择。职业方向与一个人的职业理想有着密切的联系，是一个人的价值观、职业期待、职业目标的初步反映。这一时期的职业理想还比较模糊，处于自发阶段。进入大学以后，开始了专业学习，通过对社会经济发展、行业发展趋势以及职业岗位对人才要求的逐步深入了解，大学生必须思考自己的未来。这样，对职业理想的认识就进入了自觉阶段。

（一）职业理想对人生的导向作用

理想是前进的方向，是心中的目标。人生发展的目标通过职业理想来确立，并最终通过职业理想来实现。列夫·托尔斯泰曾说过，理想是指路的明灯，没有理想就没有坚定的方向，没有方向就没有生活。学生们在现阶段的学习生活中也已经深切地感受到，一旦学习目的不明确，学习的热情就会低落，学习的效果就不明显。因此，有了明确的、切合实际的职业理想，再经过努力奋斗，人生发展目标实现的概率将会大增。

（二）职业理想对人生的调节作用

职业理想在现实生活中具有参照系的作用，它指导并调整着我们的职业活动。当一个人在工作中偏离了理想目标时，职业理想就会发挥纠偏作用，尤其是在实践中遇到困难和阻力时，如果没有职业理想的支撑，人就会心灰意冷、丧失斗志。此外，如果一个人只把自己的追求定位在找到"好工作"上，即便是将来有实现的可能，也不能算是崇高的职业理想，因为，这样的理想一旦实现，他就有可能不思进取，甚至虚度年华。总之，一个人只要树立正确的职业理想，无论是在顺境还是在逆境，就都会奋发进取、勇往直前。

（三）职业理想对人生的激励作用

职业理想源于现实又高于现实，它比现实更美好。为把理想变成现实，人们会以坚忍不拔的毅力、顽强的拼搏精神和开拓创新的行动去为之努力奋斗。钟南山，中国工程院院士，呼吸病学专家，中国抗击严重急性呼吸综合征（SARS）、新冠疫情的领军人物，在 2003 年 SARS 袭来时，他和他的同事们把广州呼吸疾病研究所搭建成危重患者的"诺亚方舟"。他出生在一个医生家庭，父亲的一句话一直让他牢记在心里：一个人如果能为别人创造点东西，他就没有白活。老师也给他幼小的心灵播下了真理的种子：人不应该仅仅活在现实中，还要活在理想里。这些理想像夜晚的航灯，一直指引着他不断地努力。树立一个崇高的人生目标，然后，为实现这个目标坚持不懈，奋斗不止，为人民、为国家作出贡献，这样的人生才有意义。

二、职业理想与中国梦

（一）大学生就业难背后的职业理想问题

随着中国高等教育的发展，大学生的数量急剧增加，随之大学生的就业问题也日益凸显。大学生就业难已经成为社会热点之一。但从实际来看，毕业生人数的增加并不是造成就业困难的首要原因。反之，我国的大学毕业生总量还不能满足现代化发展的需要，就业岗位与毕业生数量之间存在的不是供需数量上的不对等，而是结构上的不对等。从地区分布上看，城市人才过剩，而农村和乡镇人才稀缺；经济发达地区人才过剩，而欠发达和落后地区人才紧缺。以上矛盾在卫生人才的分布上尤其明显。大部分的大学毕业生在确定职业理想时，一般把收入因素放在了首位，过于注重职业的经济价值而忽视了职业的理想价值。大学毕业生在就业上普遍存在"就业难"的问题，并不是完全找不到工作岗位，而是找不到大城市的高待遇岗位，这是由价值取向的偏激性造成的。因此，大学生的职业理想也是影响职业生涯规划的重要因素。

（二）大学生职业理想与中国梦的关系

1. 中国梦，大学生职业理想的航标灯

2012 年 11 月 29 日，习近平总书记在参观《复兴之路》展览时指出："历史告诉我们，每个人的前途命运都与国家和民族的前途命运紧密相连。国家好，民族好，大家才会好。"[①]简单的话语之中包含了个人与祖国和民族之间的深刻关系。祖国的强大和繁荣与大学生的个人成长息息相关。中国梦与大学生的职业理想的终极目标是一致的。大学生的职业理想包含在中国梦中，并将在中国梦的实现过程中得以实现。中国梦的实现必然为大学生职业理想的实现提供导向、机遇和条件，对大学生的职业生涯规划具有重要意义。

2. 职业理想，实现中国梦的助推剂

大学生是祖国和民族的希望，是社会发展的关键力量。大学生科学、高尚的职业理想和价值追求不仅能够为个人发展提供强大动力，同时也为社会的发展提供强大动力，促进个人目标和国家民族目标的顺利实现。中国梦与大学生职业理想的价值，决定着中国梦与大学生职业理想的统一性，大学生要加强中国梦的学习和宣传，将中国梦蕴含的理想信念、价值观念融入到自身的职业理想教育中，从而引领职业生涯的发展。

三、高职医学生的职业理想

卫生高职院校学生的职业理想是指学生对未来的医学专业、工作部门、工作种类以及事业成就大小的向往和追求，它建立在个人的医学专业知识与能力、兴趣和职业激情的基础之上。一方面，职业理想是人们希望从事某种职业的主观愿望，它受社会个体的个性心理品质、自我认知能力等因素的影响而带有鲜明的主观性；另一方面，它与个体社会角色的转型同步，要求社会个体的择业标准等必须服从和适应社会的整体需要。

（一）职业理想之大医精诚

我国古代孙思邈著述的《大医精诚》，被誉为"东方的希波克拉底誓言"，其思想精髓主要体现为以下几个方面：①医术要精，即要求医者要有精湛的医术，认为医道是"至精至微之事"，习医之人必须"博极医源，精勤不倦"。②态度要诚，即要求医者要有高尚的品德修养，以"见彼苦恼，若己有之"感同身受的心，发扬"大慈恻隐之心"，进而发愿立誓"普救含灵之苦"，"若有疾厄来求救者，不得问其贵贱贫富，长幼妍蚩，怨亲善友，华夷愚智，普同一等，皆如至亲之想"，且不得"自逞俊快，邀射名誉""恃己所长，经略财物"。③行医要慎于言辞，医生的准则是，不能随意跟别人开玩笑，不大声喧哗，谈说别人的短处，炫耀自己的名声，诽谤攻击其他医生，借以夸耀自己的功德。"夫为医之法，不得多语调笑，谈谑喧哗，道说是非，议论人物，炫耀声名，訾毁诸医，自矜己德。"偶然治好了一个患者，就昂头仰面，而有自我赞许的样子，认为自己天下无双，这些都是医生不可救药的坏毛病。"偶然治瘥一病，则昂头戴面，而有自许之貌，谓天下无双，此医人之膏肓也。"

这种注重自身修养、爱护患者、尊重同道的精神，堪为后世医者之行为准则。

（二）职业理想之医学生誓言

医学生誓言就是医学生对自身行为规范的承诺，更多的是基于社会公认的医学职业道德、职业精神的认可和追求。西方医学的奠基人、被后人尊称为"医学之父"的古希腊人希波克拉底提出的《希波克拉底誓言》，明确了医生对患者、对社会的责任及医生行为规范，2000 多年来，其基本精神一直被视为医生行为规范，并被广泛接受，直到今日，在很多国家的医学生入学时还要学习该誓言，很多医生就业时还必须按此誓词庄严宣誓。2002 年，《新世纪的医师职业精神——医师宣言》发表，为当代医师提出了 21 世纪医学职业道德的行为规范和行为准则，截至目前，已有包括美国、英国、法国、德国、加拿大等 36 个国家和地区的 120 个国际医学组织认可和签署了该宣言。中国医师协会于 2005 年正式签署该宣言，加入推行医师宣言的活动，中国的医师承诺的誓言包括了平等仁爱、患者至上、真诚守信、精进审慎、廉洁公正、终身学习等六个方面的内容，高度凝练了医师的职业精神和要求。1991 年国家教育委员会高等教育司以文件的形式颁布了《中华人民共和国医学生誓言》，它是在充分吸收了国际上公认的几个誓言内涵的基础上，结合我国的国情而制定的，它既是对医学生的要求，更是对他们未来成为医务工作者的职业精神和职业理想的要求。

（三）职业理想之崇高的职业意识

医生是一个高标准、严要求的职业，在普通人心目中，医生和医学往往被一厢情愿地理想化，求生的本能使得患者总是希望医生能为他做到药到病除、起死回生。医学也是个与环保类似的工作，投入大、见效慢，在学习的过程中，付出的辛苦就比别人多，五年的时间已经比一般大学多出了 25%的时间成本，之后从初出茅庐到独当一面又是一个漫长的煎熬过程，患者是随时都会出现的，工作的时间和强度往往也不固定。因此，医生这个行业，所得的收入往往与各种付出不成正比。对于把医生作为谋生行业而不是人生理想的人来说，当医生所挣的钱也许永远低于自己的预期。医学生必须对此有一个清晰的认识，同时对自我的兴趣、能力、特长，对未来的期望等有一个正确的认知，自我的理想必须建立在社会的职业理想之上，将二者结合起来，才能在学习过程中做到有的放矢、学有所成，也才能做到全面发展，最终真正在服务社会中实现自我价值。

（四）职业理想之坚定的毅力和恒心

医学事业的发展历史悠久，日新月异，涵盖范围广，信息量与日俱增。医学人文素质的提升，需要全方位的历练积累，高职医学生的学习任务艰苦而繁重，2019年教育部颁发的《高等职业学校临床医学专业教学标准》中，临床医学的学生需要学习的必修、选修课程近50门，还要参与大量的实践活动，这就需要医学生拥有坚定的毅力和恒心来完成学习任务。学生毕业进入职场，又发现所有学到的知识还不够用，面对患者还不能做到得心应手，还要再学习、再研究，也就是医生必须终身学习，必须一生都刻苦钻研。

（五）职业理想之无私的奉献

没有一个患者是按照医生上下班的作息时间来生病的，也没有一个患者是按照教科书上的描述来生病的，医生在付出休息时间、付出超出常人的精力和体力来工作的同时，还要对患者付出关爱，给予人文关怀，在筋疲力尽之余，还要对拥有各种各样需求的患者及其家属作出耐心细致的解释、再解释，医生在尽了最大努力之后，可能还会遭到抱怨，甚至遭受辱骂、打击。所有看病难、看病贵的矛头都指向医院、医生，医生既要面临职业带来的风险，还要承担巨大的社会压力，崇高的职业理想、对职业的热爱就是其强大支撑。

（六）职业理想之崇高的从医境界

医生作为人类最崇高的职业之一，要求从医者具备很高的思想境界水平，在医学生的职业理想教育中，应当激励自己在以下几个方面历练以提升自己的从医境界。第一，对医术的追求永无止境。人类对生命科学的研究脚步从未停止，对健康的渴望、对生命的敬畏为医生提出了越来越高的要求，伴随而来的新技术、新发现、新经验层出不穷，日新月异。同时，社会的人文属性也在发展变化，人的精神活动也随之变化，患者、病情也在发生变化，医生永远不能停留在已有的水平上，对医术永无止境的追求是每一个医生应有的境界。第二，患者至上、守护健康、敬畏生命，以患者的利益为重，时刻把患者安危放在心上，尊重患者的隐私，遵从生命至上的理念。我国著名医学家张孝骞教授提出从医必须做到"戒、慎、恐、惧"四个字，这就是我们医生的思想境界。第三，勇于奉献、胸怀坦荡、担当责任。医生这个职业，是服务人民群众的职业，是需要奉献的职业，我们面对的患者无关贫富贵贱。吴阶平院士有"医学技术回归医学人文关怀"，钟南山院士有"一切从病人出发"，吴孟超院士有"仁德济世"等崇高的思想境界，医学科学家们正是在践行服务、奉献的理念中变得崇高和伟大的。第四，哲学修养。自古以来，医学与哲学形影相随，难舍难分，哲学可以助医生明晰病情，使其科学决策，正确为处理医学与伦理、社会、法律等问题提供有效的辩证思维方法。20世纪50年代后期，吴阶平开始担任周恩来总理医疗组组长，吴阶平说："周总理经常对我讲，当医生的最需要辩证法，也最能懂得辩证法。毛主席的《实践论》《矛盾论》不抽象，处处都有体现。"[1]吴院士在学医初期就学习了《实践论》《矛盾论》，以后又不断地深入学习思考，他一生经历了许多特殊的时期，面对复杂的局面能应对自如，出色地完成了各项特殊的医疗任务，这与他结合实践学哲学、用哲学是分不开的。

---

① 穆建民．"周总理的教诲使我终生受益"——吴阶平与周恩来总理交往的故事．（2018-03-03）[2022-09-30]. http://www.cppcc.gov.cn/zxww/2018/03/03/ARTI1520038389604219.shtml.

视野窗

张孝骞（1897—1987），男，内科学家、医学教育家、中国消化病学的奠基人。毕生致力于临床医学、医学科学研究和医学教育工作。对人体血容量、胃分泌功能、消化性溃疡、腹腔结核、阿米巴痢疾和溃疡性结肠炎等有较深入的研究。在医学教育方面他有独到的见解，培养了骨干人才。

第四节 职业生涯规划与职业理想实现

人不能没有理想，理想是一个人生活的希望。大学生不乏自己的职业理想，但是每个人职业理想的追求层次和目标大小却因人而异。当代大学生生活的时代和社会环境为大学生实现职业理想提供了有利的条件，为大学生的职业理想选择提供了更加自由的空间。职业理想的实现必须立足现实，科学规划，不懈努力。实现职业理想的历程是追求幸福人生的过程，幸福是人们取得职业成就和实现人生价值的感受，大学生职业理想的实现要建立在对世情国情充分认识的基础上。

一、职业生涯规划与职业理想的关系

（一）职业生涯规划是实现近期顺利就业的需要

随着高等教育的迅速发展，学生数量急剧增加，学生供给与社会需求之间的关系由"供不应求"转为"供需平衡"，甚至"供大于求"。事实已经说明，在今后相当长的一段时间内，我国高校毕业生都将处于"买方市场"，大学生群体中就业竞争将十分激烈。因此，大学生就业工作必须要打提前仗。只有及早做好职业生涯规划，才能把握时代发展趋势，积极应对就业形势变化，争取就业成功。职业生涯规划就是人生的风向标，它指引着你、引导着你走向正确的方向，能让你少走弯路，在最短的时间内顺利达到终点。

（二）职业生涯规划是实现远期职业理想的需要

要实现职业理想，必须要确定一条职业发展路线，如是向专业技术方向发展还是向行政管理方向发展。发展方向不同，要求就不同。大学生职业生涯规划帮助大学生对人生的职业发展路线作出选择，统筹安排今后的学习和工作，也是为实现其远大的职业理想铺设了前进的道路。

确定职业理想或职业目标后，大学生在职业生涯规划中要制定相应的行动方案来落实理想、实现目标。一套完整行动方案的内容一般包括职业发展路线、教育培训安排、时间措施等。大学处于职业生涯的早期阶段，这一阶段的主要任务是知识能力储备和职业选择规划。因此，这一阶段的行动方案主要围绕这个主题来进行，具体包括：以何种形式来学习，参加什么培训项目，学习哪方面的知识，达到什么样的标准，能力积累提高的具体途径，等等。行动方案的制定会使大学生的方向、目标明确，并在实施时有针对性地进行反馈、修正、调整，这样，远大的职业理想将不再虚幻。

二、高职医学生职业理想的实现

在卫生高职院校，为培养学生的职业理想，要做到以下几点。

（1）要加强传统医德教育。我国是世界文明古国之一，形成了一系列优良的医德原则和规范，如仁爱救人、不谋私利、廉洁行医、一丝不苟、勤学不倦、精通医术、尊重同行、互敬互学等。我国历史上如扁鹊、华佗、张仲景、孙思邈、李时珍、叶天士等都是医术精湛、品德高尚的名医。

（2）要融职业理想教育于专业课程中。教育调查结果显示，临床医学学生大多基于自己的爱好和理想而选择所学专业，且都喜欢医学专业课程学习，上课出勤率高，听课认真。因此，教师一定要抓住学生的这一心理特点，指导学生将职业理想建立在高尚的医德和精湛的医术之上，将医德医风教育寓于专业课程教学之中。让学生在学习专业课程的同时，不知不觉地接受教育。这种教育比较切合实际，学生容易接受，比单纯的理论教育更具有说服力。

（3）要开展职业生涯规划教育。我们在有关学生职业生涯规划的调查中发现，大多数学生还没有形成具体的职业生涯规划方案，这就要求我们加强对现阶段大学生的思想教育和职业生涯规划指导。在大学教育中，应该更加重视相应的职业生涯规划指导课程的设置。对学生进行就业形势和政策指导，使学生了解相关的就业准入制度和职业资格证书制度，了解就业方向和就业途径，将国家的有关方针、政策及时传达给学生，指导学生把发挥个人特长、实现个人抱负与国家的繁荣、民族的振兴联系起来，把个人的志向与国家的建设、社会的发展联系起来，帮助学生树立正确的人生观、道德观和职业价值观。

（4）要重视临床实习教育。从高职医学生的培养过程来看，许多教学活动是在附属医院和教学医院中进行的。因此，不仅要做好学生在基础学习阶段的德育工作，更要抓好学生在后期临床阶段的德育工作。实践表明，一个医学工作者的医德修养和医德行为的养成，深受临床实习阶段这个经历的影响。因此，实习环节的医德医风教育尤为重要。高职医学生到医院实习时，首先，要挑选那些医德高尚、医术高明、行医廉洁、工作积极、经验丰富的医师来带教。其次，要从制度入手，规范实习学生的行为，把他们在实习医院中的表现同评先、评优、奖学金、综合测评等结合起来。再次，要建立监督机制，对实习中的学生，除了带教教师的监督之外，还应当设立监督箱，随访门诊和住院患者，测定患者的满意程度，抓好典型，树立典范，发挥榜样的导向作用。

（5）要加强法治教育，提高医学生的法治意识。这是医学教育中的重要任务。首先，要使医学生知法、懂法、守法，牢固地树立法治观念，模范地遵守法律，严格在法律范围内规范学生的行为。其次，了解国家相关的职业与就业法规政策，这是大学生顺利走向职场的前提条件。除此之外，还要了解劳动关系与个人权益保护等方面的法律、法规。

综上所述，就高职医学生对职业理想的认知现状而言，专业认知对医学生的学习兴趣有较大影响，医学生对职业发展的认知存在较大差异，职业生涯规划意识不强，大多数医学生还未形成具体的方案，少数医学生尚未确立职业理想。新形势下加强高职医学生的职业理想教育，应当重点加强理想信念教育、开展职业生涯规划教育以及加强法治教育，这有助于促进医学生形成正确的职业价值观。

目标检测

1. 职业生涯规划的含义和意义分别是什么？

2. 高职医学生职业生涯规划有哪些特点?

3. 职业理想有哪些作用?

4. 职业生涯规划与职业理想有什么样的关系?

第二章　职业生涯的自我管理

学习目标

1. 掌握职业生涯的自我认知。
2. 了解职业生涯目标。
3. 掌握如何进行职业生涯管理。
4. 掌握新时代医学生的责任与担当。

职业生涯规划的目的绝不只是帮助你按照自己的资质条件找到一份工作，达到和实现个人目标，更重要的是帮助你真正了解自己，为自己订下事业大计，筹划未来，进一步分析主客观条件和内外部环境优势与限制，在"衡外情、量己力"的情况下设计出符合自己特点的各个领域合理又可行的职业生涯发展方向。

第一节　自我认知

爱因斯坦曾收到一封邀请他去做以色列总统的信，但他婉言谢绝了，他在回信中写道：他整个一生都在与客观事物打交道，因而缺乏天生的才智，也缺乏经验处理行政事务及公正对待别人，所以他本人不适合如此高官重任。爱因斯坦的这个决定来自对自己深刻的认识，否则，世界会少了一位伟大的物理学家而多了个平庸的官僚。自我认知就是对自己作出全面的分析，分析的内容包括个人的性格、兴趣、能力、专长、身体状况、教育经历、过往经历等，对自己有个全方位的了解，以此确定自己的职业方向。

一、职业性格

（一）职业性格的内涵

职业性格是一定的职业对从业者在性格上的要求。有的放矢地选择适合自己性格的职业，或者随时随地根据社会的需要和职业的特点调整自身，使良好的性格特征得以保持和发扬，不良的性格特征得以纠正和重塑，是发挥工作最大成效的保证。

人的性格的形成受后天生活、学习和工作环境的影响，职业性格的形成更是如此。在职业教育及其实践中，专业知识教育、职业倾向引导及职业活动等也会使人巩固或改变个人原有的性格特征，并形成许多适应职业要求的新的职业性格。从心理学角度来说，职业性格是人们在长期特定的职业生活中所形成的与职业相联系的、稳定的心理特征。

（二）霍兰德人格类型理论

霍兰德人格类型理论是一种人格与职业选择相匹配的理论。自20世纪60年代问世以来，霍兰德的这一理论被广泛地运用于职业测试和职业指导之中，得到了人们广泛的关注和认可。

他认为，人的人格类型、兴趣与职业密切相关。兴趣是人们活动的巨大动力，凡是具有职业兴趣的职业，都可以提高人们的积极性，促使人们积极地、愉快地从事该职业，且职业兴趣与人格之间存在很高的相关性。霍兰德认为人格可分为以下六种类型。

一是社会型（S），其共同特征是喜欢与人交往，愿意教导别人，渴望发挥自己的社会作用。可以匹配喜欢与人打交道的工作并具备从事提供信息、启迪、帮助、培训、开发或治疗等相应能力的职业，如教育工作者（教师、教育行政人员）、社会工作者（咨询人员、公关人员）等。

二是企业型（E），其共同特征是追求权力、权威和物质财富，具有领导才能，做事有较强的目的性。可以匹配具备经营、管理、劝服、监督和领导能力的职业，如项目经理、销售人员、营销管理人员、政府官员、企业领导等。

三是传统型（C），其共同特点是尊重权威和规章制度，习惯接受他人的指挥和领导，喜欢按计划办事，细心、有条理。可以匹配具备记录、归档、数据和文字信息处理能力的职业，如秘书、记事员、会计、行政助理、图书馆管理员、投资分析员等。

四是现实型（R），其共同特点是动手能力强，不善言辞，做事保守，缺乏社交能力。可以匹配喜欢运用基本操作技能的工作或对体力与物件、机器、工具、运动器材、植物、动物有兴趣和相应能力的职业，如技术性职业（计算机硬件人员、摄影师、制图员、机械装配工）、技能性职业（木匠、厨师、技工、修理工、农民）等。

五是研究型（I），其共同特点是抽象思维能力强，肯动脑，善思考，不愿动手。可以匹配喜欢智力的、抽象的、分析的、独立的定向任务的职业，如科学研究人员、工程师、电脑编程人员、医生、系统分析员等。

六是艺术型（A），其共同特点是乐于创造，渴望表现自己的个性，实现自身的价值。可以匹配喜欢具有艺术力、创造力、表达能力的工作，具备用语言、行为、声音、颜色等审美、思索和感受能力的职业，如艺术方面（演员、导演、艺术设计师、雕刻家、建筑师、广告制作人）、音乐方面（歌唱家、作曲家、乐队指挥）、文学方面（小说家、诗人、剧作家）等。

（三）医学生职业性格培养

医学生作为神圣职业的未来执行者，必须要有稳定完善的人格品质、精湛的医术和仁心，这些既是社会对医学生的要求，也是医学生自我成长的必要条件。加强医学生职业性格的培养，为落实医学生职业素质培养、促进其人格完善、形成从事医疗行业的人格品质指明了努力的方向，也是他们职业发展的推动力。医学生只有按照职业素质的规范要求，有意识地加强自我学习，提高自我修养，不断促进自身知识、能力及人格品质的完善，才能成为符合社会期待的医务工作者，真正实现职业理想。

从培养内容来看，积极的心理品质是医学生职业性格培养的核心内容，医学生必须具备积极的人格特征，才具有性格上的积极力量，才真正符合医学行业的需要。从培养过程来看，医学生职业性格的培养和形成过程是医学生个性品质的不断积累和修正，是实现人格品质的社会化过程。虽然每个人的人格特质有所不同，但作为医学生，必须要有意识地按照医护人员的职业要求来培养特定的职业性格，以符合医护行业的职业要求。因此，在这个过程中，医学生原来自身的人格特质中符合医学职业要求的就需要巩固和加强；而那些不具备的职业素质和要求，就要逐步培养，做到扬长避短，查漏补缺；一些与医学人格不相符的人格特质，就需改正，懂得自我控制甚至坚决摒弃，否则，会给医疗卫生工作带来隐忧，对医学生自身的发展也不利。从培养途径和方法来看，需要探索形式多样的人格教育活动，来培养医学生的职业性格。

二、职业兴趣

任何人在做一件自己感兴趣的事情时，都能够全身心投入其中，付出更多的时间和精力。实际上如果我们从事的是自己感兴趣的职业，那么可能会更愿意从事这份职业，并且愿意去对这份工作负责。如果在自己所感兴趣的职业上取得了一点成绩，那么可能会让自身产生更大的成就感，这与自身的兴趣爱好有着很大的关系。因此，在大学生活中，一定要找到自己的兴趣爱好，将兴趣爱好与将来的职业进行相互匹配，使自己能够追求更好的、明确的目标。

（一）职业兴趣的内涵

我国著名心理学家黄希庭认为，兴趣是人的认识需要的心理表现，它使人对某些事物优先给予注意，并带有积极的情绪色彩。职业兴趣一直受心理学家的重视。霍兰德依据职业与环境匹配理论，认为职业兴趣和人格特质具有相同意义，是人格特质和工作环境的一致。汉森等人则认为，职业兴趣是一种喜欢且持久的取向，是了解个体职业和教育行为的有用工具。我国研究者也提出了自己的观点，认为职业兴趣是个体对职业环境中的人、事、物的喜好程度以及对职业活动主动接触参与的积极心理倾向。

（二）职业兴趣的培养

职业兴趣的发展一般经历有趣、乐趣、志趣三个阶段。对于职业活动，往往从有趣的选择开始，逐渐产生工作乐趣，进而与奋斗目标和工作志向相结合，发展成为志趣，表现出方向性和意志性的特点，使人坚定地追求某种职业，并为之尽心尽力。所以说一个人的职业兴趣也可以取决于他在职业上的成就，职业兴趣越高，职业成就会越大。

1. 培养广泛的兴趣

具有广泛兴趣的人，不仅对自己职业领域的东西有浓厚的兴趣，而且对其他方面也有一定的兴趣。这种人眼界比较开阔，解决问题时也可以从多方面得到启发，在职业生涯规划的选择上有较大的余地。

2. 稳定的职业兴趣

应在某一方面有持久稳定的兴趣，不能朝三暮四、见异思迁，这样才能投入更多的热情和精力，深入钻研相关内容，在事业上才能有所发展和成就。

3. 职业兴趣要实际

规划性地培养兴趣，不能为追求清高，而不考虑外界为其展开和深入所提供的客观现实条件。否则，过分清高，只能是画地为牢，自缚手脚。

4. 培养间接兴趣

直接兴趣是由对事物本身感到需要而引起的兴趣，间接兴趣则不是对事物本身的兴趣，而是对这种事物未来的结果感到需要而产生的兴趣。人在最初接触某种职业时，往往对职业本身缺乏强烈的兴趣，必须要从间接兴趣着手以培养直接兴趣。可以通过了解职业兴趣在社会活动中的意义，对人类活动的贡献等来培养兴趣，也可以通过了解某项职业的发展机会来培养兴趣，还可以通过实践逐步提高间接兴趣。

5. 重视中心兴趣

人的兴趣投影广泛，但不能浮泛，还要有一定的集中爱好。既广泛又有重点，才能学有所长，获得更多的知识。如果只有广泛性而无中心兴趣，人往往会知识肤浅，没有确定的职业生涯规划方向，心猿意马，这样就难以有所成就。所以，还应着重培养自己在某一方面的职业兴趣，促进自己的发展和成才。

6. 参加职业实践

只有通过职业实践，才能对职业本身有深刻的认识和了解，才能激发自己的职业兴趣。职业实践活动内容十分丰富，包括生产实习、社会调查、参观访问以及组织兴趣小组等。每一个人都可以通过参加各种职业实践活动来调节和培养兴趣，根据社会和自我需要，有意识地去培养和发展兴趣，为事业的成功创造条件。

（三）职业兴趣对医学生专业适应性的影响

医学院校新生入学的第一步，就是适应新的生活方式和专业环境。面对全新的领域、繁重的专业课程及大量的记忆要点，刚入学的医学生往往会感到迷茫、压力大和无所适从，更易产生抵抗、消极的心理情绪。因个人兴趣选择医学专业的学生，在入校后能更快地适应大学生活。这是因为，本身对医学感兴趣的学生，在入校前对医学专业就有一定的了解与认识，能够迅速地在学习生活中找到认同感与责任感；而因家长要求被迫进入医学专业学习或专业调剂的学生，其在心理上持迷茫甚至抗拒的态度，入校后面对繁重的学习压力及陌生的学科领域，更易感到孤独与彷徨，而最初的抗拒也会转化为对专业、对自身的不断否认。随着时间的流逝，这两类学生会走向两条截然相反的道路：有兴趣的学生在学习中实现了个人价值，进一步加深了对医学的热爱；而抗拒的学生因碌碌无为而不断遭受打击，进一步加深对医学的厌恶，甚至对自我完全否定。由此可以看出，兴趣能帮助学生迅速融入新专业、新学科，且在后续学习的过程中，不断加深专业认同感，使学生能更快、更好地适应医学生活。

三、职业能力

（一）职业能力的内涵

职业能力指的是在特定的职业中，个人将知识、能力、概念进行类化迁移与整合，进而逐步培养起来的一种完成职业任务的能力，是对某类职业需要的各项能力的综合。职业能力包含基本职业能力、专业能力、综合能力。基本职业能力是大学生职业能力培养的基础。基本职业能力是指基本的学习能力、文字表达能力、逻辑思维能力、人际交往能力、实际动手能力以及终身学习能力等，是深入、系统地进行专业能力培养和综合能力培养的前提。专业能力是大学生职业能力培养的关键。专业能力是特定职业要求必须具备的专业素质，作为核心职业素养，是职业能力培养的关键一环。综合能力是大学生职业能力培养的重点，是考量大学生能否胜任工作岗位的重要指标，主要包括社会能力与个人能力。

（二）医学生职业能力培养

医学生基本职业能力的培养主要依靠学校教育，特别是高等教育。大学阶段是学习知识、丰富阅历、积累经验、培养能力、步入社会的过渡期。在大学阶段要加强对医学生基本能力的培养，重点锻炼其主动自觉学习的能力，培养其逻辑分析以及解决矛盾的能力。医学生专业能力的培养还需要掌握和运用多学科知识，研究和学习与工作相关的前沿问题。交叉学科研究是获得创新成果的重要途径，医学专业能力的形成需要多概念交叉以及知识整合，专业能力越扎实，理论结构越完善，相互联系越紧密，创新内容就越容易产生。医学专业能力的培养是提升整体职业能力的着力点和关键。医学生社会能力也要注意提升，要使个人在团队中的协作发展、交往合作以及运用理论解决实际问题的能力更强。个人能力的提升可以调动就业者的积极性和主动性，从而促进其他能力的培养。

四、职业价值观

（一）职业价值观的内涵

职业价值观是价值观在职业选择方面的具体表现，是个体在评价和选择职业时的内心标尺，是人生观和世界观在职业认知和职业目标中的集中体现。作为我国医疗卫生事业的建设者和接班人，医学生在接受医学教育的过程中形成的价值观，将成为其职业道德观的重要影响因素。随着我国经济和社会的发展，社会对医疗卫生事业从业者的要求和期待越来越高，同时，医学生的职业价值观出现了新的特点和变化。如何正确认识当前医学生职业价值观的新特点，紧密围绕社会主义核心价值观来开展医学生的职业价值观教育，培养医学生良好的职业道德，是当前高等医学教育亟待解决的重要课题。

（二）后疫情时代医学生职业价值观

医学生的职业价值观是指卫生高职学生通过专业学习、临床实践等活动逐渐形成的对于医生职业的评价、选择及价值取向的总体看法，也是个人的世界观、人生观、价值观在医生职业方面的反映。职业价值观并不是一成不变的，它受各种主客观因素的影响，一般会经历由理想到现实、由模糊到清晰、由摇摆到相对稳定的漫长过程，正确的职业价值观能引领医学生成为未来医疗卫生事业战线上的中流砥柱，错误的职业价值观则会使他们误入歧途，甚至成为未来医疗卫生行业的破坏者。近年来发生的暴力袭医事件不但把医患关系推到了舆论的风口浪尖，也刺痛了医学生的敏感神经，医学生纷纷通过各种渠道（微博、微信朋友圈、短视频 App 等）表示对暴力袭医的不满并开始重新审视这一职业。

新冠疫情的发生，不仅是对人民生命安全和国家治理体系的一次考验，更是对我国医学人文精神教育的一次反思。广大医务人员在这场"战疫"中可歌可泣的英雄壮举，赢得了全国人民的普遍赞誉和崇高敬意。疫情过后，应不断明确加强医学生职业价值观教育，这是培养新时代优秀医学人才的重要任务。高素质的医疗卫生人才队伍是国家最宝贵的资源，加强职业价值观教育是对医学生进行全面发展教育的必修课，是后疫情时代对医学生的职业价值观提出的新要求。

第二节　职业生涯目标

每个人都对自己未来的职业有所期许，都会制定自己的职业生涯目标，但职业生涯目标的选择与制定是受主客观条件影响的，而不是随心所欲的。只有清楚自己在职业选择和职业发展中的有利和不利因素，才能作出正确的职业生涯选择，在社会复杂的环境中趋利避害，使自己的职业生涯目标得以实现。

一、职业生涯目标的分类

（一）按时间划分

职业生涯规划是人的一生职业策划，职业生涯目标不是单一的，在不同的发展阶段，人生的追求和对职业的需要是不同的。生涯发展研究者萨帕经过 20 多年的大量实验研究，提出了人一生完整的职业发展阶段模式，即成长阶段（0～14 岁）、探索阶段（15～24 岁）、建立阶段（25～44 岁）、维持阶段（45～64 岁）、衰退阶段（65 岁以上）。每一阶段都有一些特定的发展任务需要完成，每一阶段需达到一定的发展水准或成就水准，而且前一阶段发展任务的达成与否关系到后一阶段的发展。因此，按照萨帕理论，职业生涯目标的构成是多层次的。按时间的顺序，职业生涯目标由人生目标、长期目标、中期目标和短期目标构成。

1. 职业生涯发展的人生目标

人生目标是沿着职业理想指引的方向所确立的最终的奋斗目标，是在对自身条件、社会环境、组织环境等主客观因素进行大量分析之后得到的结果。人生目标是一个人职业生涯发展的支撑，是我们追求职业成功的原动力，是决定职业生涯规划成功与否的关键因素。人生目标的规划可以长至 40 年左右。

2. 职业生涯发展的长期目标

长期目标一般规划时间为 10 年左右。它应该具备长远目光，非常符合自己的价值观，与社会发展需求相结合，富有挑战性和创造性，在一定的时间范围内可行，具有与人生目标的一致性。

3. 职业生涯发展的中期目标

中期目标一般规划时间为 3～5 年，是指个人职业生涯不同时间点所设定的阶梯式目标，中期目标要连接长期目标和短期目标，和长期目标保持一致，为长期目标服务。

4. 职业生涯发展的短期目标

短期目标一般规划时间为两年以内，即"稍作努力，就能达到"的目标。短期目标包括具体的行动（工作、学习、培训等），例如，要学什么专业课程、参加什么技能培训、加入什么学生社团、阅读什么课外书籍等，所谓千里之行，始于足下。短期目标的设计，要使自己尽可能在正式步入某个职业前具备相应的素质。

（二）按性质分解

按性质分解，职业生涯目标由外职业生涯目标和内职业生涯目标构成。

1. 外职业生涯目标

外职业生涯目标主要包括工作内容目标、职务目标、经济收入目标、工作环境目标和工作地点目标等，侧重于职业过程的外在标记。

（1）工作内容目标：具体可行的工作内容目标是最基础的内容，对于选择了专业技术型发展路线的人来说尤为重要。因为这些人工作内容的发展直接体现在本专业技术领域取得的成果及相应的职称晋升上。

（2）职务目标：清晰的职务目标应该是"专业"加职务，如"外科主任""护理部主任"等。

（3）经济收入目标：支持你生存的基本物质保证。这是人们工作的一大目的，也是人工作的重要激励源。但这个目标的设定一定要符合自己的能力素质和实际。

（4）工作环境和工作地点目标：这是对工作环境和工作地点的特殊要求，可以根据自己的喜好来确定。

2. 内职业生涯目标

内职业生涯目标侧重于在内职业生涯过程中的知识和经验的积累、观念和能力的提高以及内心的感受，主要包括：工作能力目标、工作成果目标、提高心理素质目标、观念目标和掌握新知识目标等。这些因素不是靠别人赐予的，而是通过自身努力获得和掌握的个人财富。

（1）工作能力目标：工作能力是对一个人处理职业生涯中各种工作问题的能力的总称，如组织领导能力、策划能力、管理能力、研究创新能力、人际关系沟通能力、团队协作能力等。工作能力目标应该切合实际，具有挑战性，并与该阶段的职务职称目标所要求的条件相匹配。

（2）工作成果目标：这是反映工作绩效的重要指标。比如，发明新方法、研制新产品、创造新的销售业绩等。

（3）提高心理素质目标：心理素质的提高训练包括自我意识训练、智力训练、情感调控、意志培养、个性塑造、学习指导和人际交往指导七个方面。通过自我剖析，并结合职业素质要求来确定自身提高心理素质的目标，如耐挫能力、包容他人等。

（4）观念目标和掌握新知识目标：一个人的观念影响着我们对事物的认识和反应。在社会高速发展、各种新观念和新知识层出不穷的时代，不断更新自己的观念，学习掌握新知识，让自己总是站在前沿地带，这是保证职业生涯不落伍、事业蓬勃发展的重要环节。

内职业生涯目标反映的是内部因素，外职业生涯目标反映的则是外部因素。内职业生涯发展是外职业生涯发展的前提，内职业生涯带动外职业生涯的发展。外职业生涯的因素通常由别人决定、给予，也容易被别人否定、剥夺；内职业生涯的因素由自己探索并获得，并且不随外职业生涯因素的改变而丧失。只有内部因素与外部因素有效结合，个人的职业生涯才能得到有效实施和执行。

二、职业生涯目标的制定

（一）制定职业生涯目标的重要性

目标对人生有巨大的导向作用。有了目标，人才会坚定、勤勉、不畏艰险，促使自己努力实践；有了目标，人的生命才能在有限的时空里，最大限度地释放能量。医学生的未来学习和实践道路是非常漫长和艰辛的，如果没有明确的目标就不能形成强大的内在学习驱动力，以支持医学生完成学业和迎接将来的医学实践考验。

（二）职业生涯目标的原则

1. 可确定的

目标必须是可确定的，这样目标才具有可操作性。所谓可确定的，就是在目标重点上体现出工作量、实现的时限等，让人们知道哪些是应该做的，哪些是必须做的，让人们围绕着目标展开自己的工作，如果目标模糊，那么人们的工作就会盲目而无头绪，无所适从，预期的目标只能是一个美好的愿望，永远不可能变成现实。

2. 可量化的

可量化的就是可以用数字来表述，或者可以将其表现形态用数字化指标来补充描述。没有量化的指标要求，往往是在似是而非中度过，对实现目标的价值大打折扣。

具体来说，可量化一是数字具体化，比如"加强社会实践"，这样的阶段目标是不可量化的，应是"在这个月（学期、学年）内，参加两个学生社团、三次社会志愿服务"。就是说要用精准的数字来描述自己的目标。二是形态指标化，就是说如果目标不能用明确的数字表述，那么就把目标进一步分解，将其表现形态用数字化指标来补充描述，比如要买一套住宅，应该补充描述在哪座城市、什么区域买一套什么户型、价位多少的住宅。

3. 可接受的

可接受的指目标制定者愿意接受该目标并愿意为之努力，同时就个人能力而言，实现这个目标是现实的，并非遥不可及，但又有一定的难度。例如，毕业之后两年内在基层工作，积累经验、锻炼技能，这是可以达到的。但毕业后两年内就成为大医院的中层管理干部，一般而言这个目标则是不太可行的。个人需要根据自己的现实条件尤其是优势来设计阶段目标，太高了望而生畏，太低了失去目标的激励作用。

4. 有意义、有价值并有奖惩措施的

有的人目标实现了，但是非常痛苦。这样定目标，即使成功了也不能算是一个好的目标。当制定的目标达到后自己感觉特别有价值，在实现的时候有成功的喜悦，这才是一个好目标。这就要求个人制定的阶段目标应该尽量保持整体平衡，在达成目标的同时，自己的健康、家庭、工作能够得到均衡发展。

5. 明确时限的

目标特性的时限性就是指目标是有时间限制的。例如，在 2023 年 10 月 1 日之前完成某事，10 月 1 日就是一个确定的时间限制。人是有惰性的，惰性可以让人轻易找到拖延的借口，因此没有时间限制的目标即使量化得再好，也可能让目标实现变得遥遥无期。

三、医学生制定职业生涯目标应注意的问题

医学生在校学习时期是人生的一个重要阶段，是走向社会、参与职业活动的准备期。作为医学生，应该有自己的理想和职业价值观念，做好职业生涯发展规划，为将来走向社会打下坚实的基础。但在制定职业生涯目标时，应注意以下问题。

（一）根据社会需求制定职业生涯目标

选择职业作为一种社会活动，必定受到一定的社会制约，任何人选择职业的自由都是相对的、有条件的。如果择业脱离社会需要，就将很难被社会接纳。所以，高职医学生在职业生涯设计时，应积极把握社会对医学高职人才需求的动向，把社会需要作为出发点和归宿，以社会对个人的要求为准绳，既要看到眼前的利益，又要考虑长远的发展，既要考虑个人的因素，也要自觉服从健康中国战略的需要。

（二）根据所学专业制定职业生涯目标

高职医学生都经过医学专业理论学习和实践锻炼，具有医学专业的知识和技能，这是高职医学生的优势所在，也是高职医学生制定职业生涯发展规划的基本依据。健康中国战略背景下，社会对高职医学毕业生的需求量很高，主要集中在社区医疗、养老等领域。医学生应该根据自己所学专业去制定职业生涯目标。例如，临床医学专业的学生需要侧重基层就业和学历提升；护理专业的学生需要尽快考取护士职业资格证书，只有这样才能就业上岗；医学

美容技术专业的毕业生可以选择就业也可以选择自主创业等。不同的专业优势和选择方向，使学生在进行职业生涯目标设定时考虑的重点也不同。

（三）建立与职业生涯目标相一致的学业规划

医学高职院校的学制一般为 3 年，在每一学年中，学生的学习重点与心理特征都有所不同。根据这一年限划分，医学生可以按学年为阶段设置阶段目标，进行自己的职业生涯发展规划，并按照每个阶段的不同目标和自身成长特点，制定一些有针对性的实施方案。

在制定职业生涯规划时，应该明确以下几种观念：①职业生涯规划可能并不完美，但对自己的职业生涯发展一定大有裨益。②职业生涯规划应该建立在清晰的自我认知、职业认知的基础之上。职业生涯规划的最终执行人是自己，要相信自己，积极主动。③学会寻找、发掘、组建自己的职业生涯顾问团队。④建立目标连续的职业发展生涯规划并不断进行修正，持之以恒地坚持下去。⑤职业生涯规划的终极目标是将个体放置在合适的位置，并幸福地生活，同时为社会发展作出尽可能多的贡献。⑥提高自身竞争力才是发展之本，职业生涯的每一次质的飞跃，都是以学习新知识、树立新观念为前提条件的。在确立以上观念的基础上，大学生就可以开始构筑自己的职业生涯目标了。

四、职业生涯目标的实现

大学生在确定自己的职业目标之后，采取什么策略才能顺利到达终点，是必须进行认真考虑和仔细权衡的。大学生应优先考虑选择适合自己实际情况和需求的实施策略，如果没有现成的实施策略可选择，就需要自己依据客观条件进行设计。不同的策略选择或设计意味着大学生要采取不同的学习、生活和实践方式。

（一）知行结合，落实在行动上

要实现自己的职业生涯目标，大学生就要敢于冒险与挑战，从中收获意想不到的乐趣及成功的信心。曾有人说过，多数人是在失望中聊以终生的。可是在期盼中、在行动中自我成长岂非更有意义？很多大学生临近毕业或就业后都曾感叹"要是早点……，生活就会大不同了！"因此，大学生应牢记，别耽搁，现在开始为时不晚，要将自己的职业生涯目标落实在行动上。能够成就大业的人都深知知与行之间的关系，知道了还要真的去做，只有真正行动了，方能成就一番事业。例如，如果大学生要弄清某个职业的情况，就应该找机会亲身体验一下。一些单位会给在校大学生提供实习实训的机会，大学生可以根据自己的专业、兴趣及就业意向去用人单位亲身体验一下。一方面可以更多了解单位、职业、岗位的具体情况，切身体验在真实的工作环境中劳动的感受；另一方面可以将理论知识运用在工作实践中，深化对理论知识的理解和应用，提升实践技能，开阔眼界。大学生还可以利用课余时间和寒暑假，将自己的规划目标付诸行动，通过各种实践活动收集对自己学习、就业有用的信息，为以后的求职就业做好准备。

（二）坚定自己的信念，有信念就有力量

信念可以创造奇迹，可以使许多难以实现的事情变成现实。可以说，信念影响着人们的生活。但大学生要认识到，要想信念成为现实，自身的努力和奋斗是必不可少的。只有坚定的信念才会促使人产生强大的动力。有两位退休的老人，一位认为自己这个年纪什么都干不动了，于是放弃了理想和追求，整日待在家中颐养天年；另一位却认为个体能做什么事情不在于年龄的大小，而在于个体的内心想法，是否有追求、有目标。两位老人退休后的生活是截然不同的状态。后者开始学习登山，在随后的十多年里，一直挑战自我，给自己设定新的目标，不断地冒险攀登高山，险峻的山峰和并不年轻、灵敏、强壮的身体状态都没有使他退缩。这位老人的事迹说明了有信念就有力量。对大学生来说，信念就像人生旅途中的灯塔，为他们指引着前进的方向。执着的信念是支撑大学生战胜困难和挫折的巨大力量，帮助大学生获得学业、生活和职业成功。信念隐藏在内心，只要善于运用它，信念就会成为取之不尽的力量源泉。大学生要认识到，没有任何事业是能够一蹴而就的，要想成就自己的职场生涯，就要经历一个漫长的持续奋斗过程，在此期间会遇到许多意想不到的困难、挫折和挑战，没有坚定的信念是无法坚持到最后的。

（三）坚持自己的梦想，不断完善自我

大学生要明确自己的梦想并坚持自己的梦想，对自己的职业生涯进行设计规划，集中全力，充分利用自己的脑力和体力，发挥自己的特长和优势，坚持并实现自己的梦想。《感动中国》2021年度人物江梦南，是清华大学生物信息学博士研究生。半岁时因药物导致失聪，在父母的帮助下，通过读唇语学会了"听"和"说"。凭借顽强毅力和不懈努力，她考入了吉林大学，顺利完成本科和硕士研究生学业，最后如愿到清华大学读博士。后来，江梦南做了人工耳蜗植入手术，怀着"解决生命健康难题"的学术志向笃定前行。2021年，江梦南入选《感动中国》2021年度人物。《感动中国》2021年度人物组委会对她的评价是："你觉得，你和我们一样，我们觉得，是的，但你又那么不同寻常。从无声里突围，你心中有嘹亮的号角。新时代里，你有更坚定的方向。先飞的鸟，一定想飞得更远。迟开的你，也鲜花般怒放。"从江梦南的事迹中，我们看到她对梦想的坚持和超越自我的勇气。职业生涯目标的实现，就是要有对既定目标的坚持和不断完善自我的突破。

（四）脚踏实地，分阶段实现大目标

大凡成就自己事业的人，做事都有非常明确的目标。互联网创业先锋马化腾等人创业成功的事例，都清楚地告诉人们，要开创自己的职业生涯就要明确自己的奋斗目标，然后埋头苦干，不断改进工作方法，分阶段实现小目标，最终实现大目标。大学生应常常问自己几个问题，比如：我要在未来的5年、10年或20年内实现什么样的职业或个人目标？我要在未来的5年、10年或20年内挣到多少钱或达到何种程度的挣钱能力？我要在未来的5年、10年或20年内有什么样的生活方式？这些问题的思考、回答将给你提供一份有关自己的目标清单。在形成了上面的目标清单之后，应该策划一下将如何达成这些目标。例如，大学生初入职场是一个普通职员，未来5年、10年或20年个人职业生涯发展规划想成为一个高层领导，那么怎样才能实现这个目标呢？首先要将成为高层领导的大目标划分为阶段小目标，具体分析到基层、中层领导职位所需的教育程度、经验水平和年龄层次是怎样的，要先经过什么特别训练和学习才有资格成为一个基层和中层管理者，为最终成为高层领导做好各方面的准备。在实现阶段小目标的过程中明确以下几方面的问题。比如：需要学习什么理论知识，具备哪些实践技能和综合素质；要排除哪些障碍，帮助自己实现目标的优势是什么；在目前的单位最终成为高层领导的可能性有多大等。只有完成了从基层职员到基层领导的转变，实现阶段小目标，才能具备达成最终目标成为高层领导的基础和条件。大学生要认识到，目标的存在只是为自己的前进提供了一个架构，指明了一个方向。目标的实现，需要脚踏实地地一步步落实，分阶段实施。

（五）转变思想认识，主动积极掌控自己的命运

毫无疑问，大学生在职业生涯的发展道路上会遇到各种各样的困难，如何面对困难是每个大学生首先要解决的问题。部分大学生把前进道路上的困难看作机遇和挑战，在困难面前毫不犹豫地采取主动的态度，这些大学生通常能够取得属于自己的成功。还有部分大学生在面对困难之时采取截然相反的态度，他们被动、消极地逃避困难，即使是一个小问题或小挫折也足以摧毁其意志。面对困难，这部分大学生很容易陷入"无力感陷阱"，认为自己命该如此，从而放弃自己的理想和目标。大学生应该认识到，每个人的命运之舟都由自己掌控，在生活、学习和工作中困难是无时不在的，有困难就应该克服它、战胜它，而不是被困难打败，成为命运的弃儿。大学生要破除落后思想观念的影响，不相信命运之说，要勇敢地迎接困难的挑战，把心思用在解决具体问题上。即使无法解决问题，也不要老想着或放大困难，因为遇到的问题最多只能影响你生活、学习或工作的一部分，如果这个问题毁掉了你的生活、学习和工作，也是你心中命运之说的想法助长了问题的破坏力。很多时候，困难的解决仅仅需要转换一下自己的思维模式。大学生要认识到自己的优点和长处是客观存在的，是独特的，任何人都能在社会和职场中找到适合自己的位置。"天生我材必有用"，主动积极地成为命运的掌控者才是大学生的正确选择。

第三节　职业生涯管理

个人的职业生涯管理也称自我职业生涯管理，是以实现个人发展的成就最大化为目的的，通过对个人兴趣、能力和个人发展目标的有效管理实现个人的发展愿望，即在组织环境下，由员工自己主动实施，用于提升个人竞争力的一系列方法和措施。自我职业生涯管理关系到个人的生存质量和发展机会。人的职业生涯是一个动态的发展过程，分为不同的阶段。尽管每个人的职业选择经历、所从事的职业及特点，以及职业转换情况等都不尽相同，但人的职业生涯总是以年龄的增长为线索向前发展的，其心理特征及发展重心在同一阶段具有共性；而各个不同的阶段之间，人们的需要、态度、工作行为以及员工与组织之间的心理契约则存在较大差别，相应的规划与管理策略也因阶段而异。所以对职业生涯各个发展阶段的具体管理策略进行针对性的研究就显得非常必要。

一、职业生涯的执行

在确定理想的职业生涯目标后，就要选择和设计合理的生涯路线，执行生涯战略。勇于执行生涯战略，是个体有效管理的关键。将目标分为若干可以实现的部分，不但能起到立竿见影的效果，而且能减少代价的付出。因此，要善于将生涯目标分解为有时间规定的长、中、短期分目标，目标分解的过程就是职业生涯不断清晰化、具体化的过程。大学生应根据自己的总体目标，采取链条分解法逐层分解，将总体目标分解成一个个具体目标，使其在每一学年、每一学期甚至每一个月都有自己的小目标，然后根据具体的小目标，采取相应的具体措施步步落实，并辅以考核措施以确保中期目标与长期目标的实现。另外，还要处理不同目标

之间的关系，注意目标之间的因果关系和互补关系，对不同目标进行有效组合。

三年制大学生制定并执行生涯战略，主要应把握以下几个阶段的任务和特点。

一年级为试探期。在这一阶段大学生应尽快进入学习和生活角色，主动了解自己的专业性质和特点，以及将来就业的优劣势，在现实可能的基础之上，根据自身的实际和特点对未来职业生涯进行规划和构想，合理规划大学三年的学习生活以及将来的出路。

二年级为定向期。这一阶段既要正确认识自己，又要努力提高自己各方面的综合素质，建立合理的知识结构。从某种意义上说，能力比知识更重要，大学生只有将合理的知识结构和社会需要的各种能力统一起来，才能立于不败之地。一般来说，大学生应重点培养以下几种能力：①生涯决策能力，即面对各种抉择情景时搜集、过滤、运用各种相关资料，作出合理决策的能力；②自我观念发展的能力，即个人有明确的自我观念，了解和某项职业有关的个人抱负、价值以及心理需求满足程度的能力；③自由选择的能力，即在不同的生涯方案中，作出弹性的、完全自由抉择的能力；④对外界变迁适应的能力，即对迅速的社会变迁和工作环境的变化有适应的观念和弹性应对的处理能力。

三年级为冲刺期。大学生在实习过程中，掌握专业知识与技能的同时，应了解实际应用这些知识与技能的规则和应避免的失误，更好地了解真实的职业世界，挖掘职业潜能。

二、职业生涯评估

大学生职业生涯管理的第一个关键环节是进行正确的评估，包括自我评估和职业生涯机会评估，也就是"知己"和"知彼"的过程。

（一）自我评估

自我评估是职业生涯管理的基础，有效的职业生涯管理在个人层面首先要求对自我做综合分析。自我评估是指通过科学认知的方法和手段，对自己的个性、兴趣、气质、性格、能力、价值观、智商、情商等进行全面认识，以便了解自己的优势和不足。自我评估要客观、冷静，既要看到自己的优点，又要面对自己的缺点，只有这样，才能避免职业生涯管理的盲目性。正确的自我评估是大学生探索其职业倾向的基础，它关系到大学生是否能培养健康的自我意识，树立稳定的自信心，从职业生涯管理的角度出发，挖掘自身与某一职业类型或某些职业领域具有内在联系的资源与优势，沿着生涯规划的思路不断探索自我、塑造自我。

（二）职业生涯机会评估

知彼是指探索外在的世界，即对职业生涯机会的评估。这主要是分析外部环境因素对自己职业生涯发展的影响，包括社会政治、经济大环境和职业环境三大环境因素。环境因素对个人职业生涯发展的影响是巨大的，它为每个人提供了活动空间、发展条件、成功的机遇。在制定职业生涯规划时，要分析环境的特点、环境的发展变化情况及趋势、个人与环境的关系、个人在环境中的地位、环境对个人的要求以及环境中对自己有利与不利的因素等。大学生要充分利用多种形式广泛搜集相关信息，增加对职业环境的了解，同时也要积极参加职业实践，通过实地锻炼来加强自己对职业的认知。

三、职业生涯调整

对职业生涯规划的调整主要包括两方面：一是生涯目标的调整，二是生涯规划措施的调整。生涯规划要在实践中去检验，而且规划本身也并不是一成不变的。它随着环境的变迁在发生变化，生涯规划实施的措施也要随之进行变化与调整，以确保生涯目标的实现。不断对自我生涯规划进行科学的评估和调整，是实现个人职业生涯管理的必要保障。由于种种原因，最初大学生制定的职业生涯目标往往都比较抽象，有时甚至是错误的，因此要求大学生具有职业的敏锐性、个性的开放性以及良好的变通意识。在职业生涯管理的过程中不断地反省自己，观察、分析问题，总结经验教训，虚心接受他人的生涯建议和辅导，及时诊断生涯规划各个环节出现的问题，找出相应对策，通过评估与修正，对生涯规划进行调整与完善。

在就业形势异常严峻的今天，大学生要加强职业生涯管理意识，把"志当存高远"与脚踏实地的精神结合起来，明确大学各个阶段的发展任务及目标，并努力践行，不断提高自己的职业生涯管理能力，将对增强就业竞争力、个人职业生涯的成功和开拓有价值的人生具有重要的意义。

第四节　新时代医学生的责任与担当

党的二十大报告强调，"用社会主义核心价值观铸魂育人"。社会主义核心价值观是当代中国精神的集中体现，凝结着全体人民共同的价值追求。要以培养担当民族复兴大任的时代新人为着眼点，强化教育引导、实践养成、制度保障，发挥社会主义核心价值观对医学生的引领作用。把社会主义核心价值观融入医学生生活、学习各方面，使其转化为医学生的情感认同和行为习惯。

一、培育和践行社会主义核心价值观

党的十八大报告对于社会主义核心价值观的全新阐释与精准凝练，用 3 组词语 24 个字诠释了国家、社会、个人三个层面的价值追求。富强、民主、文明、和谐，是全面建成小康社会的奋斗目标，符合中华民族伟大复兴中国梦的实现。自由、平等、公正、法治，是对民主法治建立健全的深化。爱国、敬业、诚信、友善，是对良好道德风尚和中华民族传统美德的弘扬。因此，大学生要培育和践行社会主义核心价值观。

（一）国家层面：富强、民主、文明、和谐

党的十八大报告提出，道路关乎党的命脉，关乎国家前途、民族命运、人民幸福。"共识"产生"合力"。获得共识的基本途径就是能够将伟大实践、创新理论内化为人们内心的"价值认同"。富强、民主、文明、和谐，虽然只是四个词，却兼容并包。对"富强"的追求，体现了社会主义初级阶段的最大国情，既有最大价值，更有传统价值。"民主""文明"，同样是中华民族百年来孜孜以求的目标。"和谐"则综合了传统文化中"和"的因素，又有重要的当代价值。

1. 富强

富强是促进社会进步、人的自由全面发展的物质基础，体现了马克思主义唯物史观生产力标准的根本要求。富强，就是人民的富裕和国家的强盛。富强在于富民，即人民富裕。社会主义生产力的发展、国家财富的创造，其根本目的都在于丰富人民的物质生活和精神生活。富强还在于强国，即国家强盛，也就体现为国家拥有强大的综合国力。人民富裕和国家强盛在根本上是统一的，这是社会主义的价值追求。中华民族伟大复兴归根到底要落实到满足人民对美好生活的追求上，使人民的获得感、幸福感、安全感更加充实、更可持续、更有保障，朝着共同富裕的方向稳步前进。

2. 民主

民主指的是社会主义民主，是人民当家作主，不是由别人作主，也不是由少数人作主。作为一种政治实践、价值理念，人民民主是社会主义的生命，没有民主就没有社会主义，就没有社会主义现代化。人民民主反映了人民群众的历史主体地位，是人民群众创造历史的集中反映。社会主义核心价值观倡导的民主是真实的民主，没有门槛，不受财产、地位、民族、性别、宗教等因素限制，使每个人都享有平等的政治权利；社会主义核心价值观倡导的民主是广泛的民主，绝不以牺牲多数人利益为代价来保护少数人的利益，同时又尊重和照顾少数人，充分反映和协调各方面的意愿和利益；社会主义核心价值观倡导的民主是高效的民主，既真切全面地反映人民意愿，又致力于尽快形成统一意志、统一行动，以解决实际问题；社会主义核心价值观倡导的民主是丰富的民主，不仅有选举民主，还有协商民主、基层民主，保证人民依法实行民主选举、民主决策、民主管理、民主监督。

3. 文明

文明是社会进步的重要标志，也是社会主义现代化国家的重要特征。社会主义核心价值观倡导的文明包括物质文明、政治文明、精神文明、社会文明、生态文明，是社会主义现代化国家的重要特征，是实现中华民族伟大复兴的重要支撑。

4. 和谐

和谐是中华文明的核心价值理念。社会主义核心价值观倡导的和谐，是人与人、人与社会、人与自然以及人的自我身心的有机统一。和谐的中国，是民主与法治相统一、公平与效率相统一、活力与秩序相统一、人与自然相统一的社会主义国家。和谐的中国，秉持世界持久和平的理想，心系人类共同繁荣的命运，担当可持续发展的历史责任。

（二）社会层面：自由、平等、公正、法治

社会的活力和创造力来自充分的空间和自由，改革开放给"板结化"的社会以松动的空间。中国的改革始自对"自由"的尊重，从最初的"大包干"改革，到社会主义市场经济体制的确立；从对于人民权益的保护，到坚持中国特色社会主义政治发展道路和推进政治体制改革，发展更加广泛、更加充分、更加健全的人民民主。对于自由的保障，让整个社会和人的创造力、活力真正迸发了出来。"平等"是要让全体人民共享改革发展成果，是构成法律基石意义上的平等，是需要法治来保证的平等，"公正"和"法治"体现了对当今社会诉求的回应，是社会主义核心价值观社会层面的重要组成部分。

1. 自由

自由是社会活力之源，是社会主义的价值理想。社会主义核心价值观倡导的自由，不是少数人的、形式上的、虚伪的自由，而是绝大多数人的、实质上的、真实的自由；社会主义核心价值观倡导的自由，不是凌驾于社会利益之上的、绝对的个人自由，而是受到法律和规范制约、权利和义务对等的自由；社会主义核心价值观倡导的自由，不是超越发展阶段和现实承受能力的自由，而是与一定的经济社会发展条件相适应的自由；社会主义核心价值观倡导的自由，不只是追求物质生活的改善，更重要的是保证人民充分享有发展自我、实现自我的机会，使每个人都能人生出彩、梦想成真。

2. 平等

平等是人类追求的美好状态。社会主义核心价值观倡导的平等，是兼顾效率与公平的平等，不是"不患寡而患不均"的绝对平均主义；是实实在在的平等，不是落在法律文本上的"形式上的平等"；是要让人人都能公平行使社会权利、履行社会义务、分享社会成果，政治上平等参与、经济上共同富裕、文化上共建共享，同祖国和时代一起成长进步。

3. 公正

公正，是社会主义社会的内在要求，即公平、正义。"公平"主要指权利公平、机会公平、规则公平以及分配公平等，"正义"主要指制度正义、形式正义以及程序正义等。社会主义核心价值观所倡导的"公正"，是加快建立以权利公正、机会公正、规则公正为主要内容的社会公平正义保障体系，努力营造公平正义的社会环境，从而在更加公平正义的基点上造福全体人民。

4. 法治

法治，是社会主义社会的重要保障，即法的统治，与人治、德治相对。法治主要包含形式意义的法治和实质意义的法治。形式意义的法治，强调"依法治国""依法办事"的治国方式、制度及其运行机制。实质意义的法治，强调"法律至上""法律主治""制约权力""保障权利"的价值、原则和精神。社会主义核心价值观所倡导的"法治"，是坚持党的领导、人民当家作主和依法治国的统一，通过建立健全全社会学习、遵守、维护、运用宪法法律的制度，始终坚持法律面前人人平等，让遵法守法成为一种良好的社会风气和自觉的行为习惯，让人民群众在法治社会中享受到自由、平等和公正。

（三）公民层面：爱国、敬业、诚信、友善

价值观最基本的主体还是个人。"爱国、敬业、诚信、友善"这 8 个字对社会每个人都提出了新的、更高的要求。对于所从事职业的尊重代表着一种对于个人价值的追求，热爱自己的岗位，全身心地投入到岗位上，干好本职工作，才可能为国家、为社会、为家庭也为自己创造未来。正是因为热爱，才能做到奉献。

1. 爱国

爱国，是一种责任与情怀。国家，是一个政治共同体，更是一个文化共同体，在这个共同体中，每个公民生存与发展的权利得到保护，每个公民也肩负着维护国家统一的责任。爱国是公民的一种责任，是"天下兴亡，匹夫有责"的一种担当。爱国是公民的一种情怀，是将个人价值融于国家追求的自觉中，忠于国家、效力国家，林则徐的"苟利国家生死以，岂因祸福避趋之"，孙中山的"救国图存，振兴中华"，都反映了这样的担当和豪迈，成为中国人民弥足珍贵的精神财富。

2. 敬业

敬业是对待生产劳动和人类生存的一种根本价值态度。敬业的"业"，涵盖了人们所从事的一切促进人类生存与发展的生产劳动领域，本质上就是由劳动的重要地位决定的。社会主义核心价值观倡导的敬业，要求人们尊重劳动、尊重知识、尊重人才、尊重创造，热爱和认同自己的职业和工作，珍惜和保护他人的劳动成果；要求人们有全身心投入的敬业态度和精益求精的工匠精神，保持和发扬为民服务孺子牛、创新发展拓荒牛、艰苦奋斗老黄牛的精神；要求人们视职业、劳动、创造、贡献为公民的社会责任和义务，视劳动为实现个人理想和个人价值的基本途径。

3. 诚信

诚信，是一种品质与坚守，是中华文化传统千百年来对人们的基本道德要求和生活总结，故有"人无信不立，业无信不兴"的古训。坚守诚信品质能使每一位公民堂堂正正、光明磊落做人，无愧于心，无愧于人，也能使公民免受不良风气的侵蚀。公民诚信能提高社会信任度，促进社会信用机制的建立，能在源头上化解和防止由社会信任缺失引发的一系列问题，从而使社会能以低成本运行。诚信的公民和诚信的社会是相互促进形成的，它们是国家和公民在政治、经济、社会和文化等方面的公共活动和人际交往得以健康进行的基本保障。

4. 友善

友善，是一种心态与气度，它具有三个向度：与己友善，与人友善，与自然友善。与己友善，是消除焦虑、缓解压力的不二法门；与人友善，是社会和谐的润滑剂；与自然友善，是人类与自然环境和睦相处并得以可持续发展的途径。友善并非一团和气，息事宁人，粉饰太平，而是基于理解与包容的一种开明的心态与豁达的气度。

友善是一种心态，理解是友善的基础。以友善的心态待人接物，可以使人相互理解、心平气和、无忧无惧。以友善的心态去理解国计民生与社会问题，可以从源头上认识和化解社会怨气及社会矛盾，有利于和谐公正社会的建立。友善是一种气度，包容是友善的灵魂。友善的气度，能使人们在价值多元的时代里，相互尊重，求同存异，共同发展，和睦共处；友善的气度，能使人们在基本的共同价值基础上，寻求协同与合作，以创造出最大的价值与效益。

"国家好，民族好，大家才会好。"[①]习近平总书记的话阐释着一个深刻的道理：个人的命运是与国家、民族的前途命运紧密相连的，只有国家富强、民族兴旺，个人才会有幸福感和安全感。当代大学生要想实现自身的价值，在未来的职场上建功立业，就要高度重视培育和践行社会主义核心价值观。

二、医学生的责任与担当

（一）健康中国战略下医学生的责任意识

2017年10月，习近平总书记在党的十九大报告中提出健康中国战略，并将其提升到国家整体战略层面统筹谋划。健康中国是着眼于全国人民健康福祉的重要战略，旨在促进各地区、各领域的健康和谐发展。

视野窗

健康中国战略主题

"共建共享、全民健康"，是建设健康中国的战略主题。核心是以人民健康为中心，坚持以基层为重点，以改革创新为动力，预防为主，中西医并重，把健康融入所有政策，人民共建共享的卫生与健康工作方针，针对生活行为方式、生产生活环境以及医疗卫生服务等健康影响因素，坚持政府主导与调动社会、个人的积极性相结合，推动人人参与、人人尽力、人人享有，落实预防为主，推行健康生活方式，减少疾病发生，强化早诊断、早治

---

① 2012年11月29日，习近平参观《复兴之路》展览时的讲话。

疗、早康复，实现全民健康。

共建共享是建设健康中国的基本路径。从供给侧和需求侧两端发力，统筹社会、行业和个人三个层面，形成维护和促进健康的强大合力。要促进全社会广泛参与，强化跨部门协作，深化军民融合发展，调动社会力量的积极性和创造性，加强环境治理，保障食品药品安全，预防和减少伤害，有效控制影响健康的生态和社会环境危险因素，形成多层次、多元化的社会共治格局。要推动健康服务供给侧结构性改革，卫生计生、体育等行业要主动适应人民健康需求，深化体制机制改革，优化要素配置和服务供给，补齐发展短板，推动健康产业转型升级，满足人民群众不断增长的健康需求。要强化个人健康责任，提高全民健康素养，引导形成自主自律、符合自身特点的健康生活方式，有效控制影响健康的生活行为因素，形成热爱健康、追求健康、促进健康的社会氛围。

全民健康是建设健康中国的根本目的。立足全人群和全生命周期两个着力点，提供公平可及、系统连续的健康服务，实现更高水平的全民健康。要惠及全人群，不断完善制度、扩展服务、提高质量，使全体人民享有所需要的、有质量的、可负担的预防、治疗、康复、健康促进等健康服务，突出解决好妇女儿童、老年人、残疾人、低收入人群等重点人群的健康问题。要覆盖全生命周期，针对生命不同阶段的主要健康问题及主要影响因素，确定若干优先领域，强化干预，实现从胎儿到生命终点的全程健康服务和健康保障，全面维护人民健康。

医学生作为我国卫生健康事业发展的生力军，是健康中国战略实施和发展的重要人才保障，所以医学生要积极培育责任担当意识，牢记"人民至上、生命至上"的社会责任使命。人民群众的身体健康离不开我国广大的医务工作者的辛勤付出，以及整个医疗系统的协调发展。医务工作者对于我国卫生健康事业的发展至关重要。从业的医务工作者必须具备过硬的专业知识和技能，能够为患者解决疾病带来的苦痛。但同时，医务工作者还要面对患者的心理需求，这就对医务工作者提出了更高的要求，其不仅要具备过硬的专业知识和操作技能，还需具备良好的服务意识和责任担当意识。从整体来讲，具备强烈责任意识的医务工作者不仅能够帮助患者解除疾患带来的痛苦，还能够从心理层面给予患者发自内心的关爱。在健康中国战略背景下，医疗责任是医务工作者的职业担当，医务工作者肩负着"救死扶伤、治病救人"的神圣使命。医学生是我国医疗卫生事业的后备军，其责任担当意识包含了作为医务工作者应当具备的义务，以及所要承担社会责任的自我意识和自觉程度。加强医学生责任担当意识的培养，有助于他们脚踏实地地学习专业知识和技能，时刻牢记"健康所系，性命相托"的医学誓言，全身心地投入我国卫生健康事业的发展中，从而全面促进健康中国战略的落实与发展。

（二）新时代医学生的创新意识

从国家层面而言，创新是一个国家和社会发展的动力。习近平总书记在中国科学院第十七次院士大会、中国工程院第十二次院士大会上强调："实施创新驱动发展战略，最根本的是要增强自主创新能力，最紧迫的是要破除体制机制障碍，最大限度解放和激发科技作为第一生产力所蕴藏的巨大潜能。……我国科技发展的方向就是创新、创新、再创新。"落实到医学发展战略上，培养医学生创新能力与创新思维将有助于我国医学科技事业的发展，有利于有中国特色的、高度原创性和先进性医学科研成果的开发和创立，这不仅可提高我国医疗卫生在世界上的地位，更能广泛造福于广大人民群众，为国家卫生事业的改革与发展作出贡献。

（三）新冠疫情防控斗争对医学生的考验

在新冠疫情防控斗争中，青年人同在一线英勇奋战的广大疫情防控人员一道，不畏艰险、冲锋在前、舍生忘死，彰显了青春的蓬勃力量，交出了合格答卷。广大青年用行动证明，新时代的中国青年是好样的，是堪当大任的！青年一代有理想、有本领、有担当，国家就有前途，民族就有希望。医学生要努力在为人民服务中茁壮成长，在艰苦奋斗中砥砺意志品质，在实践中增长工作本领，未来继续在救死扶伤的岗位上拼搏奋战，不惧风雨，勇挑重担，让青春在党和人民最需要的地方绽放绚丽之花。

目标检测

1. 职业生涯自我认知包括哪些？

2. 什么是职业能力？医学生应该怎样培养职业能力？

3. 什么是职业生涯目标？为实现职业生涯目标，要做哪些努力？

4. 作为卫生高职学生，我们应该树立什么样的职业价值观？

5. 新时代卫生高职学生应该有什么样的责任与担当？

第三章　护理职业认知和能力培养

学习目标

1. 了解护理学的发展及护理专业的特点、工作范畴。
2. 熟悉护士的角色、护理人际关系、护理健康教育的内容。
3. 掌握护士的基本素质、护理道德范畴、与护士执业注册相关的法律。
4. 能根据对护理专业的认知做好个人职业生涯规划。
5. 具有护理职业认知与学习能力，培养良好的职业道德。

护理学既是一门科学，也是一门艺术。护理专业具有很强的科学性、社会性和服务性。护理工作是以人为服务对象、以人的健康为中心的职业，具有不同于其他职业的特殊性和复杂性。护士在执行护理活动时，应具有高尚的职业道德，遵守护理伦理道德规范及法律法规，做到知法、懂法及守法。护士还要具有良好的专业素质和身体、心理素质以满足护理工作的各种需求，应对各种复杂的护理环境，做好服务对象的身心护理，达到护理的目的是预防疾病、减轻痛苦、恢复健康、促进健康。

第一节　护理学的形成与发展

护理学的形成与发展与人类的文明和健康密切相关，是人类在与自然斗争中进行自我保护的产物。随着人类社会的演变、医学科学的进步，护理学的内涵也在不断发展。了解护理学的发展史，对于护理专业学生来说，有助于其树立正确的职业观，提高其对护理本质的认识和理解，同时也能够更好地满足社会对护理服务的需求，提高人类健康服务水平。

一、护理学的概念

在全球范围内，目前对护理学的概念尚没有公认的标准定义。护理学研究的对象是人类的健康，不仅包括患者也包括健康人群，研究的内容是维护人类健康的护理理论知识及技能。1980 年美国护士学会将护理学定义为"护理学通过判断和处理人类对已经存在或潜在的健康问题的反应，并为个人、家庭、社区或人群代言的方式，达到保护、促进及最大限度提高人的健康及能力，预防疾病及损伤，减轻痛苦的目的"。我国著名护理学家、南丁格尔奖获得者王琇瑛指出"护理学属于生命科学范畴，是医药卫生科学的重要组成部分，是在自然科学和社会科学的理论和实践指导下发展起来的一门综合性应用科学"。我国著名的护理专家林菊英认为"护理学是一门新兴的独立科学，护理理论逐渐形成体系，有其独立的学说及理论，有明确的为人民健康服务的思想"。

综上所述，护理学是一门以自然科学与社会科学为基础，研究如何提高和维护人类身心健康的护理理论、知识及发展规律的综合性应用学科。

二、国外护理学的形成与发展

（一）早期的护理

1. 自我护理

自有人类以来就有护理，护理是人们谋求生存的本能和需要。在与自然的搏斗中，在远古人经受了猛兽的伤害和恶劣的自然环境的摧残后，自我保护成为第一需要。他们逐渐学会了观察动物疗伤的方法并加以仿效，比如，用舌头舔伤口，用清水冲洗血污以防止伤口恶化，按压出血处以达到止血的目的等。再如，北京猿人在火的应用中，逐步认识到烧热的石块、砂土不仅可以给局部供热，还可以消除疼痛等。因此，逐渐形成了"自我保护"式的医疗照护。

2. 家庭护理

当人类社会发展至母系氏族公社时代，氏族内部分工为男子狩猎，妇女负责管理氏族内部事务、采集野生植物、照顾老幼病残者，并在生活实践中逐步学会了伤口的包扎、止血、按摩、热敷和调剂饮食等原始的护理方法，"家庭护理"雏形由此产生。

3. 医护一体

当遇到天灾人祸或不能解释的一些自然现象时，古代人类认为必有神灵主宰或魔鬼作祟，常采用祷告、念咒等方法祈求神灵的帮助或用驱魔的方式祛除病痛的折磨。

随着人类文明的发展进步，人们逐渐摒弃了巫术，开始采用药物、简单的治疗方法，加上饮食和生活的照顾，形成了集医、护于一体的护理模式。比如，古埃及曾有一名叫查脱的医生提出王室成员尸体的防腐保存法，这种用来埋葬尸体及制作木乃伊的方法，是绷带包扎术的创始。当时也存在一些护理知识及技术，如催眠术、止血术、伤口缝合术以及催吐、灌肠净化体内以维持健康的记载。再比如，古希腊的"医学之父"希波克拉底破除宗教迷信，将医学引入科学发展的轨道。他非常重视护理，教患者漱洗口腔，指导精神病患者用欣赏音乐的方式来调节心情，指导肾脏病患者调整饮食习惯等。这些从现代观点看来，都是有益于患者康复的护理。统一印度的国王阿索卡按照佛教的教义建立了东方最早的医院，并开始培养医护人员，当时由于妇女不能外出，护理工作由男性承担，这些男性医护人员可以看成是最早的护士。

4. 宗教色彩浓厚

自公元初年基督教兴起后，开始了教会对医护工作长达 1000 多年的影响。这个时期的护理具有很强的宗教色彩，没有真正意义上的科学，是以宗教意识为主要思想的护理初级阶段。

中世纪的护理发展主要以宗教及战争为主题。当时欧洲各国建立了小型医院，这些医院大多数由教会控制。当时的护理除了重视医疗环境的改善外，也开始重视护士的在岗培训以及护理技术的发展、在岗教育等。护理工作也主要由修女来承担，她们以丰富的经验和服务，大大提升了当时的护理质量，推动了护理事业的发展。

5. 护理"黑暗时代"

文艺复兴时期的宗教改革及工业革命使文化、艺术、科学，包括医学领域都有了很大的进步及发展，但护理工作却留置在中世纪状态长达 200 年之久。护理工作受到人们的鄙视，进入了"黑暗时代"。

（二）现代护理学

19世纪中叶，随着科学的发展及医学的进步，医院的数量不断增加，社会对护士的需求也在不断增加。在此背景之下，欧洲相继开设了一些护士训练班。1836年，德国牧师西奥多·弗里德尔在德国凯塞维尔斯城建立了女执事训练所，为学员提供专门的护理训练课程，包括授课、医院实习、家庭访视等，被视为世界上第一个较为正规的护士训练所。直到19世纪中后期，南丁格尔在英国开始了正式的护理教育及实践，开创了科学的护理事业，推动了护理的改革与发展。

1. 南丁格尔时期

19世纪中叶，英国的南丁格尔被誉为近代护理学的创始人。她首创了科学的护理事业，标志着现代护理学的形成。

1854～1856年，英、法等国与俄国在克里米亚交战，南丁格尔率领38名护士奔赴战地医院，自愿到前线救护伤病员。短短半年时间里，伤兵的死亡率由原来的42%下降到2.2%。南丁格尔的创造性劳动，证明了护理的永恒价值和科学意义，改变了人们对护理工作的看法，震动了全英国。1860年南丁格尔在英国圣多马医院创办了世界上第一所护士学校，建立了崭新的教育体制，成为近代科学护理教育的开端。

为表彰南丁格尔对护理事业的贡献，国际护士会于1912年将南丁格尔的诞生之日5月12日定为国际护士节，成立了南丁格尔国际护士基金会，设立南丁格尔奖章，作为奖励世界各国有突出贡献的优秀护士的最高荣誉。

2. 现代护理的发展

现代护理学从职业向专业发展的历程主要表现为以下几个方面。

（1）护理教育体制不断完善。世界许多国家及地区创建了护士学校及护理学院，使护理教育形成多层次而完善的教育体制。

（2）护理向专业方向发展。护理理论的研究及探讨、护理科研的重视及投入、各种专业团体的形成等，使护理逐渐成为一门为人类健康事业服务的专业，并得到进一步的发展及提高。

（3）护理管理体制的建立。继南丁格尔护理管理模式建立之后，科学的护理管理学原理和技巧应用于护理管理当中，强调了护理管理中人、财、物、时间、空间、信息的系统化管理，并指出质量管理是护理管理的核心。

（4）临床护理分科的形成。随着护理专业化的趋势越来越明显，临床护理分科逐渐形成。除了传统的内、外、妇、儿分科外，还出现了重症监护、职业病、社区及家庭等不同分科的护理。

三、我国护理的发展

（一）中国古代护理的产生及发展

我国传统医学历史悠久，其特点是医、护、药为一体，强调"三分治、七分养"。养即护理，它包括改善患者的休养环境和心态，加强营养调理，注重动静结合的体质锻炼等，这些都是中医辨证施护的精华。我国最早的医学经典著作《黄帝内经》中记载着"不治已病治未病"的保健思想，"闭户塞牖，系之病者，数问其性，以从其意"强调了解、关心患者疾苦，进行针对性疏导的整体观点。唐代杰出医药学家孙思邈创造的葱叶去尖插入尿道，引出尿液的导尿术，以及明、清时代为防治瘟病而采用的燃烧艾叶、喷洒雄黄酒消毒空气和环境，用蒸汽消毒法处理传染病患者的衣物等护理技术，至今仍不失其科学意义。

（二）中国近代护理的发展

1. 鸦片战争前后

我国护理学是随西医的传入而发展的。1835 年，广东省建立了第一所西医医院，两年后，这所医院以短训班的形式培训护理人员。1884 年，美国护士在上海附属医院推行现代护理，并于 1887 年开办护士训练班。1888 年，在福州一所医院里开办了我国第一所护士学校，首届只招收了 3 名女生。那时医院的护理领导和护校校长、教师等多由外国人担任，护士教材、护理技术操作规程、护士的培训方法等都承袭了西方的观点和习惯，形成了欧美式的中国护理专业。1900 年以后，中国各大城市建立了许多教会医院，一些城市设立了护士学校，逐渐形成了我国的护理专业队伍。

2. 近代护理的发展

1909 年，中国护士会成立，1936 年更名为中华护士学会，1964 年更名为中华护理学会。1912 年，中国护士会成立护士教育委员会，确立了护士学校的注册和护士的会考制度。1914 年 6 月，在上海召开了第一次全国护士代表大会，在这次会议上，钟茂芳成为第一位被选为学会副理事长的中国护士。钟茂芳认为从事护理事业的人是有学识的人，应称为"士"，故将 nurse 创译为"护士"，被沿用至今。那时的理事长由外国人担任，直至 1926 年才由我国护士伍哲英接任。1915 年由中国护士会举办的全国第一届护士会考，标志着护士的培养和从业走上了正规职业管理的道路。1922 年，国际护士会正式接纳中国护士会为第 11 个会员国。

1921 年，北京协和医院联合燕京、金陵、东吴、岭南四所大学开创高等护理教育，学制为 4～5 年，并授予学士学位。1932 年，在南京创立我国第一所国立中央高级护士职业学校。1934 年，教育部成立护士教育委员会，将护士教育定为高级护士职业教育。1936 年，当时的卫生部开始管理护士注册事宜，要求护理学院的学生毕业后参加护士会考，会考及格者发给证书，然后经注册后领取护士证书。

3. 战争时期的护理

早在 1928 年，井冈山红军医院就附设有看护训练班。1931 年底，创立了我军第一所医学院校——中国工农红军军医学校，在长征之前培训看护 300 人；抗日战争、解放战争期间，为保障部队的战斗力，护理教育趋向正规、普及，培养了大批优秀护理人才。1941 年、1942 年护士节，毛泽东同志先后亲笔题词"护士工作有很大的政治重要性""尊重护士，爱护护士"。党和革命领袖对护理工作的重视和关怀，极大地鼓舞了我军的广大护理工作者，他们浴血奋战，艰苦创业，默默奉献，谱写了永载史册的业绩，在我国近代护理史上留下了光辉的一页。

（三）我国现代护理的发展

新中国成立后，中国的卫生事业尤其是护理事业得到了迅速的发展，特别是 1978 年至今，改革开放的政策及人民健康要求的不断提高，促进了护理事业的蓬勃发展。

1. 护理教育体制日趋完善

1950 年 8 月召开的第一届全国卫生工作会议，提出了发展护理专业的规划，中等职业教育被确定为培养护士的唯一途径，并纳入正规教育系统，由卫生教材编审委员会编写护理教材。1952 年后取消了高等护理教育，目的是更快、更好地培养护理人才，却导致了护理教师、护理管理人员和科研人员的青黄不接，严重阻碍了护理专业的发展。1983 年，教育部与卫生部联合召开会议，决定在全国高等医学院中增设护理专业及专修科，恢复高等护理教育。1984 年 1 月，教育部、卫生部联合召开了全国护理学专业教育座谈会，提出积极开展多层次、多规格的护理教育要求，并于 1985 年批准北京医科大学等 11 所医科大学设置护理本科专业，学制五年，毕业生授予学士学位。据不完全统计，截至 2020 年中国本科护理院系有 276 所，高等卫生职业护理院校有 400 多所。2011 年教育部批准护理专业硕士研究生教育，目前全国有 46 所院校陆续获得了护理学一级学科硕士点。2003 年，第二军医大学成为国内第一个以二级学科独立申报成功的护理学博士学位授权点，目前全国有 28 所院校陆续获得了护理学一级学科博士点。此外临床护士还增加了岗位教育及继续教育。目前我国已经形成了多层次、多渠道的护理学历教育体系。

2. 护理管理体制逐步健全

卫生部于 1979 年先后颁发了《关于加强护理工作的意见》和《关于加强护理教育工作的意见》，从宏观上强化了对护理专业的管理，加速了现代护理学的发展进程。并在《卫生技术人员职称及晋升条例（试行）》中规定护士的主要专业技术职称分为护士、护师、主管护师、副主任护师及主任护师五级，使护理专业具有完善的护士晋升考试制度。1982 年，卫生部医政司设立了护理处，负责全国的护理管理，制定了相关的政策法规，各省、市、自治区、直辖市卫生厅（局）在医政处下设专职护理干部负责管辖范围的护理管理。1986 年，卫生部发布的《关于加强护理工作领导理顺管理体制的意见》指出，300 张床以上的医院可设护理部、科和病房（区）三级管理岗位，分别由护理部主任、科护士长、病区护士长负责管理，并对各级医院护理部的设置作了具体而明确的规定。各级医院健全及完善了护理管理体制，护理部负责护士的培训、调动、任免、考核、晋升及奖励等工作。1995 年 6 月 25 日，首次举行了全国性的护士执业考试，这标志着我国护士职业管理走上了法治化的道路。

3. 临床护理的拓展与深化

现代护理发展的初期形成了"以疾病为中心"的医学指导思想，护理工作主要是执行医嘱和进行各种护理操作技术，但忽视了人的整体性，护理研究的领域也十分局限，约束了护理专业的发展。第二次世界大战以来建立了"以患者为中心"的护理模式，护理工作采用科学的工作方法——护理程序，对患者进行身体、心理、社会全方位、系统的整体护理，不仅解决了患者的健康问题，还满足了患者的健康需求。20 世纪 70 年代以后，新的医学模式即"生物-心理-社会"模式使护理转为"以人的健康为中心"。

近年来各种新型护理模式层出不穷，临床护理中重视系统论、方法论、临床路径及循证护理，重视患者问题的特殊性及普遍性。2012 年以来，各地陆续开展专科护理服务，如 PICC 护士、糖尿病等专业的专科护士培训及服务，并在不断地探讨专科护士的培养与使用。在"健康中国 2030"背景下护理临床实践正在向预防、治疗及康复等方面进一步拓展与深化。

4. 学术交流日益增多

1979 年以后，我国护士出国考察、访问及各国护理专家、护士来华讲学或进行学术交流的人数日渐增多。各高等学校的护理系或学院也加强了与国外护理界的学术交流及访谈，并派一定数量的护士去国外进修或攻读学位。近年来中华护理学会也举办了很多高规格的国际及国内护理学术会议。

5. 护理读物大量出版

1954 年，中华护士学会创办《护理杂志》，并在全国发行，1981 年改为《中华护理杂志》，沿用至今。现阶段，我国正式出版了如《中华护理杂志》《中国实用护理杂志》《护理学杂志》《护理研究》等杂志。

视野窗

　　中华护理学会原名中国护士会，于 1909 年 8 月在江西牯岭成立，先后更名为中华护士会、中华护士学会、中国护士学会，1964 年更名为中华护理学会。会址曾经在上海、汉口、北京、南京、重庆等多处设立，1952 年定址于北京。1922 年加入国际护士会，成为第 11 个会员国。1926 年由中国护士伍哲英任理事长，从此学会开始由中国人担任主要领导。

　　学会的宗旨是团结广大护理工作者，繁荣和发展中国护理科学事业，促进护理科学技术的普及、推广和进步，为保障人民的健康提供服务。学会的主要职责是组织开展学术交流和科技项目论证及鉴定；推广护理科技知识与先进技术；出版专业书籍和刊物；开展对会员的继续教育；对国家重要的护理技术政策、法规发挥咨询作用；协助政府工作并向政府有关部门反映会员的意见和要求，维护会员的权利，为会员服务。

第二节　护理专业认知

护理学在 20 世纪 50 年代以前一直被许多人认为是类专业或辅助专业，从 20 世纪 50 年代开始，国外护理学界从完善护理教育体制、提高护理科研水平、开展护理理论的研究、完善专业团体的功能等方面对护理学专业化的发展起到了很大的推动作用，使护理学逐渐由一门技术性的职业转化为一门新兴的专业。

一、护理专业

（一）护理专业的理解

护理专业培养具备人文社会科学、医学、预防保健的基本知识及护理学基本理论知识和技能，能在护理领域内从事临床护理、预防保健、护理管理、护理教学和护理科研的高级专门人才。

（二）护理专业的特点

（1）以提供满足社会需要的服务为目的。护理专业的从业人员"以人的健康为中心"，应用自己的专业知识及技能为服务对象提供各种护理服务，其目的是保障服务对象的健康及安全，最大限度地满足服务对象的健康需要。

（2）有完善的教育体制。护理教育已经形成多渠道、多层次的教育体制，目前我国有中等专业、大学专科、大学本科、硕士及博士教育体制，并逐步探索博士后教育。

（3）有系统完善的理论基础。护理学以社会科学、自然科学以及医药学作为理论基础，并不断探讨其独特的理论体系，以此来指导护理教育、护理科研及护理实践等工作。

（4）有良好的科研体系。科研是保证专业更新及发展的重要手段。国外护理科研体系正在逐步完善及实施，我国的护理科研也初具雏形，并随着硕士及博士教育的不断开展而逐渐发展及完善。

（5）有专业自主性。护理专业有自己的专业组织、护理质量标准以及法律法规，形成了相关的伦理道德规范。护理专业规范用来检查和约束护士的专业活动并维护其正当的权利和安全，护理专业组织依据这些标准来进行同行监督及自我检查，以维持高质量的护理服务。护理专业设定执业考试及职称考核制度，用于护士的聘用及晋升。护理专业的相关法律、法规在保障服务对象权益的同时也保障了护士的合法权利。

二、护理专业的工作范畴

护理专业的工作范畴广泛，涵盖了人类健康与疾病的各个领域，根据不同的划分方式有不同的内容。

（一）根据护理功能划分

1. 独立性护理功能

护理人员用自己专业的知识、技能及临床经验独立决定和执行护理措施及护理服务。如观察服务对象的病情，为其实施清洁护理，给予健康指导及健康教育等。

2. 合作性护理功能

护士必须与医疗小组的其他人员密切配合协作对服务对象实施护理。如与营养师配合为服务对象进行饮食指导，与理疗师配合指导服务对象的康复训练，与医生配合为服务对象进行诊断及治疗等。

3. 依赖性护理功能

护理人员必须严格地遵照医嘱对服务对象实施护理。如遵照医嘱对服务对象进行用药治疗、输血、标本采集等。

（二）根据工作的专业性质划分

1. 专业性

专业性的护理活动范围广、内容复杂多变，它要求护士要根据自己的专业知识、能力及临床经验，运用自身敏锐的观察能力和综合分析、解决问题的能力，根据不同时间、地点、服务对象的病情变化，采取不同方式的护理。这种专业性的护理工作要求从业人员接受正规的专业教育以及不断的继续教育，以便更快、更好地满足服务对象的护理需求。

2. 半专业性

半专业性的护理活动指一些简单的、常规性的护理操作。它需要护士经过正规的培训，有一定的理论及技能来实施一般日常的护理常规以及有章可循的护理活动。

3. 非专业性

非专业性的护理活动指一些不需要学习和实践的工作，或服务对象的生活护理性的工作，如喂饭、喂水、修剪指甲等护理工作。

专业性护理活动服务范围广，而半专业性和非专业性护理活动服务范围相对较小，在护理工作中三者互相交叉重叠并没有明显的界线。

（三）根据工作场所不同划分

1. 医院护理

在医院护理工作中按照护理程序的工作方法，全面评估和分析服务对象生理、心理、社会、精神、文化等方面的需要，根据需要制定并实施相应的护理计划，评价其护理结果，从而使服务对象得到完整的、适应个体需要的护理。具体的护理工作重点如下。

（1）认真执行各项护理制度和技术操作规程，正确执行医嘱，准确及时地完成各项护理工作，做好查对及交接班工作，防止差错事故的发生。

（2）做好基础护理和心理护理工作。经常巡视病房，密切观察与记录患者的病情变化，如发现异常情况须及时报告。

（3）认真做好危重患者的基础护理及各种抢救物品、药品的准备和保管工作，配合医生完成抢救任务。

（4）协助医师进行各种诊疗工作，负责采集各种检验标本。

（5）参加护理教学和科研，指导护生和护理员、工勤人员的工作。

（6）定期组织患者学习，宣传卫生知识和住院须知，经常征求患者意见，做好说服解释工作并采取改进措施。在出院前做好卫生保健宣传工作。

（7）维持病房秩序。办理入院、出院、转科、转院手续，以及有关登记工作。

2. 社区护理

社区护理主要的工作场所包括社区卫生服务中心、卫生所、健康中心、工厂、学校、教会及各种民间团体等。社区护理工作的重点是举办与社区卫生、心理健康及预防保健有关的活动，具体内容如下：①社区人群健康教育；②为社区家庭提供护理技术与护理服务；③预防和控制传染性疾病与感染性疾病；④社区环境、职业防护与家居安全的管理；⑤社区儿童、妇女、中老年人预防保健；⑥社区人群心理卫生与精神保健；⑦院前急救护理；⑧临终关怀及护理。

3. 护理教育、科研及管理

1）护理教育

护理教育一般包括学历教育、毕业后教育和继续教育三大类。其中，继续教育是对从事护理实践的人员提供学习新理论、新知识、新技能和新方法的终身性在职教育。

2）护理科研

护理人员要运用观察、科学实验、调查分析等方法揭示护理学的内在规律，促进护理理论知识、技能和管理模式的更新和发展。因此护理工作者需要根据所面对的护理服务对象、工作的特点以及学科的特征来不断思考、不断探索。护士有责任通过科学研究的方法推动护理学科的发展。

3）护理管理

护理管理是为了提高人们的健康水平，系统地利用护士的潜在能力和有关人员、设备、环境及社会活动的过程。护理管理者对护理工作的诸多要素进行科学的计划、组织、领导、控制及协调，以实现护理管理的现代化、护理诊疗的常规化、护理设备的规范化、护理工作的程序化及护理业务的标准化，并在满足服务对象需求的同时，为其提供最优质的护理服务。

三、护士角色

随着护理专业的发展、服务对象需求的增加，护士需要不断努力地塑造自我、完善自我，以满足社会对护士角色的期待。目前专业护士的角色范围在不断地扩展。

1. 照顾者

照顾者是护士最基本又最重要的角色，提供照顾是护理永远不变的主题。在临床工作中，照顾患者，为患者提供直接的护理服务，满足患者需要，是护士的首要职责。比如，帮助服务对象满足基本需要，以及呼吸、饮食、排泄、休息、活动、个人卫生以及心理、社会方面的需要。

2. 决策者

护士运用专业的知识和技能收集患者的有关资料，判断其健康问题及原因或诱因，作出护理诊断；并根据护理诊断制定护理计划；实施护理措施后给出相应的评价及改进措施。

3. 计划者

护士运用护理专业的知识和技能为患者制定系统、全面、整体的护理计划，促进患者尽快康复。在这个过程中要求护士具有深刻的思维判断、敏锐的观察分析和果断的决策能力。

4. 管理者

每个护士都有管理的职责。护理领导者管理人力资源和物资资源，组织护理工作的实施，管理的目的是提高护理的质量和效率；普通护士管理患者和病区环境，为患者提供优质的服务，促进患者早日康复。同时，护理管理人员还需与医院的其他管理人员共同完成医院的管理。

5. 沟通者

在整个优质护理服务过程中，护理人员是收集资料及传递信息者。护士使用语言或非语言的交流方式，与服务对象、医生、同事及其他健康工作者进行良好的沟通，以便更好地了解服务对象的情况，最大限度地满足其需要，取得其信任，建立良好的人际关系。良好的沟通可以确保护理活动的顺利进行，提高服务质量，预防纠纷的发生。

6. 教育者及咨询者

护士可以在许多场合行使教育者及咨询者的职能。在医院，对患者和家属进行卫生宣教，讲解有关疾病的治疗、护理和预防的知识，同时对实习护生和新护士进行教育培养，帮助他们更快地进入护理工作的角色；在社区，向居民宣传预防疾病、保持健康的知识和方法，促进和改善人们的健康态度和健康行为；在护理学校，向护理学生传授专业知识和技能。

7. 保护者及代言人

护士有责任帮助服务对象理解来自各种途径的健康信息，补充必要信息，帮助其作出正确的选择并保护患者的权益不受侵犯和损害。特别是在服务对象自己没有能力辨别或不能表达自己意图时，护士更应为其进行辩护。当护士发现有任何不道德、不合法或不符合服务对象意愿的事情时，应挺身而出，坚决捍卫其安全及利益。

8. 协调者和合作者

护士在工作中需要与有关人员进行联系与协调，维持一个有效的沟通网，使诊断、治疗、护理工作得以协调进行，保证服务对象获得适宜的整体医护照顾。在社区护理工作中，卫生保健工作涉及面更广，护士更需要加强与社会各机构及有关人员的协调与配合。

9. 研究者和著作者

科研是护理专业发展不可缺少的活动。每一个护士，特别是接受过高等教育的护士同时又是护理科研工作者，在完成临床护理工作时，要积极开展护理研究工作，并将研究结果在实践中推广应用，指导改进护理工作，提高护理质量，使护理的整体水平从理论和实践上不断进步。还可将自己的研究结果写成论文或专著，在会议上宣读或在专业杂志上发表，以利于专业知识的交流。

10. 权威者

在护理领域中，高级护理人员有丰富的专业知识及技能，能自主地发挥各种护理功能，在护理领域中最具有权威性和发言权。其广博的知识、良好的心理素质和完善的人格得到了护理服务对象的完全信赖。

四、护理专业的发展趋势及就业前景

现代护士将面向更广阔的天地，不仅仅是在医院，还在社会的各个角落。护理工作从封闭的医院服务发展为开放式的社会服务。中国加入 WTO 后，多国家、多民族、多元文化服务要求越来越高，护士应随时准备做到多需求的护理服务。随着护理学的发展，护士将真正成为保障人类健康的社会主力军。

（一）发展趋势

1. 护理人员将成为卫生保健的重要力量

当前世界医疗卫生事业发展的趋势，已由以医疗为主转变为更加重视预防和保健工作，护士是卫生保健工作的主要力量。在"以人的健康为中心"的护理模式下，护理的职能也从单纯的护理患者延伸到预防疾病、维持健康等更广阔的领域，这既是时代的挑战，也是护理专业本身发展的要求。

2. 护士将是健康教育的主要力量

健康教育是通过有计划、有组织、有系统的教育活动，促使人们自觉地采用有利于健康的行为，消除或减少危险因素，降低发病率、伤残率和死亡率，提高生活质量。现今护理专业开展健康教育主要是在医院，少量在社区。随着社区卫生服务队伍的不断壮大，健康教育将发挥更重要的作用并成为护士的一项基本职业要求。

3. 护士角色不断拓展，成为健康服务的重要成员

现代护理已不再是一项附属于医疗的技术性职业，护理专业成为健康服务系统的一个独立分支，平行于医疗专业及其他健康服务专业。护士除了承担原有的责任外，还根据各个医疗机构的需要扮演临床护理专家、高级护理咨询者、护理治疗专家、护理顾问、个人管理者等角色。护士的工作具有一定的相对独立性，护士成为健康服务系统中的重要一员，成为医生的合作伙伴、健康服务的参与者。

4. 护理人员为危重患者提供高质量、高技术的护理

随着现代化科学技术应用于医学和护理，医学及护理学向微细、精细、快速、高效能、现代化方向发展。这使得护理岗位的知识技术含量大大增加，如各种电子监护设备仪器的使用、危重患者临床病情的观察及抢救技术等都需要护士提供高质量、高技术的护理。

5. 具有高学历、多学科知识和较强技能的护士，才能够适应时代的发展

现代科学技术的发展日新月异，各种疾病的复杂多变，迫切需求高素质护理人才，为此

护理教育将向高层次、多方位的方向发展，不断地提高和完善以高等护理教育为主流，涵盖大专、本科、硕士、博士及博士后的多层次的护理教育。高素质护理人才应具备的能力包括处理复杂临床问题的能力、健康指导能力、与人有效合作的能力、文明举止和与人沟通的能力、独立分析和解决问题的能力、评判性思维能力、获得信息和自学的能力，还应具备一定的科研能力。此外，作为护理管理者还需具备相应的科学管理知识和能力。

（二）就业方向及职业生涯通道

本专业毕业生主要面向医疗卫生行业，可在各级各类综合医院、专科医院、社区卫生服务中心、康复中心、老年服务中心等单位从事临床护理、社区护理、护理教育、护理管理、护理研究等工作。

1. 临床护士

临床护士主要从事的工作是各级医院的临床护理。护士在医院的职业生涯通道包括技术系列和行政管理系列，技术系列的晋升阶梯从低到高依次为护士、护师、主管护师、副主任护师、主任护师；行政管理系列的晋升阶梯从低到高依次为护士长、科护士长、护理部副主任、护理部主任、医院主管护理工作的副院长。

2. 社区护士

社区护士主要从事的工作是基层卫生机构的社区护理，包括社区卫生服务中心、社区卫生服务站、基层医院、卫生院、康复中心、老年服务中心和其他基层卫生机构，如企事业单位或机关组织的医务室、校医室。社区护士的技术职称晋升通道与医院临床护士相同，行政管理职务由各基层卫生机构按需要自行设置。

3. 护理师资

护理师资主要从事的工作是各级各类护理学校的护理教育，对学历的要求较高，至少需要本科以上的学历。目前我国多数高等医学院校和护理学院（系）只接收护理硕士以上毕业生从事护理教育工作。高等院校护理师资的职业生涯通道从低到高依次为助教、讲师、副教授、教授；中等专业学校护理师资的职业生涯通道从低到高依次为助理讲师、讲师、高级讲师；行政管理职务是各办公室主任、教研室主任、系正副主任以及学院正副院长或学校正副校长、正副书记。

4. 其他

如医药公司、医疗器械公司、保健品公司、养生机构、医学方面的杂志社和出版社等各类需要有护理背景的企业和组织。

（三）就业前景

1. 国内方向

护理专业被教育部、卫生部等六部委列入国家紧缺人才专业，予以重点扶持。目前，我国护士的数量远远不够，医护比例严重失调。2021年7月13日，国家卫生健康委员会发布的《2020年我国卫生健康事业发展统计公报》显示，我国注册护士总数为470.9万人，执业（助理）医师总数为408.6万人。卫生部要求我国医院的医生和护士的比例是1：2，重要科室医生和护士的比例应是1：4。按卫生部最低医护配置，护士的数量缺口近346.3万人，而全国1：0.87的医护比例远远达不到卫生部的要求，与1：2.7的国际水平相差很大，与发达国家1：8.5的比例相差更远。

随着医疗卫生保健事业的迅猛发展，老年人口数量的不断增加，国内医疗机构、社区卫生服务机构、乡镇卫生机构、养老院、家政服务行业等都需要正规院校毕业的护理专业人员。再加上公民的健康意识、保健意识的提高，社会也需要大量的护理人员。我国的护理专业就业前景总体良好，人员缺口大，护理人才紧缺，其中男护士更是供不应求，是各大医院极为抢手的目标人才。特别是手术室、急诊室、重症加强护理病房（ICU）等劳动强度比较大的科室病房，物以稀为贵的男护士们还未毕业就被各大医院"预订一空"。

2. 国际方向

世界卫生组织针对各成员国的卫生人才资源统计结果显示，许多国家护理人才紧缺。护士短缺一直是近年来全球持续面临的问题，国际护士理事会（首席执行官霍华德·卡顿）表示：世界卫生组织预测 2030 年全球将面临 900 万护士和助产士的短缺，并且我们已经看到世界上许多国家正在面临缺乏护士的可怕后果。尽管在国际上，护士的工作压力和强度很大，但是社会对其职业的认可度极高且经济收入也是十分可观的。在美国新闻社公布的 2019 年年度职业排行中，护理仍然是一个绝佳的职业选择，在前 100 位的职业排名中注册护士排名第 19 位，助产士排名第 16 位，麻醉专科护士排名第 5 位，开业护士排名第 7 位。美国护理学院协会统计各种护士角色平均薪资涨幅呈逐年递增趋势。除此以外，英国、美国、澳大利亚地区注册护士的平均工资也高于当地的平均人口薪资。

解决全球护士短缺是实现 2030 年全民健康和福祉可持续发展目标的重要举措。国际护士理事会国际护士大会上发布的声明中表示：护士是医疗保健领域中最大的职业群体，鼓励政府加大对护理人才队伍的投资是尤为重要的，这包括高质量的教育、人力资源、公平薪酬等多方面的保证。在 2020 年"护士在行动"（Nursing Now）还发起了 2020 南丁格尔挑战计划，呼吁世界各地的政府和组织投资，培养年轻护士的领导能力。这样的国际环境给我国护理人员创造了更多迈出国门、迈向国际市场就业的机会。

第三节　护理职业能力

随着护理学科的发展，护理工作的模式、范围、服务对象都发生了很大的变化，要想成为一名合格的护士，成功地担任自己所承担的角色，除必须具备一定的基本素质，包括思想道德素质、科学文化素质、专业素质和良好的身体与心理素质外，还必须具备良好的道德修养和处理人际关系的能力。

一、护理道德修养

护理道德是社会道德在护理实践领域中的特殊体现，是护理人员在护理领域内处理各种道德关系的职业意识和行为规范。

（一）护理道德的基本范畴

1. 义务

护理人员的义务是指护士自觉地履行防病治病、救死扶伤、维护人们健康的道德责任。包括诊治护理的义务、告知病情和保密的义务、普及医学知识的义务、发展医学科学技术的义务等。

2. 权利

护理道德范畴的权利一般指按护理道德的善恶标准判定的护患当事人应当享有的合理的、正当的护理方面的权利和利益。护理人员的权利主要指对患者的护理治疗权、保密权、特殊干预权、医疗教育权、维护和发展健康与生命质量的判定和处置的权利等。

3. 情感

护理道德情感是护理人员根据一定的护理道德准则，在处理护患关系、评价护理行为时所产生的一种情绪体验，这种情感产生于护理实践活动中，并在护理实践活动中发挥作用。

1）护理道德情感的特点

（1）职业特殊性：作为一名护理人员，面对患者的呻吟、流血、谵语、狂躁及昏迷不醒等症状，其职业道德要求其不能有丝毫的厌恶、恐惧、嫌弃的情感，应给予患者更多的同情、关爱和尊重。因此，护理道德情感的职业特殊性也可以诠释为深刻浓厚的人道主义。

（2）理智性：护理人员的主观体验和外部表现冠以道德情感时，不能如日常生活中那般自然流露。

（3）自觉性和纯洁性：这是由人的生命和护理职业的神圣性所决定的。它要求护理人员在工作中不允许对患者掺杂打击报复、图谋私利的情感以及男女之间产生非道德感情等，充分体现情感的自觉性和纯洁性。

2）护理道德情感的内容

（1）同情感：指发自扶危济难的人道主义同情心。

（2）责任感：责任感是建立在护理人员坚定的内心信念和对社会、对他人极端负责的基础之外，受法律、制度、纪律约束的道德情感，对护理人员的情感起主导作用。

（3）事业感：指把救死扶伤、防病治病的本职工作和发展医学科学事业联系起来，为护理事业而废寝忘食、潜心钻研、鞠躬尽瘁、终生奋斗的一种情感。

（4）理性感：护理人员的道德情感受多种因素的影响和制约，既丰富又理智。

4. 良心

护理道德良心是护士在护理与社会实践中对自己的职业行为负有的道德责任感和自我评价能力，是护理道德观念、情感、意志和信念在个人意识中的统一。

（1）护士的职业特点要求他们在任何情况下都要选择最有利于患者的护理措施，及时调节、控制及评价自己的行为，绝不做任何有损患者的事情，护理道德良心起到行为导向和选择的作用。

（2）护士在单独护理婴幼儿、老人或失去知觉的患者时，更应受良心的监督，做到慎独、慎处、慎为，护理道德良心起到行为监督和保证的作用。

（3）护理人员通过良心的审视评价，对符合道德的行为及后果表示满意和欣慰，对不符合医德要求的行为及后果产生羞耻、惭愧、内疚感，受到良心的责备，应及时纠正自己行为的过错，为后续行为奠定道德基础。

5. 荣誉

荣誉是对道德行为的社会价值所作出的公认的客观评价的主观意向，包括两个方面的意义：一是人们或社会对某种行为的客观评价，指人们履行了对社会的义务，并对社会作出一定贡献之后，得到社会的公认和褒奖；二是指个人对自己行为的社会价值的自我意识。护理道德的荣誉是指护理人员在履行了自己对社会和对患者的义务之后，得到社会舆论的公认和褒奖，也是个人对自己护理行为的社会评价产生的满足感。

6. 功利

功利指功效和利益。护理中的功利是指护理人员在履行护理道德义务、坚持患者利益第一的前提下，得到社会、集体的承认后所取得的个人正当利益。

从护理道德的原则出发，护理人员必须明确维护患者的健康和社会利益是护理人员的最大功利；在个人利益与集体利益发生矛盾时，必须坚持集体功利至上的原则；同时，护理人员应该在坚持将增进人们的身心健康放在第一位的前提下维护自己的正当权益。

7. 审慎

护士审慎的深层本质是对患者高度的责任感和严谨的科学态度，审慎主要表现在以下两个方面。

1）语言审慎

护士真诚、温暖、体贴的话语使患者心情愉悦，促进疾病的恢复；护士敷衍、刻薄、刺激的话语会使患者心情沉重，导致病情加重、恶化。因此护士在与患者沟通时要使用尊重患者人格的语言，帮助患者减少焦虑、恐惧，进而增强战胜疾病的信心。

2）行为审慎

在护理活动中，各个环节都要严格遵守各项规章制度和操作规程，严格执行查对制度。防止因疏忽大意而造成的护理差错事故，增强患者对护士的信任感，建立和谐的护患关系，提高护理质量，保证患者的生命安全。

8. 保密

护理道德保密的含义指护理人员在护理活动中具有对医疗和护理保守秘密的护理道德品质，既包括保守患者的秘密又包括对患者保守秘密。护理道德保密不仅有利于维护家庭、社会的稳定，还可以避免患者受到恶性刺激，有利于建立良好的护患关系。

（二）护理道德的作用

护理道德既是一种社会意识，又是护理人员的必备行为，具体作用可以概括为以下几个方面。

1. 有利于促进整个社会道德进步

护理道德是整个社会道德的重要组成部分。护理工作的影响范围之广，服务的辐射面之大，对社会的各个领域、各个行业、各类人群都会产生重大影响。从某种意义上说，护理道德也是社会道德的一个窗口，它直接反映当今社会道德的总体风尚。因此，加强全体护理人员道德水平的培养，有利于促进整个社会道德水平的提高。

2. 提高护理质量的保证

护理质量取决于护理技术条件和护理人员的服务态度，即护理道德的两个方面。道德高尚的护理人员，善于把所掌握的护理技术科学地、有效地运用到护理实践中去，全心全意地为人民服务，力争取得最佳效果。一般情况下，护理人员都是单独进行护理操作的，有些难以量化的可测指标，这就需要护理人员具有高度的道德责任，以本人的内心意志和信念作为驱动力，秉承对患者高度负责的自觉性和责任感完成护理过程。有了这种道德责任，不仅可以避免那些玩忽职守的事故发生，还可使之成为一种强大的推动力，促使护理人员认真钻研技术，严格执行操作规程，保证和提高护理质量。

3. 培养新型护理人才的基本条件

护理是对患者生命攸关的职业，是不可缺少的社会角色。社会的进步和发展需要造就一代新型的、适应社会需要的护理人才，而护理道德的提高是提高护理队伍整体素质的先决条件。这就要求护理人员努力学习护理的传统美德，并在献身护理事业的实践过程中形成更为高尚的道德品质和情操，以适应医学科学发展的需要；要全心全意为改善人们生命质量和身心健康服务，成为一代具有理想人格和全面发展的新型护理人才。

4. 推进护理科学发展的动力

当代护理科学的发展已经进入新的领域，学科本身内涵的深化，新理论、新技术的充实和应用，以及随之而来的新矛盾，都表明护理道德对于护理科学的发展发挥着越来越大的作用。例如，器官移植中的护理、危重患者的监护、整体护理和自我护理等，都是以强调人的整体性、尊重人的生命、尊重人的尊严和权利为基本条件来实现的。护理新技术的应用，迫使护理人员进行自我调节，要学习新理论，掌握新技术。因此，只有具备了高尚护理道德的人才能真正圆满地完成整体护理，实现护理科学向新阶段、新层次的发展。

（三）护理道德修养的方法

护理道德修养是培养护士高尚情操的重要途径，它关系到每个护士的道德面貌和道德水平，加强道德修养对于提高护士的综合素养具有重要的意义。具体方法包括以下几个方面。

1. 行业规范的建立及完善

护理专业组织应加强护理道德伦理规范的建设，并形成完善的职业道德伦理规范要求，从而使护士能在行业要求下规范自身的职业道德行为。

2. 提高个人道德修养

1）学习求知

学习求知包括三个方面：首先，努力学习科学文化知识，特别是护理伦理学理论，并将理论知识转化为个人思想觉悟和品德；其次，自觉努力学习护理专业知识，提高自身的专业素质，并使之转化为观察和处理问题的能力；最后，自觉学习身边的楷模，以楷模为榜样，提升个人的护理道德水平。

2）内省自讼

内省自讼要求护理人员经常就自己的品行是否合乎护理道德的要求进行自我反省，通过自我反省随时了解、认识自己的思想、意识、情绪与态度。

3）克己自律

克己是指护理人员应尽量自觉克制自己不正当的欲念，时刻将自己的思想和行为置于道德规范允许的范围之内。自律就是要求"人为自己立法"，自觉遵守道德规范。

4）注重慎独

慎独是指护理人员需要完全凭借自我的道德克制力来对个人内心深处比较隐蔽的意识、情绪进行管理和自律。

二、护理人际关系

护理人际关系是护士在工作过程中形成的多种人际关系的总和，包括护患关系、医护关系、护际关系等。良好的护理人际关系是做好各项护理工作的重要保障和基础，这不仅有利于护士与患者及其家属、医生、其他医务人员之间的相互协调与信任，而且有利于提高护理工作的质量和效率。

（一）护患关系

护患关系是护理人员与患者通过提供与接受护理服务而形成的一种特殊的人际关系，属于专业性的人际关系。护士为患者提供的服务时间最长，与患者接触机会最多，所以护士与患者之间的关系就显得尤为重要。

1. 护患关系的特点

1）专业性的工作关系

护患关系不同于一般的社交性人际关系，它是为了解决特定的医疗护理问题，为了完成特定的专业任务而建立和发展起来的专业性的工作关系。不管护士是否愿意，也不管患者的身份、职业和素质如何，护士都有责任和义务尽量满足患者的需要，这是护士的职业要求，带有一定的强制性。良好的工作关系不仅能有效地减轻或消除患者因环境陌生、诊疗过程及疾病本身而导致的压力，还有助于治疗和加速疾病的康复进程。反之，紧张的护患关系会加重患者的心理负担，甚至可能导致情绪恶化，严重影响治疗和康复的进程。

2）以患者为中心的关系

"以患者为中心"的护患关系要求以解决患者的护理问题为核心，以促进健康、预防疾病、恢复健康和减轻痛苦为目的。

3）多方位的关系

护患关系不仅局限于护士与患者之间，还涉及医生、患者、家属、后勤人员及行政人员等，这些关系会多角度、多方位地影响护患关系。

2. 护患关系的影响因素

护士与患者接触的机会最多，护患之间发生争议的机会也相对增多，在护理工作中引起护患冲突最常见的主要有以下几种原因。

1）角色模糊

角色模糊是指客体对自己充当的角色不明确或缺乏真正理解时所出现的状态。护患沟通的关键是双方对关系角色期望及定位是否明确。在护患关系中，如果护患双方中任何一方对自己所承担的角色功能不明确，觉得对方的言行表现不符合自己对对方的期待，护患关系及沟通便会发生障碍。比如，护士不能积极主动地为患者提供帮助，或患者不积极参与康复护理，不服从护士的管理等，均可能导致护患沟通障碍、护患关系紧张。

2）责任冲突

护患之间的责任冲突表现在两个方面：一是对于造成的问题谁来负责，双方意见不一致；二是对于目前的健康状况该由谁来负责，双方有分歧。这些分歧影响护患关系的顺利建立和发展。比如，在患者康复过程中，医务人员认为患者应积极地配合医疗活动，但患者不愿进行积极的康复训练，只想依靠单纯的治疗和护理来解决问题，这样就容易造成护患双方的不满情绪，影响护患关系的良性发展。

3）权益差异

患者大多缺乏相应的健康知识，而且由于疾病的影响，部分或全部失去自我控制及料理的能力，因此多数患者并不具备维护自己权益的知识和能力，必须依靠护士来维护。随着社会生活水平的不断提高、法律制度的健全，人们精神文化追求不断地提高，患者的权益意识和自我保护意识也在不断增强，对医疗护理服务质量的要求也在不断提高，如果护士忽视患者的正当权益，就会引发护患冲突。

4）理解分歧

当护患双方理解不一致难以进行有效的沟通时，就容易造成护患双方的误解和相互埋怨，损害护患关系。医护人员在工作中习惯用医学术语沟通，但患者缺乏医学知识，很容易造成误解，如患者将"禁食"理解为"进食"。这种因语言问题而导致的误解，极易造成护患双方产生矛盾，护患关系也因此受到损害。

5）信任危机

信任感是建立良好护患关系的前提和基础，而良好的服务态度、认真负责的工作精神、扎实的专业知识和娴熟的操作技术是赢得患者信任的重要保证。在工作中，如果护士态度冷漠或出现技术上差错、失误，均会失去患者的信任，严重影响护患关系的建立和发展。

6）文化差异

不同的患者来自不同的民族、不同的地域，他们具有不同的语言、风俗、习惯和宗教信仰，如果护士采用单一的文化模式护理不同的患者就会发生文化冲突，甚至影响护理效果。

3. 促进护患关系的策略

1）加强护士职业道德修养

职业道德修养不是一蹴而就的，因此无论是在学习、工作还是生活中，都要具有爱心、同情心，护士应以真诚的态度对待患者，了解患者的经历和感受，想患者之所想，急患者之所急，让患者感受到温暖和力量，这样才能促进护患关系的良性发展。

2）创造和谐氛围

护士应努力创造一个有利于患者康复的安全、和谐和支持性的环境，以良好的心态投身于工作之中，用自己积极向上的心态去感染和教育患者，使患者在接受医疗和护理的过程当中，保持良好的身心状态，积极配合医疗和护理。护士还应该充分尊重患者的意愿，平等地对待每一位患者，使患者感受到理解和接纳，产生归属感，这对患者的康复都是十分有利的。

3）提高业务水平

精湛的业务水平不仅可以增加患者的信任感，有助于护患关系的建立，也是保证护患双方合法权益的重要条件。除此以外还要学习社会、人文科学等知识来拓宽知识面以适应新形势下的护理模式。

4）掌握沟通技巧

有效的沟通是护理工作顺利进行的基础，也是建立良好护患关系的前提。护士必须掌握一些沟通技巧，如主动的态度、适宜的时机、合适的沟通距离、通俗的语言、及时的反馈等等。

（二）护士与患者家属之间的关系

1. 护士与患者家属关系的影响因素

1）双方思想观念的差异

双方思想观念的差异主要体现在以下三个方面：一是角色理解欠缺。亲人患病给家属带来压力，因而使家属产生紧张、焦虑等一系列心理反应，家属把希望全部寄托在医护人员身上，认为医护人员能药到病除，妙手回春。但由于临床护士不足，工作繁重，护士有时不能为患者解决所有问题，很多家属因此产生不满情绪，指责护士，护士与家属因缺乏相互理解，容易产生矛盾。二是角色责任模糊。家属是患者的心理支持者、生活的照顾者，也是护理计划的制定与实践的参与者，家属和护士应共同为患者的健康负责。但有些家属认为医院应为患者承担全部责任，家属只是起监督作用，不用主动提供帮助。同时有的护士因工作繁忙、怕脏、怕累，把本该护士做的基础护理工作交给家属去做，这都是引起护士与患者家属矛盾冲突的常见原因。三是角色期望冲突。患者及家属常用理想化的标准来衡量护士，当问题不能被解决时就会对护士产生不满情绪，导致矛盾冲突的出现。

2）患者家属经济压力过重

目前在我国仍存在看病难、看病贵的问题，高额的医疗费用使患者家属的经济压力明显增大，尤其是没有参加医保的患者家庭，特别是当某些患者花费高额的费用后治疗效果不明显，甚至恶化时，患者家属会产生不满情绪，从而引发家属与护士之间的矛盾。

3）家属违规探视与护理工作的冲突

家属在患者住院期间，适当的探视有利于满足患者爱与归属的需要，有利于增强患者战胜疾病的信心。但是过于频繁的探视会影响患者及同室患者的休息，也会影响正常的治疗护理工作。为了保证医疗护理工作正常有序地进行，护士会按照病室管理制度来控制患者家属探视的次数和探视时间，但有的家属对此并不理解，导致与护士发生冲突。

4）双方缺乏有效沟通

患者家属会经常向护士询问各种各样的问题，但有些护士把这些当成额外的负担，采取冷漠、不理睬或敷衍了事的态度，患者家属因此而产生不良情绪，易引起矛盾。也有些家属尊重医生，却对护士不以为意，不一样的态度会让护士心里很不平衡。比如，一患者想问护士输入的"刺五加"起什么作用时，被家属制止了，家属说："等会咱问大夫，护士知道什么呀。"护士听后心里很不是滋味。

2. 促进护士与患者家属关系的策略

1）热情接待患者家属

护士主动热情地接待患者家属，向其介绍医疗环境、相关制度等情况，使患者家属感到被尊重、被接纳；对其提出的问题予以相应的解答，对有困难的家属提供有效的帮助，消除家属的紧张、焦虑、恐惧等情绪。这种沟通既可以增加患者家属对护士的信任感，还会有助于患者的治疗与康复。

2）正确评估与指导

护士通过与家属沟通，了解患者及家庭的整体情况，评估其存在的问题，并给予患者家属相应的指导，做好相关健康教育。通过指导可以充分发挥患者家属的作用，尤其是出院后患者的院外治疗和护理，主要是由患者家属来完成的，当患者出院时，护士应与患者家属进行直接的沟通，指导他们更好地帮助患者继续治疗和休养。

3）尊重家属的知情同意权

满足家属的知情同意权是尊重患者基本权利的表现，护士在与医生取得一致意见后，主动向家属介绍病情、治疗进展和可能发生的情况，让他们对患者的情况做到心中有数，可以减轻他们紧张和焦虑的情绪，便于做好后期的各种安排。同时护士要耐心听取家属的信息反馈，虚心接受，这对治疗和护理会有很大的帮助。

4）主动提供心理支持

少数患者家属由于长期照顾患者，正常生活被打乱，自身疲惫不堪，经济压力负荷过重，会产生厌烦、冷漠等心理。护士应耐心细致地做好家属思想工作，倾听他们的苦衷，并表示理解，减轻其心理负担，同时也纠正他们对疾病的一些不正确理解，鼓励其树立信心，共同为促进患者康复而努力。

（三）医护关系

医护关系是指医生与护士在医疗护理活动中形成的相互关系，是护理人际关系的重要组成部分，良好的医护关系是顺利完成医疗护理活动，解除患者疾患，促进患者康复的重要保证。

1. 医护关系的影响因素

1）角色心理差位

心理差位是指在人际交往中双方心理处于不平等的上位或下位关系。由于长期以来受传统从属型医护关系的影响，部分护士会对医生产生服从依赖心理，甚至形成自卑心理，不能主动、独立地为患者解决问题，只是机械性地执行医嘱。新型的医护关系是并列——互补模式，双方有各自的专业技术，在为患者服务的过程中没有高低之分，是平等的合作伙伴关系。医生、护士需要重新审视双方关系，正确对待彼此，建立心理等位关系，没有主从之分，没有上下之分。

2）角色压力过重

目前很多医院医护比例不合理，护士人数达不到规定的比例，导致护士长期超负荷工作，加上医院用人机制不同，造成岗位设置不平等，使护士心理失衡及角色负担加重，心理变得脆弱、急躁和紧张，从而影响医护关系的和谐。

3）角色理解欠缺

在日常工作中，医护双方因专业理解存在差异，缺乏沟通而易造成误解，常互相埋怨或指责，从而影响合作关系。比如，医生埋怨个别护士不能按时完成治疗计划，观察病情不仔细等；护士埋怨个别医生开医嘱无计划、不及时，物品使用后不能及时整理和归位。如果角色理解欠缺持续存在，会严重破坏医护之间的正常关系。

4）角色权利争议

医护按照分工在各自职责范围内承担责任，同时拥有相应的自主权，但在某些情况下，医护人员常常会因为对工作职责和权利的理解不同而产生矛盾，影响医患关系。例如，当医生和护士对患者病情评估不一致时，或对处理患者的方法有争议时，都有可能发生冲突，这时双方若不能心平气和地通过交流取得一致，会影响医护关系的正常发展。

2. 促进医护关系的策略

1）把握角色、各司其职

医生和护士虽然工作的对象、目的相同，但工作的侧重点和使用的技术手段有所不同，医生主要是作出正确的诊断和采取恰当的方法治疗，护士主要是执行医嘱，做好患者的整体护理，向患者解释医嘱的内容，取得患者的理解和配合，但医嘱并不是盲目执行的，如果发现医嘱有错误，护士有责任主动地向医生提出意见和合理化的建议，协助医生修改、调整不恰当的医嘱。

2）真诚合作、密切配合

医护双方的关系是相互尊重，相互支持，真诚合作，不是发号施令与机械执行的关系。例如，医生制定的治疗方法为护理工作提供依据，护士则通过其细致的观察为医生提供宝贵的临床资料。为了患者的利益和保证患者的安全，医生和护士还要互相监督，及时发现医疗护理中的差错。

3）相互尊重、关心理解

医护双方应该理解和尊重对方的工作，要充分认识对方的作用，承认对方的重要性。任何一方都不能轻视、贬低另一方，双方都应该主动地帮助对方在患者面前树立威信。当医护之间协调配合欠妥时，切忌在患者面前争吵和相互揭短，要彼此谅解，善意地提出合理化建议或意见。

4）互相学习、取长补短

随着医学的高速发展，护士不仅要提高专业知识，还要学习相关知识，如心理学、伦理学、美学、社会学等，并且要向医生虚心请教，把握疾病的发生、发展和转归。医生也应了解相应的护理技术，从而使医疗与护理相互渗透，互相启迪。

（四）护际关系

护际关系是指护理人员之间的交往关系。在护际交往中，各类护士由于年龄、学历、知识水平、工作经历、职责分工及心理特征不同，常常产生不同的心理特点，从而发生矛盾冲突。为了实现护际之间的良好沟通，需要掌握护际之间的沟通技巧。

1. 护际关系的影响因素

1）护理管理者与护士之间的关系

（1）护士方面。护士与护理管理者沟通时希望和护理管理者搞好关系；希望管理者有较强的能力，能够在各方面对自己进行帮助和指导；希望管理者能公平地对待每位护士，提供更多机会。不同年龄层次的护士有其自身的一些特点，例如，年轻护士求知欲强，工作积极主动，希望得到重视和培养，能有更多的学习和进修机会；中年护士希望得到管理者的重用，在工作中能发挥他们年富力强的优势；老年护士希望得到管理者的尊重，并能够根据他们的身体情况和工作经验分配适当的工作。

（2）护理管理者方面。护理管理者更注重护理工作绩效管理，为了保证工作质量，对护士会严格要求。护理管理者希望护士具备较强的工作能力，能按要求完成各项工作；希望护士服从管理，支持护理管理者的工作；希望护士能处理好家庭与工作的关系，全身心投入工作；希望护士具有较好的身体素质，能够胜任自己的工作。

因此，护理管理者与护士的沟通，要明确了解双方的期望并努力达到，这样才能形成良好的关系。

2）护士与护士之间的关系

（1）新老护士之间的关系。由于工作经历、年龄不同，新老护士容易在沟通中发生矛盾。有些老护士年龄大、经验足、能力强、职称高，常认为年轻护士缺乏敬业精神、工作拈轻怕重、缺乏礼貌；新工作的护士精力充沛、知识面广、反应敏捷、动作迅速，常认为年老护士爱唠叨、墨守成规，对老护士表现出不够谦虚和尊重，从而形成新老护士的沟通障碍。

（2）不同学历护士之间的关系。随着高等护理教育的发展，高学历的护士不断充实护理队伍。少数高学历的护士认为自己本科毕业或是研究生毕业，理论基础扎实，往往眼高手低，不愿意从事基础护理工作，不愿意向身边低学历的护士学习；一些学历低的护士认为学历高没什么了不起，还不是干一样的活，刚入职场时，有护理管理者对高学历护士的器重和培养使学历低的护士萌生嫉妒心理。

（3）护士与实习护生之间的关系。护士与实习护生既是师徒关系又是同行关系。带教护士希望护生勤快懂事，主动工作，虚心学习，尊重带教老师。护生则希望带教老师医德高尚，业务熟练，带教耐心。当护生接受能力慢或带教护士态度冷淡时，师生之间易产生矛盾冲突。

（4）护士与护理员之间的关系。由于大多数护理员都是未经过专业学校正规培训的人员，缺少专业知识，对护理工作的重要性认识不足，体验不深，认为自己地位低，有自卑感，在与护士交往中常常处于被动地位，但她们也希望护士能尊重她们，不随意指使她们。护士则希望护理员能掌握一些临床护理基础知识，除搞好病区管理、饮食供应之外，能协助护士为患者做一些基础护理工作，减轻护士的工作负担。但也有一些护理员不尊重护士，不服从工作安排，不认真完成工作，或者有少数护士认为护理员低人一等，可任意指使。这两种情况都会引起护士与护理员间的矛盾，不利于护士和护理员之间的和谐发展。

2. 促进护际关系的策略

1）创造和谐民主的人际氛围

护际沟通是以相互理解、相互帮助为前提的。作为管理者需以身作则，严于律己，知人善用，处事公平，充分信任护士，同时了解和尽量满足护士的需求，要以德服人而不是以权压人。作为护士要理解管理者工作的难处，尊重领导，服从管理。护士之间需要互相帮助，互相学习，取长补短。年轻护士要虚心向老护士学习，多讲奉献精神；老护士要耐心帮助年轻护士掌握正确的护理方法和操作技巧，做好传、帮、带工作。带教护士要热情耐心、多指导、多鼓励、少斥责；实习护生要谦虚、勤奋、好学、尊重带教护士。护士与护理员之间需要互相理解、尊重，护士不要随意指责、呵斥护理员。总之，护际之间要多一分宽容，多一分理解，少一些挑剔，少一些斥责，共同为创造和谐民主的护际氛围而努力。

2）创造团结协作的工作环境

护理工作繁重琐碎，中间环节多而又连贯性强。一系列护理任务的完成不仅需要护士个人良好的综合素质，还需要各类护士间的协调运转。例如，一名昏迷患者在住院期间发生压疮，需要各班护士的精心照料，光靠一名护士是不行的。护士之间既要有分工又要有协作，每个护士的工作都离不开其他护士的支持和配合。每位护士在完成本班工作的同时为下一班工作做好准备，主动为遇到困难的护士提供帮助，创造团结协作的工作环境。另外，如何对待和处理护理工作中的差错问题，通常是影响护际关系的主要因素。一个识大体、顾大局、修养好的护士应该敢于承担责任，而不是推卸责任，更不能嫁祸于人。

（五）护士与医技、后勤人员之间的关系

在医院工作中，护士除了与医生、护士沟通外，还需与非临床科室、医技人员和后勤人员进行交往沟通。由于护士与这些人员的工作职责、工作性质和工作环境不同，受教育的程度、看问题的角度和处理问题的角度也不同，所以在交往中容易产生不同的心理和矛盾，影响相互间的协作关系。

1. 护士与医技、后勤人员之间沟通的影响因素

1）护士与医技人员之间的关系

医技人员是指非临床科室从事各种诊断性检查、检验及辅助性治疗工作的专业技术人员。医技科室专业独立性强，与护理专业差别较大，因此在工作中有时难以相互理解配合，容易出现矛盾冲突，使沟通产生障碍。

2）护士与后勤人员之间的关系

后勤人员是指为医疗护理提供各种保障的各部门工作人员，其工作内容与护理工作密切相关。有些护士认为后勤人员由于工作技术性不强，创造的经济效益不如护士直接，常常不尊重后勤人员的劳动，对他们指责、挑剔。后勤人员则认为自己的工作岗位不被重视，心理不平衡，在工作中不主动提供服务，有时还故意拖延时间，给护理工作的顺利开展带来

困难。

2. 促进护士与医技、后勤人员关系的策略

1）互相尊重、理解

在交往过程中护士应体现良好的职业道德与修养，以互相尊重、理解为前提。若在工作中护士因自身原因导致的沟通障碍，应主动承担责任，多作自我批评。若因对方原因造成工作被动也不要埋怨，应以对方能接受的方式提出自己的意见，帮助做好善后工作，将不良后果降到最低。这样既能保证护理工作的正常运转又能保持人际关系的和谐。

2）互相支持、配合

只有保持护士与医技、后勤人员之间良好的支持与配合关系，才可以使护理工作顺利展开。护士在工作中除了考虑自身的工作困难，更要设身处地地为对方着想，在不影响患者治疗护理的前提下，尽可能为对方的工作提供方便。比如，护士应正确掌握标本采集方法，并及时准确送检；护士要尊重后勤人员的劳动成果，参与保护公共设施，减少其不必要的工作量，让大家的工作在融洽的氛围中顺利进行。

三、治疗性沟通

治疗性沟通是指护士与患者、患者家属以及其他工作人员，围绕患者的需求而进行的对其治疗护理起积极作用的信息传递过程。

1. 治疗性沟通的原则

1）目的原则

护患之间的沟通以满足患者需要、促进患者康复为目的，具有其特定的专业性。因此，治疗性沟通应是进行有目的的交谈。

2）易懂原则

交谈时应根据患者的年龄、职业、社会角色、文化程度等特点，运用不同的沟通方式与技巧，使患者易于理解和接受。

3）和谐原则

沟通过程中护士要以和蔼友善的态度，礼貌、通俗的语言，与患者及家属建立良好的护患关系，营造和谐的沟通氛围。

4）尊重原则

护士与患者交谈过程中，应认真倾听患者的建议与意见，顾及患者的感受，尊重患者的选择，不能把自己的主观意愿强加给患者。

2. 治疗性沟通的影响因素

1）护士因素

护士在治疗性沟通中起主导作用，护患双方能否达成有效沟通更多地取决于护士的职业情感、专业素质和沟通技巧等因素。

2）患者因素

治疗性沟通是否有效，除护士方面的因素外，还与患者的疾病程度、个人经历、文化程度和生活习惯等密切相关。

患者病情的轻重程度是影响护患沟通的主要因素之一。对于重症患者来说，患者更多的是关心自己的病情进展、生命是否受到威胁、治疗护理措施是否及时有效、医护人员对自己是否关心和重视等，而对护士的提问进行简单的回答或没心情回答，甚至拒绝回答。个人经

历尤其是患病经历对护患沟通会产生一定的影响。俗话说："久病成医。"患者的文化程度同样也会影响护患之间的沟通。文化程度高的患者较易沟通，因为他们善于理解护士的提问和接受护士的建议。对于文化程度较低的患者来说，即使是简单的问题在理解时也可能出现偏差。生活习惯是一种长期形成的行为方式，是很难改变的。患者从熟悉的家庭环境来到医院，许多生活习惯也都要随之改变。这些生活习惯的改变容易使患者产生心理不适，引起情绪低落，继而影响护患之间的沟通。

此外，患者的心理状态、家庭经济的承受能力、社会角色的改变等都会影响患者的情绪，从而影响护患沟通。

3. 促进治疗性沟通的技巧

在护患交流时掌握并灵活运用一定的治疗性沟通技巧可以提高沟通效果，要根据具体情况合理运用。

1）评估患者的沟通能力

医学鼻祖希波克拉底说过"了解什么样的人得了病比了解一个人得了什么病更为重要"，患者的文化程度、社会背景、性格特征、理解能力、生理状况、个人情绪及沟通场合等都会影响护患沟通的效果。护士在评估患者的沟通能力时，特别要注意听力、视力、语言表达能力、语言理解能力、病情和情绪等各方面的情况。只有充分了解患者的相关信息，才能有的放矢地进行沟通，进而达到预期目的。

2）选择合适的语言环境

语言环境的构成包括主观和客观因素。其中主观因素包括患者的社会角色、文化修养、性格特征、心情状况等；客观因素主要指沟通的时间、地点、场合等。护士应选择患者容易接受的时间、地点、场合、语言形式和内容进行沟通。例如，一名患者正着急去做检查，护士这时又要给他做护理评估，显然患者不会说出详细的资料，很有可能会落下一些非常重要的信息。

3）运用合适的语言

护士在进行治疗性沟通时，应注意用词的准确性，对患者尽量用通俗易懂的语言，而不要用深奥晦涩的专业术语和医院常用的省略语。用适当的语速表达信息的内容，将更容易获得沟通的成功。比如，护士要强调某个内容时，就可以恰当使用停顿，以便患者有一定的时间去消化和理解。另外语调和声调也影响信息的含义，从而影响沟通的效果，在护患沟通时护士应及时调节情绪，改变语调和声调，避免发出一些本不想传递的信息。最后就是护士在说话时应发音清晰，保证患者能听清楚，听明白。

4）积极的倾听

这是最重要的治疗性沟通的技巧之一。要求护士在倾听过程中集中精力，全神贯注，用心倾听。谈话中要注意保持眼神的接触，双方保持合适的距离，交谈中护士要适时地回应，表示出对所谈内容有浓厚兴趣，使患者感觉到关怀和关注。在倾听过程中护士并不是专注每一个听到的信息，而是有选择地滤掉一些，选择和健康有关的信息、愿望、要求、欲望和兴趣等。

5）开放性提问及交流相关性话题

护士在和患者沟通时，尽量采用开放式提问，如"你感觉怎么样呀""你是怎样认为的呢"。开放性提问可以让患者主动表达，帮助患者认清自己的想法，这种提问方式不但可以收集到详尽的资料和信息，还可以增强患者的自我价值感和平等感。另外，开放性提问的信息应与当前的情景具有相关性和重要性，这样的沟通会更加有效。例如，患者正为失眠而烦恼，此时选择科学睡眠的话题就比健康饮食更加能引起患者的兴趣。

6）与特殊患者的沟通技巧

（1）与老年患者的沟通。随着机体的老化，老年人的生理、心理、社会角色方面均发生了一定的改变。在生理方面，老年人容易出现疲劳现象，因此在沟通时护士应根据老年人的精力和体力制订合适的沟通计划；老年人视觉和听觉的老化最为明显，护士应选择合适的距离，并适当地提高音量，保证沟通的有效性。在心理方面，老年人的短期记忆能力降低，这也会影响到护患沟通的效果，护士应针对重要的信息反复沟通确认。在社会角色方面，老年人可能面对退休、丧偶、居住环境改变等情况，护士应具有同理心，关注患者的感受，善于用鼓励、安慰的语言与老人进行有效的沟通。

（2）与儿童患者的沟通。儿童患者正处于生长发育的过程中，生理、心理、行为等方面的发育尚不成熟，认识、语言表达能力和分析问题的能力也非常有限，护士与儿童患者沟通时，要根据其年龄和认知状态进行沟通，选择合适的词汇、有趣的游戏或肢体语言等。另外，护士在沟通中要关注家长的重要作用，获取家长的信任和配合，这样能促进与患儿之间的顺利沟通。

（3）与病情危重患者的沟通。护士与危重患者沟通要尽量缩短时间，避免引起疲劳，加重病情。另外要注意使用保护性的语言，避免输出刺激性的词语，如"没希望"等。对意识障碍的患者，护士可以重复一句话，以同样的语调反复与其交谈，以观察患者的反应。对昏迷患者，护士可以根据具体情况适当增加刺激，如触摸、交谈等，以观察患者是否有反应。

（4）与感觉障碍患者的沟通。护士与有听力障碍的患者沟通时，应尽量缩短谈话的距离，使用非语言的沟通技巧，如面部表情、手势或应用书面语言、图片等与其沟通。对有视力障碍的患者，护士可以用触摸的方式让其感受到护士的关心，在接近或离开患者时要及时告知，避免或减少使用非语言信息。

（5）与临终患者的沟通。对于临终患者，护士需真诚对待，耐心倾听，恰当地进行情感性的沟通。护士在与其交谈时应语言清晰、语调柔和，避免在患者周围窃窃私语。同时配合触摸、目光的接触、面部表情等非语言性的沟通技巧，使临终患者即使在生命的最后一刻也不会感到孤独。通过良好的沟通效果，维护临终患者的尊严，使其舒适、安宁地度过人生的最后旅程。

4. 常见的错误沟通

1）说教式沟通

护士往往以患者的保护者和照顾者身份自居，因此，在护理过程中容易用说教的方式来说服患者。例如，护士用生硬的语气说："我不是告诉你不能出去活动吗？你怎么偷着跑出去了，出了事谁负责啊？"如果换个说法则更容易被患者接受，例如，护士用关心的口吻说："您可不能出去活动啊，您现在抵抗力差，这样出去会感冒的，我扶您上床休息吧。"相同的意思不一样的表达会产生不同的沟通效果。

2）虚假的、不恰当的保证

护士对患者要以诚相待，认真负责，言语得当。护士尽量不要向患者做不切实际的承诺或保证，如"别担心，手术肯定没问题""你一定会很快好起来的"。如果作出承诺，就应信守诺言，以取得患者的信任。

3）突然改变话题

在沟通过程中，如果直接或间接地利用无关的问题突然改变话题或转移谈话的重点，会阻止服务对象给出有意义的信息。

4）信息发出的量及速度超载

患者由于身心不适，会对沟通过程中的信息接受能力下降，而护士有时在工作繁忙的情况下，会急于求成，特别是在进行健康教育时，速度太快，信息量太大，会影响教育的效果。

5）言行不一

护士的语言及非语言信息表达不一致，会使患者产生误解或从护士的表现来猜测自己的病情，而产生护患沟通障碍。

6）急于阐述自己的观点

护士如果在沟通中没有经过思考很快对一个问题作出回答，过早地作出结论，会阻断服务对象要表达的感情及信息，无法表达真正困扰他们的问题及感觉，这将使患者有孤立无助、无法被理解的感觉。

7）过度发问或调查式提问

对患者持续提问，对其不愿讨论的话题也要寻求答案，这会使服务对象感到被利用和不被尊重，而对护士产生抵触情绪。因此，护士应该注意患者的反应，在患者感到不适时及时停止互动。还要避免对患者采用调查式的提问，如"告诉我，你妈妈去世以后，你是如何看待她的"等。

四、护理健康教育

健康教育是护士应尽的义务。它是一项有组织、有计划、有评价的教育活动，必须遵循科学的程序，采用合理的方法才能达到教育的目的，促使个体或群体改变不健康的行为和生活方式。

（一）护理健康教育的内容及方法

护理工作中的健康教育主要包括一般性的健康教育、特殊的健康教育、卫生法规的健康教育及患者的健康教育等方面。

1. 一般性的健康教育

一般性的健康教育能帮助公众了解增强个人及人群健康意识的基本知识，促进其采取健康的行为，包括个人卫生、合理营养与平衡膳食、疾病防治知识及精神心理卫生知识等。世界卫生组织提出，影响人类健康的因素中行为与生活方式占 60%。护士通过开展相关的健康教育可以帮助公众建立科学健康的生活方式，预防慢性非传染性疾病，维护身心健康。此种教育方式可采用报刊、宣传手册、专题讲座、讨论、展示与视听或基于互联网信息化的方式。

2. 特殊的健康教育

特殊的健康教育是针对特殊的人群或个体进行的健康教育，包括妇女健康知识、儿童健康知识、中老年预防保健知识、特殊人群的性病防治知识、职业病的预防知识及学校卫生知识等。具体内容包括疾病的预防、计划生育、妇幼保健、预防接种、疾病普查等。特殊的健康教育还包括针对特殊情况开展的以维护健康为目的的教育，如突发公共卫生事件应急处置、防灾减灾、家庭急救等健康教育。此种教育方法可采用广播、报刊、开设卫生科普专栏、家庭病床、角色扮演、示范法等形式。

3. 卫生法规的健康教育

卫生法规的健康教育帮助个人、家庭及社区了解有关的卫生政策及法律法规，促使人们建立良好的卫生及健康道德，提高居民的健康责任心及自觉性，使他们自觉地遵守卫生法规，正确合理地利用卫生保健资源，维护个体权利，促进个人及全社会的健康。以上教育内容可采用报刊、宣传手册、录像、电视、电影和广播等视听材料或以互联网作为载体来开展。

4. 患者的健康教育

患者的健康教育包括门诊教育、住院教育和出院后教育。

1）门诊教育

门诊教育是指针对患者及家属在门诊治疗过程中进行的健康教育，一般包括候诊教育、随访教育、门诊咨询教育、健康教育处方、门诊专题讲座和门诊短期培训班等。门诊教育主要侧重普遍性、一般性的宣教，护士应根据患者、疾病、地域、季节等不同特点进行常见病的防治教育。可以采取多样化的健康教育方式，如口头宣教、教育手册、广播、宣传画、电视、多媒体等。比如，针对高血压患者及家属进行饮食、休息、药物等方面的教育，还可为其提供有关自我监测血压的知识，并发给其相关教育手册、宣传画等。

2）住院教育

住院教育是指对住院患者及家属进行的健康教育，是医院护理健康教育的重点。

（1）入院教育。入院教育是指在患者入院时对患者及家属所进行的教育。教育的目的是使患者积极调整心理状态，尽快适应医院环境，从而配合治疗和护理，促进身心康复。主要内容包括病区环境介绍、医护人员介绍、医院的各项规章制度介绍等，一般采取交谈、发放手册等方式。

（2）住院期间教育。健康教育的内容应根据患者的需求和治疗护理特点进行选择，在不同阶段应给予不同的教育内容，主要针对患者住院期间的饮食起居、治疗用药、相关疾病知识、心理、行为等方面进行教育。教育应由浅入深、循序渐进，主要包括交谈、讲课、发放手册、录像、床边演示等方式。

（3）手术前教育。手术前教育是指对择期或限期手术的患者术前进行的健康教育。教育内容主要包括知识灌输、行为训练和心理护理三个方面。知识灌输主要是灌输与麻醉和手术相关的知识要点，如解释术前备皮、戒烟、禁食的意义；行为训练主要是为适应手术和预防术后并发症而进行的训练，如有效咳嗽训练、床上排便训练等；心理护理重在倾听患者心中的疑虑，鼓励其树立信心。教育方法以个别指导和示教为主，手册和录像为辅。

（4）手术后教育。手术后教育是指对已完成手术的患者进行的健康教育。主要包括术后麻醉复苏的过程、术后活动恢复的方式和注意事项、饮食的恢复方法和配合、常见并发症的表现、预防方法和护理等。一般以床旁指导和患者现身说法为主。

（5）出院时教育。出院时教育是指患者在出院时所接受的教育。教育的目的主要是提高患者自我保健或自我护理能力，促进机体康复。主要内容包括疗效介绍、病情现状、巩固疗效、预防疾病复发的注意事项等，包括正确用药、饮食、休息、睡眠、活动、复查、随访的一般知识。一般采取口头宣教、发放健康教育手册等方式。

3）出院后教育

出院后教育是指对已经出院的患者进行的健康教育。目的是促进回归社会后的患者尽快康复、保持健康、增进健康。主要教育对象是针对一些特殊病种的随访教育，如肿瘤患者、慢性病患者等。教育内容包括疾病的治疗进展、药物应用、家庭护理方法、常见并发症以及重要的医疗资源等。一般采用电话咨询、定期举办专题讲座等方式。

（二）护士在健康教育中的作用

1. 健康教育具体的组织者和实施者

护士根据人群的不同特点和需要，策划和制定健康教育计划，选择健康教育的内容和方法，控制教学进度。有目的、有计划、有评价的教育活动是通过护士来组织和实施的，护士组织能力的强弱直接影响健康教育的效果。

2. 健康教育的联络者

健康教育是有计划、有组织、有评价的社会和教育活动，是一个完整的教育体系，在实施教育计划的过程当中，需要各类相关人员的密切配合，护士是医生、检验人员、营养师、康复治疗师、社会各职能部门等人员的联络员，担任着协调的作用。

3. 开展健康教育的研究者

随着我国经济的发展，生活方式的变化和人口的老龄化，冠心病、糖尿病等慢性非传染性疾病的迅速增长，农村人口向城市转移导致的城市过分拥挤和环境的破坏，加之新的传染性疾病的发生等因素，我国健康教育日益受到国家的重视，健康教育领域不断涌现出新的课题。护士在实施健康教育的同时，应该注意健康教育的科学研究以及成果的介绍，以便更好地为广大人民群众服务。

第四节　护理执业注册相关的法律

在护士对服务对象实施护理的过程中，存在着许多现实的和潜在的法律问题。这些问题不仅涉及护士的法律责任与义务，也涉及患者的权利与义务。护士应学习法律相关知识，做到知法、懂法及守法，确保护理行为符合法律规范的要求，最大限度地维护患者和自身的合法权益，有效地规避护理工作中的法律风险。

2008年1月31日，国务院公布《护士条例》，并于2008年5月12日开始实施。《护士条例》首次以行政法规的形式规范护理活动，标志着我国护理管理工作正逐步走上规范化、法治化轨道。

一、护士执业注册

《护士条例》要求护士必须在取得护士执业证书，进行执业注册后才能从事护理工作，医疗卫生机构不得聘用未取得护士执业证书和未有效进行注册的护理人员从事护理工作。

（一）护士执业注册的基本条件

按照《护士条例》的要求申请护士执业注册应当具备以下4个条件。

（1）具有完全民事行为能力。在我国，年满18周岁且精神健康的公民是完全民事行为能力人。考虑到我国九年义务教育制度的现状，年满16周岁且不满18周岁的公民，若以自己的劳动收入作为主要生活来源的，也视为完全民事行为能力人。

（2）在中等职业学校、高等学校完成国务院教育主管部门和国务院卫生主管部门规定的普通全日制 3 年以上的护理、助产专业课程学习，包括在教学、综合医院完成 8 个月以上护理临床实习，并取得相应学历证书。普通全日制是完全脱产在校学习，不包括半脱产或是在职的学历，因此在专业教育方式上排除了函授、电大、自考、成教等形式。

（3）通过国务院卫生主管部门组织的护士执业资格考试。

（4）符合国务院卫生主管部门规定的健康标准。无精神病史；无色盲、色弱、双耳听力障碍；无影响履行护理职责的疾病、残疾或者功能障碍。

（二）护士执业注册的申请与管理

1. 护士执业首次注册

护士首次执业注册申请，应当自通过护士执业资格考试之日起 3 年内提出，逾期提出申请的，除按照规定提交材料外，还应当提交在省、自治区、直辖市卫生健康主管行政部门规定的教学、综合医院接受 3 个月临床护理培训并考核合格的证明。护士执业注册有效期为 5 年，首次注册需提交的材料包括以下内容：①护士执业注册申请审核表；②申请人身份证明；③申请人学历证书及专业学习中的临床实习证明；④全国护士执业资格考试成绩合格证明；⑤省、自治区、直辖市人民政府卫生行政部门指定的医疗机构出具的申请人 6 个月内健康体检证明；⑥医疗卫生机构拟聘用的相关材料。

2. 护士执业延续注册

护士执业注册有效期届满需要继续执业的，应当在护士执业注册有效期届满前 30 日向批准设立执业医疗机构或者为该医疗机构备案的卫生主管部门申请延续注册。收到申请的卫生主管部门对具备本条例规定条件的，准予延续，延续执业注册有效期为 5 年；对不具备本条例规定条件的，不予延续，并书面说明理由。延续申请注册须向注册主管部门提供以下材料：①护士延续注册申请审核表；②申请人的护士执业证书；③省、自治区、直辖市人民政府卫生行政部门指定的医疗机构出具的申请人 6 个月内健康体检证明。

3. 护士执业变更注册

护士在其执业注册有效期内变更执业地点的，应当向批准设立拟执业医疗机构或者为该医疗机构备案的卫生主管部门报告。收到报告的卫生主管部门应当自收到报告之日起 7 个工作日内为其办理变更手续。护士跨省、自治区、直辖市变更执业地点的，收到报告的卫生主管部门还应当向其原注册部门通报。护士变更注册后，其执业许可期限也为 5 年。

4. 护士执业重新注册

对注册有效期届满未延续注册的、受吊销护士执业证书处罚且自吊销之日起满 2 年的护理人员，需要重新进行执业注册。

5. 护士执业注销注册

护士执业注册后有下列情形之一的，原注册部门办理注销执业注册：①未申请延续护士执业注册、延续执业注册的申请未被批准而造成护士执业注册有效期届满未延续的；②护士死亡或者因身体健康等原因丧失民事行为能力；③护士执业注册被依法撤销、撤回或者依法被吊销。

（三）其他规定

县级以上地方人民政府卫生主管部门应当建立本行政区域的护士执业良好记录和不良记录，并将该记录记入护士执业信息系统。

护士执业良好记录包括护士受到的表彰、奖励以及完成政府指令性任务的情况等内容。护士执业不良记录包括护士因违反本条例以及其他卫生管理法律、法规、规章或者诊疗技术规范的规定受到行政处罚、处分的情况等内容。

二、护士的权利和义务

（一）护士的权利

（1）护士执业，有按照国家有关规定获取工资报酬、享受福利待遇、参加社会保险的权利。任何单位或者个人不得克扣护士工资，降低或者取消护士福利等待遇。

（2）护士执业，有获得与其所从事的护理工作相适应的卫生防护、医疗保健服务的权利。从事直接接触有毒有害物质、有感染传染病危险工作的护士，有依照有关法律、行政法规的规定接受职业健康监护的权利；患职业病的，有依照有关法律、行政法规的规定获得赔偿的权利。

（3）护士有按照国家有关规定获得与本人业务能力和学术水平相应的专业技术职务、职称的权利；有参加专业培训、从事学术研究和交流、参加行业协会和专业学术团体的权利。

（4）护士有获得疾病诊疗、护理相关信息的权利和其他与履行护理职责相关的权利，可以对医疗卫生机构和卫生主管部门的工作提出意见和建议。

（二）护士的义务

（1）护士执业，应当遵守法律、法规、规章和诊疗技术规范的规定。

（2）护士在执业活动中，发现患者病情危急，应当立即通知医师；在紧急情况下为抢救垂危患者生命，应当先行实施必要的紧急救护。

（3）护士发现医嘱违反法律、法规、规章或者诊疗技术规范规定的，应当及时向开具医嘱的医师提出；必要时，应当向该医师所在科室的负责人或者医疗卫生机构负责医疗服务管理的人员报告。

（4）护士应当尊重、关心、爱护患者，保护患者的隐私。

（5）护士有义务参与公共卫生和疾病预防控制工作。发生自然灾害、公共卫生事件等严重威胁公众生命健康的突发事件，护士应当服从县级以上人民政府卫生主管部门或者所在医疗卫生机构的安排，参加医疗救护。

三、医疗卫生机构的职责

1. 医疗卫生机构对护士执业的管理职责

医疗卫生机构配备护士的数量不得低于国务院卫生主管部门规定的护士配备标准。医疗卫生机构应当按照国务院卫生主管部门的规定，设置专门机构或者配备专（兼）职人员负责护理管理工作。医疗卫生机构不得允许下列人员在本机构从事诊疗技术规范规定的护理活动：①未取得护士执业证书的人员；②未依照规定办理执业地点变更手续的护士；③护士执业注册有效期届满未延续执业注册的护士。在教学、综合医院进行护理临床实习的人员应当在护士指导下开展有关工作。

2. 医疗卫生机构维护护士权益的职责

医疗卫生机构应当为护士提供卫生防护用品，并采取有效的卫生防护措施和医疗保健措施。医疗卫生机构应当执行国家有关工资、福利待遇等规定，按照国家有关规定为在本机构从事护理工作的护士足额缴纳社会保险费用，保障护士的合法权益。对在艰苦边远地区工作，或者从事直接接触有毒有害物质、有感染传染病危险工作的护士，所在医疗卫生机构应当按照国家有关规定给予津贴。

3. 医疗卫生机构对护士继续教育的职责

医疗卫生机构应当制定、实施本机构护士在职培训计划，并保证护士接受培训。护士培训应当注重新知识、新技术的应用；根据临床专科护理发展和专科护理岗位的需要，开展对护士的专科护理培训。

4. 医疗卫生机构应当建立护士岗位责任制并进行监督检查

医疗卫生机构应当按照国务院卫生主管部门的规定，设置专门机构或者配备专（兼）职人员负责护理管理工作。医疗卫生机构应当建立护士岗位责任制并进行监督检查。护士因不履行职责或者违反职业道德受到投诉的，其所在医疗卫生机构应当进行调查。经查证属实的，医疗卫生机构应当对护士作出处理，并将调查处理情况告知投诉人。

四、护士执业中的相关法律责任

（一）卫生主管部门的责任

卫生主管部门的工作人员未依照本条例规定履行职责，在护士监督管理工作中滥用职权、徇私舞弊，或者有其他失职、渎职行为的，依法给予处分；构成犯罪的，依法追究刑事责任。

（二）医疗机构的责任

1. 医疗卫生机构不按规定配备和使用护士的责任

医疗卫生机构有下列情形之一的，由县级以上地方人民政府卫生主管部门依据职责分工责令限期改正，给予警告；逾期不改正的，根据国务院卫生主管部门规定的护士配备标准和在医疗卫生机构合法执业的护士数量核减其诊疗科目，或者暂停其 6 个月以上 1 年以下执业活动；国家举办的医疗卫生机构有下列情形之一、情节严重的，还应当对负有责任的主管人员和其他直接责任人员依法给予处分：①违反《护士条例》规定，护士的配备数量低于国务院卫生主管部门规定的护士配备标准的；②允许未取得护士执业证书的人员或者允许未依照本条例规定办理执业地点变更手续、延续执业注册有效期的护士在本机构从事诊疗技术规范规定的护理活动的。

2. 医疗卫生机构不按规定落实护士待遇的责任

医疗卫生机构有下列情形之一的，依照有关法律、行政法规的规定给予处罚；国家举办的医疗卫生机构有下列情形之一、情节严重的，还应当对负有责任的主管人员和其他直接责任人员依法给予处分：①未执行国家有关工资、福利待遇等规定的；②对在本机构从事护理工作的护士，未按照国家有关规定足额缴纳社会保险费用的；③未为护士提供卫生防护用品，或者未采取有效的卫生防护措施、医疗保健措施的；④对在艰苦边远地区工作，或者从事直接接触有毒有害物质、有感染传染病危险工作的护士，未按照国家有关规定给予津贴的。

3. 医疗卫生机构不按规定培训管理护士的责任

医疗卫生机构有下列情形之一的，由县级以上地方人民政府卫生主管部门依据职责分工责令限期改正，给予警告；①未制定、实施本机构护士在职培训计划或者未保证护士接受培训的；②未依照《护士条例》规定履行护士管理职责的。

（三）护士的责任

1. 未履行规定义务的责任

护士在执业活动中有下列情形之一的，由县级以上地方人民政府卫生主管部门依据职责分工责令改正，给予警告；情节严重的，暂停其 6 个月以上 1 年以下执业活动，直至由原发证部门吊销其护士执业证书：①发现患者病情危急未立即通知医师的；②发现医嘱违反法律、法规、规章或者诊疗技术规范的规定，未依照《护士条例》第十七条的规定提出或者报告的；③泄露患者隐私的；④发生自然灾害、公共卫生事件等严重威胁公众生命健康的突发事件，不服从安排参加医疗救护的。护士在执业活动中造成医疗事故的，依照医疗事故处理的有关规定承担法律责任。

2. 遵守吊销执业证书的规定

护士被吊销执业证书的，自执业证书被吊销之日起 2 年内不得申请执业注册。

（四）阻碍护士依法执业者的责任

扰乱医疗秩序，阻碍护士依法开展执业活动，侮辱、威胁、殴打护士，或者有其他侵犯护士合法权益行为的，由公安机关依照《治安管理处罚法》的规定给予处罚；构成犯罪的，依法追究刑事责任。

五、执业护士资格考试内容

执业护士资格考试包括专业实务和实践能力两个科目。

（一）专业实务科目

考查内容：运用与护理工作相关的知识，有效而安全地完成护理工作的能力。

考试内容：涉及与健康和疾病相关的医学知识、基础护理和技能，以及与护理相关的社会人文知识的临床运用能力等。

（二）实践能力科目

考查内容：运用护理专业知识和技能完成护理任务的能力。

考试内容：涉及疾病的临床表现、治疗原则、健康评估、护理程序及护理专业技术、健康教育等知识的临床运用等。

一次考试通过两个科目为考试成绩合格。通过护理专业技术资格考试并合格者，由各省、自治区、直辖市人事（职改）部门颁发相关部门统一印制、　　　用印的专业技术资格证书。该证书在全国范围内有效。

六、备考技巧

根据既往考试考情分析，专业实务科目中与健康和疾病相关的医学基础知识难度大，失分多；实践能力科目中疾病的临床表现、治疗原则、健康评估难度大，失分多。因此以上内容是备考的重点内容。

每年的护考分 3 天、6 个场次进行，每个场次试题量为 240 道，为了保证考试的公平性，每个场次的试题均不相同，6 场考试共需试题 1440 道。这导致知识点考察更加细化，出题角度更加多样化。面对这样难度的机考，备考时应注意以下几个方面：深入阅读教材，注重知识点的全面掌握；深挖知识点背后隐藏的内涵，应对考试新难度；多练习病例分析题，综合应用所学知识；反复琢磨历年考题，找出命题方向；药物考察比例加大，药物护理重点掌握。

七、执业护士资格考试题型解析

执业护士资格考试采用 A1、A2、A3、A4 型试题，各类试题题型介绍与样例如下。

（一）A1 型题（单句型最佳选择题）

A1 型题以简明扼要地提出问题为特点，考查考生对单个知识点的掌握情况。
A1 型试题样题：
腰椎穿刺后，患者应去枕平卧的时间是：
A. 1～2 小时　　B. 3～4 小时　　C. 4～6 小时　　D. 10～12 小时　　E. 24 小时

（二）A2 型题（病历摘要型最佳选择题）

A2 型题以叙述一段简要病历为特点，考查考生的分析判断能力。
A2 型试题样题：
患者，男，30 岁。30 分钟前因汽车撞伤头部发生颅前窝骨折入院，采取保守治疗。对此患者的护理措施不正确的是：
A. 床头抬高 15～20°　　　　　B. 抗生素溶液冲洗鼻腔　　C. 禁忌堵塞鼻腔
D. 禁止腰椎穿刺　　　　　　　E. 保持外耳道、口腔、鼻腔的清洁

（三）A3 型题（病历组型最佳选择题）

A3 型题以叙述一个以患者为中心的临床情景，针对相关情景提出测试要点不同的、2～3 个相互独立的问题。
A3 型试题样题：
（1～3 题共用题干）患者，男，40 岁。饱餐后出现上腹部剧痛 3 小时，伴恶心、呕吐就诊。初步体格检查：神志清楚，腹部平，全腹明显压痛，呈板样强直，肠鸣音消失。
1. 分诊护士应首先判断该患者最可能是：
A. 急腹症，怀疑胰腺炎　　　　B. 癔症　　　　　　　　　C. 消化道感染，怀疑伤寒
D. 中枢神经疾病，怀疑脑疝　　E. 外伤，怀疑盆腔骨折
2. 分诊护士最恰当的处理是：
A. 优先普通外科急诊　　　　　B. 优先神经外科急诊　　　C. 急诊按序就诊
D. 回家继续观察　　　　　　　E. 进一步询问病史
3. 肠鸣音消失的原因最可能是：
A. 肠穿孔　　　　　　　　　　B. 肠血运障碍　　　　　　C. 机械性肠梗阻
D. 剧痛而不敢腹式呼吸　　　　E. 炎症刺激而致肠麻痹

（四）A4 型题（病历串型最佳选择题）

A4 型题以叙述一个以单一患者或家庭为中心的临床情景，拟出 4～6 个相互独立的问题，问题可随病情的发展逐步增加部分新信息，以考查临床综合能力。

A4 型试题样题：（1～4 题共用题干）患者，男，63 岁。确诊慢性阻塞性肺疾病近 10 年，因呼吸困难一直需要家人护理和照顾起居。今晨起大便时突然气急显著加重，伴胸痛，送来急诊。

1. 采集病史时应特别注意询问：

A. 胸痛部位、性质和伴随症状　　　B. 冠心病、心绞痛病史

C. 吸烟史　　　　　　　　　　　　D. 近期胸部 X 线检查情况

E. 近期服药史如支气管舒张剂、抗生素等

2. 体检重点应是：

A. 肺下界位置及肺下界移动度　　　B. 肺部啰音

C. 病理性支气管呼吸音　　　　　　D. 胸部叩诊音及呼吸音的双侧比较

E. 颈动脉充盈

3. 确诊最有价值的辅助检查是：

A. B 型超声显像　　　　　　　　　B. 心电图

C. X 线透视或摄片　　　　　　　　D. MRI

E. 核素肺扫描

4. [假设信息]经检查确诊肺气肿并发左侧自发性气胸，其治疗拟选择胸腔插管水封瓶引流。护士应向患者解释，引流的主要目的是：

A. 维护已经严重受损的肺功能，防止呼吸衰竭

B. 缩短住院时间　　　　　　　　　C. 防止形成慢性气胸

D. 防止胸腔继发感染　　　　　　　E. 防止循环系统受扰和引起并发症

目标检测

1. 护理专业的基本素质包括哪些？

2. 简述护理道德的范畴。

3. 护士执业资格注册的基本条件包括哪些？

第四章　医师职业认知和能力培养

学习目标

1. 了解临床医师职业的执业规则、法律责任。
2. 了解高职临床医学专业和口腔医学专业的特点和就业前景。
3. 熟悉临床医师的专业技能。
4. 熟悉处理医师与患者之间关系的方法。
5. 掌握临床执业资格制度的主要内容。

第一节　医师职业认知

临床医师是一个神圣的、令人尊敬的职业，对于一个国家的医疗卫生事业而言，医生永远都是这一事业的核心和中坚力量，在社会中扮演着至关重要的社会角色。救死扶伤、延长患者生命、提高患者生活质量，是公众对医生这一职业角色的期待，"健康所系，性命相托"是医生肩负的使命。

一、临床医师职业

（一）医师职业概述

医师是临床医疗工作的主体。医师水平的高低会直接影响医疗服务的质量和医疗资源的利用效率。为了保证医师及其服务的高质量，世界上许多国家和地区对行医人员的管理立法特别重视，从法律角度予以认可和保障。

《中华人民共和国医师法》中，医师是指依法取得医师资格，经注册在医疗卫生机构中执业的专业医务人员，包括执业医师和执业助理医师。医师应当坚持人民至上、生命至上，发扬人道主义精神，弘扬敬佑生命、救死扶伤、甘于奉献、大爱无疆的崇高职业精神，恪守职业道德，遵守执业规范，提高执业水平，履行防病治病、保护人民健康的神圣职责。医师依法执业，受法律保护。医师的人格尊严、人身安全不受侵犯。

国务院卫生健康主管部门负责全国的医师管理工作。国务院教育、人力资源社会保障、中医药等有关部门在各自职责范围内负责有关的医师管理工作。县级以上地方人民政府卫生健康主管部门负责本行政区域内的医师管理工作。县级以上地方人民政府教育、人力资源社会保障、中医药等有关部门在各自职责范围内负责有关的医师管理工作。国家建立健全医师医学专业技术职称设置、评定和岗位聘任制度，将职业道德、专业实践能力和工作业绩作为重要条件，科学设置有关评定、聘任标准。

2017 年 11 月 3 日，国务院通过了国家卫计委（今国家卫健委）关于设立"中国医师节"的申请，同意自 2018 年起，将每年的 8 月 19 日设立为中国医师节。中国医师节是经国务院同意设立的卫生与健康工作者的节日，体现了党和国家对当时 1100 多万卫生与健康工作者的关怀和肯定。2021 年 8 月 20 日举行的第十三届全国人民代表大会常务委员会第三十次会议表决通过《中华人民共和国医师法》并于 2022 年 3 月 1 日起施行。该法中明确规定每年 8 月 19 日为中国医师节。对在医疗卫生服务工作中作出突出贡献的医师，按照国家有关规定给予表彰、奖励。全社会应当尊重医师。各级人民政府应当关心爱护医师，弘扬先进事迹，加强业务培训，支持开拓创新，帮助解决困难，推动在全社会广泛形成尊医重卫的良好氛围。

医师是护佑人民健康的守门人。医师职业是救死扶伤、防病治病，与人民健康及生命密切相关的神圣职业。我国于 1999 年 5 月 1 日正式颁布实施了《中华人民共和国执业医师法》。这是我国制定的第一部有关医师的法律，该法的颁布与实施，对加强医师队伍建设，提高医师的职业道德和业务素质，保护医师的合法权益，保障医师依法执业，更好地维护人民健康，都有着极为重要的意义。十三届全国人大常委会第三十次会议 2021 年 8 月 20 日表决通过的《中华人民共和国医师法》于 2022 年 3 月 1 日起施行。《中华人民共和国执业医师法》同时废止。《中华人民共和国医师法》明确规定了"医师可以依法组织和参加医师协会"，这为中国医师协会的成立提供了法律依据。同时《中华人民共和国医师法》还明确了"医师协会等有关行业组织应当加强行业自律和医师执业规范，维护医师合法权益，协助卫生健康主管部门和其他有关部门开展相关工作"。

中国医师协会于 2002 年 1 月成立，是具有独立法人资格的国家一级社会团体，是由执业医师、执业助理医师自愿组成的全国性、行业性、非营利性组织。中国医师协会最高权力机构是全国会员代表大会，理事会是全国会员代表大会的执行机构，常务理事会是决策领导机构。它是中国医师队伍管理，由单一的卫生行政管理模式向卫生行政管理和行业自律协同管理模式转变的里程碑。协会的宗旨是服务、协调、自律、维权、监督、管理。协会的主要任务是促进职业发展，加强行业管理，团结组织广大医师，贯彻执行《中华人民共和国医师法》，弘扬以德为本、救死扶伤的人道主义职业精神，开展对医师毕业后医学教育、继续医学教育和定期考核，提高医师队伍建设水平，维护医师合法权益，为人民的健康服务。

（二）医师执业规则

医师在执业活动中应当严格遵循医师执业规则，包括遵守与医师执业有关的法律、法规、行为准则。正确认识和行使《中华人民共和国医师法》所规定的医师的权利，履行医师的职责和义务及其他执业规则。

1. 医师在执业活动中享有的权利

（1）在注册的执业范围内，按照有关规范进行医学诊查、疾病调查、医学处置，出具相应的医学证明文件，选择合理的医疗、预防、保健方案。

（2）获取劳动报酬，享受国家规定的福利待遇，按照规定参加社会保险并享受相应待遇。

（3）获得符合国家规定的执业基本条件和职业防护装备。

（4）从事医学教育、研究、学术交流。

（5）参加专业培训，接受继续医学教育。

（6）对所在医疗卫生机构和卫生健康主管部门的工作提出意见和建议，依法参与所在机构的民主管理。

（7）法律、法规规定的其他权利。

2. 医师在执业活动中应履行的义务

（1）树立敬业精神，恪守职业道德，履行医师职责，尽职尽责救治患者，执行疫情防控等公共卫生措施。

（2）遵循临床诊疗指南，遵守临床技术操作规范和医学伦理规范等。

（3）尊重、关心、爱护患者，依法保护患者隐私和个人信息。

（4）努力钻研业务，更新知识，提高医学专业技术能力和水平，提升医疗卫生服务质量。

（5）宣传推广与岗位相适应的健康科普知识，对患者及公众进行健康教育和健康指导。

（6）法律、法规规定的其他义务。

视野窗

"共和国勋章"获得者——钟南山

钟南山，我国呼吸疾病研究领域的领军人物，敢医敢言、勇于担当，提出的防控策略和防治措施，挽救了无数生命，在严重急性呼吸综合征（SARS）和新冠疫情防控中作出了巨大贡献。2020年9月8日，在全国抗击新冠肺炎疫情表彰大会上，中共中央总书记、国家主席、中央军委主席习近平向钟南山颁授"共和国勋章"。这是代表着最高荣誉的奖章。钟南山，是"德才兼备，勇于担当"的国士；是"铮铮风骨，博爱仁厚"的医生。在表彰大会上，钟南山的发言，也触动无数人："不忘初心，牢记使命！我想，'健康所系、性命相托'就是我们医者的初心；保障人民群众的身体健康和生命安全，就是我们医者的使命……以敬畏生命、护佑生命、捍卫生命为己任，努力为加快实现全民健康、实现中华民族伟大复兴的中国梦奋斗不止！"

3. 其他执业规则

医师在执业活动中，除了履行上述义务外，还应当依照《中华人民共和国医师法》的规定，认真遵守下列规则。

医师实施医疗、预防、保健措施，签署有关医学证明文件，必须亲自诊查、调查，并按照规定及时填写病历等医学文书，不得隐匿、伪造、篡改或者擅自销毁病历等医学文书及有关资料。医师不得出具虚假医学证明文件以及与自己执业范围无关或者与执业类别不相符的医学证明文件。

医师在诊疗活动中应当向患者说明病情、医疗措施和其他需要告知的事项。需要实施手术、特殊检查、特殊治疗的，医师应当及时向患者具体说明医疗风险、替代医疗方案等情况，并取得其明确同意；不能或者不宜向患者说明的，应当向患者的近亲属说明，并取得其明确同意。

医师开展药物、医疗器械临床试验和其他医学临床研究应当符合国家有关规定，遵守医学伦理规范，依法通过伦理审查，取得书面知情同意。

对需要紧急救治的患者，医师应当采取紧急措施进行诊治，不得拒绝急救处置。因抢救生命垂危的患者等紧急情况，不能取得患者或者其近亲属意见的，经医疗机构负责人或者授权的负责人批准，可以立即实施相应的医疗措施。国家鼓励医师积极参与公共交通工具等公共场所急救服务；医师因自愿实施急救造成受助人损害的，不承担民事责任。

医师应当使用经依法批准或者备案的药品、消毒药剂、医疗器械，采用合法、合规、科学的诊疗方法。除按照规范用于诊断治疗外，不得使用麻醉药品、医疗用毒性药品、精神药品、放射性药品等。

医师应当坚持安全有效、经济合理的用药原则，遵循药品临床应用指导原则、临床诊疗指南和药品说明书等合理用药。在尚无有效或者更好治疗手段等特殊情况下，医师取得患者明确知情同意后，可以采用药品说明书中未明确但具有循证医学证据的药品用法实施治疗。医疗机构应当建立管理制度，对医师处方、用药医嘱的适宜性进行审核，严格规范医师用药行为。

执业医师按照国家有关规定，经所在医疗卫生机构同意，可以通过互联网等信息技术提供部分常见病、慢性病复诊等适宜的医疗卫生服务。国家支持医疗卫生机构之间利用互联网等信息技术开展远程医疗合作。

医师不得利用职务之便，索要、非法收受财物或者牟取其他不正当利益；不得对患者实施不必要的检查、治疗。

遇有自然灾害、事故灾难、公共卫生事件和社会安全事件等严重威胁人民生命健康的突发事件时，县级以上人民政府卫生健康主管部门根据需要组织医师参与卫生应急处置和医疗救治，医师应当服从调遣。

在执业活动中有下列情形之一的，医师应当按照有关规定及时向所在医疗卫生机构或者有关部门、机构报告：①发现传染病、突发不明原因疾病或者异常健康事件；②发生或者发现医疗事故；③发现可能与药品、医疗器械有关的不良反应或者不良事件；④发现假药或者劣药；⑤发现患者涉嫌伤害事件或者非正常死亡；⑥法律、法规规定的其他情形。

执业助理医师应当在执业医师的指导下，在医疗卫生机构中按照注册的执业类别、执业范围执业。在乡、民族乡、镇和村医疗卫生机构以及艰苦边远地区县级医疗卫生机构中执业的执业助理医师，可以根据医疗卫生服务情况和本人实践经验，独立从事一般的执业活动。

参加临床教学实践的医学生和尚未取得医师执业证书、在医疗卫生机构中参加医学专业工作实践的医学毕业生，应当在执业医师监督、指导下参与临床诊疗活动。医疗卫生机构应当为有关医学生、医学毕业生参与临床诊疗活动提供必要的条件。

有关行业组织、医疗卫生机构、医学院校应当加强对医师的医德医风教育。医疗卫生机构应当建立健全医师岗位责任、内部监督、投诉处理等制度，加强对医师的管理。

（三）医师的法律责任

医师在执业活动中如果违反《中华人民共和国医师法》中的有关规定，则必须承担相应的法律责任，包括行政责任、民事责任和刑事责任。

《中华人民共和国医师法》中规定的医师法律责任有：①在医师资格考试中有违反考试纪律等行为，情节严重的，一年至三年内禁止参加医师资格考试。②以不正当手段取得医师资格证书或者医师执业证书的，由发给证书的卫生健康主管部门予以撤销，三年内不受理其相应申请。③伪造、变造、买卖、出租、出借医师执业证书的，由县级以上人民政府卫生健康主管部门责令改正，没收违法所得，并处违法所得二倍以上五倍以下的罚款，违法所得不足一万元的，按一万元计算；情节严重的，吊销医师执业证书。

医师在执业活动中有下列行为之一的，由县级以上人民政府卫生健康主管部门责令改正，给予警告；情节严重的，责令暂停六个月以上一年以下执业活动直至吊销医师执业证书：①在提供医疗卫生服务或者开展医学临床研究中，未按照规定履行告知义务或者取得知情同意；②对需要紧急救治的患者，拒绝急救处置，或者由于不负责任延误诊治；③遇有自然灾害、事故灾难、公共卫生事件和社会安全事件等严重威胁人民生命健康的突发事件时，不服从卫生健康主管部门调遣；④未按照规定报告有关情形；⑤违反法律、法规、规章或者执业规范，造成医疗事故或者其他严重后果。

医师在执业活动中有下列行为之一的，由县级以上人民政府卫生健康主管部门责令改正，给予警告，没收违法所得，并处一万元以上三万元以下的罚款；情节严重的，责令暂停六个月以上一年以下执业活动直至吊销医师执业证书：①泄露患者隐私或者个人信息；②出具虚假医学证明文件，或者未经亲自诊查、调查，签署诊断、治疗、流行病学等证明文件或者有关出生、死亡等证明文件；③隐匿、伪造、篡改或者擅自销毁病历等医学文书及有关资料；④未按照规定使用麻醉药品、医疗用毒性药品、精神药品、放射性药品等；⑤利用职务之便，索要、非法收受财物或者牟取其他不正当利益，或者违反诊疗规范，对患者实施不必要的检查、治疗造成不良后果；⑥开展禁止类医疗技术临床应用。

医师未按照注册的执业地点、执业类别、执业范围执业的，由县级以上人民政府卫生健康主管部门或者中医药主管部门责令改正，给予警告，没收违法所得，并处一万元以上三万元以下的罚款；情节严重的，责令暂停六个月以上一年以下执业活动直至吊销医师执业证书。

严重违反医师职业道德、医学伦理规范，造成恶劣社会影响的，由省级以上人民政府卫生健康主管部门吊销医师执业证书或者责令停止非法执业活动，五年直至终身禁止从事医疗卫生服务或者医学临床研究。

非医师行医的，由县级以上人民政府卫生健康主管部门责令停止非法执业活动，没收违法所得和药品、医疗器械，并处违法所得二倍以上十倍以下的罚款，违法所得不足一万元的，按一万元计算。

阻碍医师依法执业，干扰医师正常工作、生活，或者通过侮辱、诽谤、威胁、殴打等方式，侵犯医师人格尊严、人身安全，构成违反治安管理行为的，依法给予治安管理处罚。

医疗卫生机构未履行报告职责，造成严重后果的，由县级以上人民政府卫生健康主管部门给予警告，对直接负责的主管人员和其他直接责任人员依法给予处分。

卫生健康主管部门和其他有关部门工作人员或者医疗卫生机构工作人员弄虚作假、滥用职权、玩忽职守、徇私舞弊的，依法给予处分。

违反本法规定，构成犯罪的，依法追究刑事责任；造成人身、财产损害的，依法承担民事责任。

（四）医师构成的犯罪

根据《中华人民共和国刑法》规定，医师构成的犯罪主要有医疗事故罪、非法行医罪和非法进行节育手术罪。

1. 医疗事故罪

刑法第三百三十五条规定，医务人员由于严重不负责任，造成就诊人死亡或者严重损害就诊人身体健康的，处三年以下有期徒刑或者拘役。

2. 非法行医罪

刑法第三百三十六条规定，未取得医师执业资格的人非法行医，情节严重的，处三年以下有期徒刑、拘役或管制，并处或者单处罚金；严重损害就诊人身体健康的，处三年以上十年以下有期徒刑，并处罚金；造成就诊人死亡的，处十年以上有期徒刑，并处罚金。

3. 非法进行节育手术罪

刑法第三百三十六条规定，未取得医师执业资格的人擅自为他人进行节育复通手术、假节育手术、终止妊娠手术或者摘取宫内节育器，情节严重的，处三年以下有期徒刑、拘役或者管制，并处或者单处罚金；严重损害就诊人身体健康的，处三年以上十年以下有期徒刑，并处罚金；造成就诊人死亡的，处十年以上有期徒刑，并处罚金。

二、高职临床医学、口腔医学专业简介

（一）高职临床医学专业

医学是旨在保护和加强人类健康、预防和治疗疾病的科学体系和实践活动。临床医学主要是指医学中侧重实践活动的部分。临床医学是直接面对疾病、患者，对患者直接实施治疗的科学。

"临床"，即"亲临病床"之意，临床医学是研究疾病的病因、诊断、治疗和预后，提高临床治疗水平，促进人体健康的科学。它根据患者的临床表现，从整体出发结合研究疾病的病因、发病机理和病理过程，进而确定诊断，通过预防和治疗以在最大程度上减弱疾病、减轻患者痛苦、恢复患者健康、保护劳动力。

临床医学专业是一门实践性很强的应用科学专业。它致力于培养具备基础医学、临床医学的基本理论和医疗预防的基本技能，能在医疗卫生单位、医学科研等部门从事医疗及预防、医学科研等方面工作的医学高级专门人才。该专业学生主要学习医学方面的基础理论和基本知识，接受人类疾病的诊断、治疗、预防方面的基本训练，具有对人类疾病的病因、发病机制作出分类鉴别的能力。

高等职业学校临床医学专业课程一般包括专业基础课程、专业核心课程、专业拓展课程，并涵盖有关实践性教学环节。专业基础课程包括人体解剖与组织胚胎学、生理学、生物化学、免疫学与病原微生物学、病理学与病理生理学、卫生法律法规、医患沟通、医学心理学等。专业核心课程包括诊断学、内科学、外科学、妇产科学、儿科学、药理学、中医学基础与适宜技术、基本公共卫生服务实务等。专业拓展课程包括急救医学、预防医学、全科医学概论、传染病学、临床实践技能、康复医学、五官科学、皮肤性病学等。

（二）高职口腔医学专业

口腔医学是一门实践性、应用性很强的临床学科，口腔医学专业学生主要学习口腔医学的基本理论和基本知识，接受口腔及颌面部疾病的诊断、治疗、预防方面的训练，具有口腔常见病、多发病的诊疗、修复和预防保健的基本能力。

高等职业学校口腔医学专业课程一般包括专业基础课程、专业核心课程、专业拓展课程，并涵盖有关实践性教学环节。专业基础课程包括人体解剖学与组织胚胎学、生理学、生物化学、病原生物学与免疫学、病理学、药理学、诊断学、临床疾病概要等。专业核心课程包括口腔解剖生理学、口腔组织病理学、口腔内科学、口腔修复学、口腔颌面外科学、口腔预防医学等。专业拓展课程包括口腔材料学、口腔正畸学、儿童口腔医学、口腔医学美学、数字化口腔技术等。

三、高职临床医学、口腔医学专业培养目标

（一）高职临床医学专业的培养目标

临床医学专业主要是培养理想信念坚定，德、智、体、美、劳全面发展，具有一定的科学文化水平，良好的人文素养、职业道德和创新意识，较强的就业能力和可持续发展的能力；掌握本专业基本知识和技术技能，面向卫生行业的全科医师、乡村医生等职业群，能够从事居民基本医疗和基本公共卫生服务等工作的高素质实用型医学专门人才。

（二）高职口腔医学专业培养目标

口腔医学专业主要是培养理想信念坚定，德、智、体、美、劳全面发展，具有一定的科学文化水平，良好的人文素养、职业道德和创新意识，精益求精的工匠精神，较强的就业能力和可持续发展的能力，掌握本专业知识和技术技能，面向卫生行业的口腔科医师等职业群，能够从事口腔常见病、多发病的基本诊疗、修复及预防工作的高素质实用型医学专门人才。

四、临床医学、口腔医学专业就业前景

（一）临床医学专业的就业现状和就业前景

1. 临床医学专业的就业现状

1）毕业生人数在增加，就业难度逐渐加大

临床医学专业毕业生由供不应求变为供过于求，就业难度日趋加大。由于许多学校扩大了招生规模，临床医学专业毕业生的总量明显增加，加剧了就业市场竞争。目前绝大多数医院的发展重点不在于扩大规模，而是以急需具备一定资历的专业人才为主，大量接收毕业生的状况将不存在。因此，临床医学专业毕业生就业的难度会越来越大。

2）毕业生就业期望值过高

很多年来，临床医学专业毕业生相对于其他专业的毕业生就业的确定性比较强，就业形势一直较好，使他们缺乏竞争意识，没有紧迫感，多少有一点优越感。多数毕业生看好大城市和沿海经济发达地区，把择业定位在城市、大医院、经济效益好的单位，就业的期望值过高。然而，大城市和发达地区的医疗卫生机构日趋饱和，医学人才市场上的竞争也日趋激烈。大中城市的综合性医疗机构、经济发达地区的县级医疗机构原则上都需要硕士研究生，其次就是获得英语六级、计算机二级证书。因此，临床医学专业毕业生的择业期望值过高，造成了就业难的现象。

3）毕业生供需矛盾主要表现

①临床医学专业毕业生多，但需求不足；②学历层次供需不平衡，各级医疗单位都有精简机构和分流人员的趋势，这使传统的临床医学专业毕业生就业的主要接收能力有所下降，对医学高层次人才的需求日益迫切，出现对人才结构的需求层次上升的现象；③地区之间供需不平衡，经济发达地区和一些中心城市医疗机构需求量不大，但要求高，想去的毕业生多，而符合条件的毕业生少；④经济不发达地区和农村乡镇医院需求量大，但愿意去的毕业生少。

随着医学技术发展迅猛，知识更新加快，在校学生不仅应当努力完善自己的基础文化知识以及专业知识，还要培养各方面的知识技能，调整自己的心态，注意应不断提高在人际交往、组织管理、语言表达、动手等方面的综合能力。因为在应聘时，不少医院都要求求职者具

备复合型能力，不仅要对外科熟识，动过多例手术，而且还要在内科或者是专科干过几年。近几年新兴起的整形外科也是求才若渴。传统意义上比较小却很实用的专业，如眼科、耳鼻喉科等人才需求量也是持续增长。随着医疗制度改革的不断深化，民办医院将会得到更大的发展，这会使临床医学专业的学生就业状况相对改善。

尽管当前临床医学专业毕业生总的就业形势严峻，但由于人们的工作压力、生活压力不断增大，人的患病率也在增加，现有的医疗系统还不能满足更多患者的需要，只要每一位毕业生不断努力、找准定位，是能够找到一份适合自己的工作的。

2. 临床医学专业的就业前景

（1）临床医学就业方向：主要到医疗卫生单位、医学科研等部门从事医疗及预防、科研等方面的工作。

（2）从事的岗位：临床医生、内科医生、外科医生、临床医药代表、销售代表、产品经理、产品专员等岗位。

临床医学的就业前景还是十分不错的，近些年医科类热门专业的毕业生就业中一个十分突出的问题是人才分布不平衡。一方面是尽管大中城市的大医院人才饱和，但依旧是毕业生最向往的单位；另一方面是小医院、街道医院、乡镇医院缺乏人才，可毕业生又不想去。值得注意的是临床医学专业对学生的身体条件有一定的要求，针对外科医生的工作性质来说，更偏重技术型，需要身体素质较好的人来从事，所以更新换代相对较快，对年轻人才的需求也相对大一些，因此需求市场不易饱和或饱和期相对较短。同时，像神经外科、整形外科、足踝外科等新兴外科专业需要大量的人才来填补空白，在相当长一段时间内这种人才将处于紧缺状态。所以不要局限自己的求职范围。公立医院虽然条件比较好，但要求也比较高，而且有限的职位也未必就适合自己。民营医院也不错，正处在上升发展的阶段，能够提供更多的职位，待遇方面也更加市场化一些，比较灵活。

（二）口腔医学专业的就业现状和就业前景

1. 口腔医学专业的就业现状

随着我国卫生医药事业和高职教育的快速发展，高职口腔医学专业招生规模不断扩大，在当前就业形势严峻的状况下，毕业生能否顺利解决就业、就业质量、就业满意度、用人单位满意度等问题，是专业是否可持续发展的关键。

近年来，各层次医学毕业生逐渐呈现这样的趋势：硕博士就业基本持平，本科生就业已经出现供过于求的现象，专科生供远远大于求。其中，重点院校比普通院校就业率要高。因此，口腔医学毕业生就业的难度在今后几年将会越来越大。经过多年的不断培养，大城市的口腔医疗人才已经到了基本饱和的状态，难以大量接收口腔医学毕业生，由于可供选择的毕业生较多，大医院基本上都要求具有硕士或以上学历。中小医院、偏远地区医院对口腔医学毕业生有强烈的需求，但由于条件相对较差，很多口腔医学毕业生不愿去。如今从招聘会可以看到这样的场景：大城市大医院的招聘台前门庭若市；中小医院、偏远地区医院态度热情，但无人问津。

过去几年口腔医学毕业生就业形势较好，部分口腔医学毕业生由于专业优势缺乏竞争意识，没有紧迫感。在当前严峻的就业形势面前，部分口腔医学毕业生的择业观念陈旧，追求高薪、舒适、有名气的大医院，向往轻轻松松地做一名口腔医务工作者，而没有把目光投向民营口腔医疗机构或者口腔相关行业。

其实，如今的患者消费观念也在与时俱进，很多人不愿去大医院排队，而私立口腔诊所的人性化服务更让患者满意。近年来，各地的口腔诊所如雨后春笋，由于医院的编制有限，口腔诊所将会成为越来越多口腔专业人才的选择。

2. 口腔医学专业的就业前景

（1）就业方向：口腔科医生的就业领域较宽，既可在大医院从事口腔科工作，也可私人开设诊所，并且能在美容院从事相关的面部整容、美容工作。毕业后从事与医学教育、科研、临床实践相关的工作：医师——在医疗机构或个体诊所中帮患者解决口腔的疾苦；教师——在医学院校从事口腔医学教学工作；科研工作者——研究口腔疾病的发生、发展、预防及治疗；销售人员——到牙科医疗器械公司、牙膏公司、牙科材料公司等从事营销工作。

除了教研、诊疗外，口腔专业的毕业生还可以选择口腔材料、器械公司。在一些公司的销售、市场、技术等部门工作，也是口腔专业毕业生很好的选择。

（2）从事的岗位：口腔医生、口腔全科医生、牙科医生、口腔科种植医生、口腔正畸医生、口腔助理医师、口腔医助、销售的推广代表等。

口腔医学专业不能同一些比较热门的专业相比，其每年的就业率相对来说比较低，最主要的还是要看毕业生自身努力的情况。口腔医学主要是针对口腔的一种临床医学，毕业之后最理想的职业就是口腔医师，对矫正、治疗牙病等口腔疾病进行医治。

随着我国的不断发展，口腔医学就业前景凸显出不错的趋势，毕业之后能在大型医院从事口腔工作，或者自己开一家小诊所，还能在美容机构从事相关的整形美容的职业，等等。爱美之心人皆有之，看牙的人会越来越多，口腔医学的就业前景还是相当不错的，并将随着社会的发展不断进步。

我国的口腔医学近年来虽已取得重大成就，但与世界先进水平相比，和我国社会主义经济文化的发展相比，仍有一定的差距。我国成人大多都有龋齿、牙周病等疾病，我国是14亿人口的大国，患口腔疾病的人数非常惊人。由于目前我国的口腔卫生保健网主要分布在城镇，广大农村的口腔健康水平较低，我国的口腔医学事业面临着严峻的考验。目前我国一些县级市都尚未建立口腔专科医院，在一般综合医院的口腔科中也没有再细分专业，多数是简单地划分为治疗科和修复科。这种现状迫切需要提高全国医学院校口腔医学的教学规模和水平，培养一大批合格的口腔医学教学、临床和科研方面的高级人才，以满足众多患者对口腔疾病的治疗和保健的要求，因此好好学习专业知识非常重要。

总的说来，我国牙病患者比例高，数量大，看牙病的人越来越多，而口腔医生严重不足，因此口腔医学在我国还有相当广阔的发展空间，选择口腔作为未来的职业是合乎时代发展潮流的，口腔医生的明天是非常光明的。

第二节　医师职业能力

自古以来就有"不为良相，便为良医"的说法，作为一名医务工作者，既然选择了这项事业，就要全身心地投入到这个事业中去。职业能力对于医师这个职业来说是非常重要的，不仅需要完备的知识技能还要有处理医患关系的能力。良好的医患关系既是医务人员诊治活动得以顺利进行，并不断提高医疗质量和医院管理水平的前提，同时也是使患者的疾病得以及时诊治、身心早日康复的保证。

一、临床医师专业技能要求

（一）具备过硬的业务素质

业务素质是医生进入临床后首先要下功夫苦练的实践本领。只有把这些基本功练到炉火纯青的地步，才能得心应手，运用自如。

年轻医务工作者的业务素质主要包括以下几个方面。

1. 基本理论

基本理论如解剖、生理、生化、病理、药理等。

2. 基本知识

基本知识如医院的常规制度、各项操作规程、正确询问病史的方法、病历及各项医疗文件的书写、视触叩听等基本检查的步骤与方法、常规检验与常用功能检查的项目及临床意义、药物适应证及禁忌证。

3. 基本技能

基本技能包括危重患者的急救技术及各项诊疗技术的操作、各种常用检查器械的操作技术。这些基本的素质都是一个好医生应该具备的，并且应该是诊断治疗中熟练使用操作的，好多医务工作者容易忽视这些最基本的业务素质的学习和实践。

（二）要有不断学习的能力

医学是一个飞速发展的学科，医务工作者需要终身学习，才能跟上医学的发展，否则就会被淘汰。所以，作为一名医生必须抽出时间来学习新知识、新理论和新技术，要适应新形势的要求，才能在实际工作中发挥出创新能力。

（三）具备高尚的职业道德

医务人员的职业道德素质，是指医生的个人道德修养和医疗作风。一名缺乏高尚职业道德的医生，即使医术再高，也不是一名合格的医生。一个人再有学识，再有能力，一旦在品行操守上不能把持住分寸，则会对自己的成长道路产生阻碍作用，甚至给医院带来莫大的损害。

（四）具备与患者沟通的能力

医生是一个讲求高度沟通的职业。如果把病看好，却不擅长与患者沟通，也不是一名好医生。医务人员要与患者及其家属多沟通。良好的沟通必须满足医患沟通交流的需要。采集病史是医生诊治患者的第一步，是医患沟通、建立良好医患关系的最好时机，正确的方法和良好的询问技巧，使患者感受到医生的亲切和可信，有信心与医生合作，有利于诊治疾病，建立良好的医患关系，避免和减少道德纠纷与法律风险。所以，沟通是现代医生必备的能力之一。

（五）具有良好的协调能力和合作精神

在临床上医务人员要通力合作，才能完成医疗工作。可以说，现在医疗行为往往不再由医生一个人完成，而是一个庞大的团队和机构系统，要求各个科室之间的通力合作，科室内部医护人员要沟通协作，否则就会影响医疗质量和安全，所以医务人员要有合作精神。

（六）具备控制自己情绪的能力

医生也是普通人，也会有七情六欲，但要记住，情感因素无论是正面的还是负面的，都会影响自己的判断，为了能够对患者有一个客观公正的判断，要学会控制自己的情绪，只有这样，才能极大地发挥主观能动性和创造潜力，去开拓未来，创造未来，给自己创造更广阔的发展空间。

二、医患关系

医患关系是医疗服务活动中客观形成的医患双方以及与双方利益有密切关联的社会群体和个体之间的互动关系。"医"是指包括医生、护士、药检与管理等人员在内的医务人员群体，"患"是指包括患者或有直接或间接联系的亲属、监护人员以及其所在的工作部门或单位等群体。医患关系紧张会使医生与患者之间缺乏信任和理解，扰乱正常的医疗秩序，破坏良好的医疗环境。

（一）医患关系既是一种人际关系，也是一种历史关系

在人类社会生活中，医患关系不同于一般的人际关系，它是在医疗实践中形成与建立起来的，是以医生为主体的人群与以患者为中心的人群这两个群体之间的一种特殊的人际关系。医患之间建立的人际关系在社会发展的不同历史时期，所呈现于人们面前的及对其性质的认定是不一样的。从最初服务于氏族部落的巫医，到具有独立行医能力的执业者，再到失去部分独立性而成为医院和承担社会功能的职业群体，医生和患者之间的关系始终处在不断变化的状态中，基于这种变动，人们对医患关系的性质也在做着不同的解释。例如，将医患关系定位为信托关系或契约关系等。

（二）医患双方享有的权利和承担的义务

1. 患方的权利和义务

患方的权利：生命健康权；人格权，包括隐私权、姓名权、肖像权、名誉权；财产权；公平医疗权；自主就医权；知情与同意权；医疗文件的查阅权、复印权；监督权；索赔权；请求回避权；在发生纠纷之后享有诉讼权。

患方的义务，即患者在接受医疗服务过程中，应当遵守和履行如下义务：①遵守医疗的各项规章制度，接受医院的相应管理；②尊重医务人员的人格及工作；③积极配合医疗服务，严格遵照医嘱进行治疗；④接受强制治疗义务，患者患有传染性疾病时，应按照法律法规的要求，主动接受强制性治疗；⑤交纳医疗费用的义务；⑥防止扩大损害结果发生的义务，发生医疗事故或医疗差错后，患者应采取积极措施，避免损害结果的扩大，否则患者的扩大损失部分得不到法律的支持。

2. 医方的权利和义务

根据《中华人民共和国医师法》、《医疗事故处理条例》、《中华人民共和国传染病防治法》、《医疗机构管理条例》和《中华人民共和国侵权责任法》等法律法规的规定，医疗服务提供者在临床医学活动中，享有一些法定权利，也需承担法定义务。

医方的权利包括以下几个方面。

（1）诊断治疗权。是指执业医师利用自己的专业知识与技能为恢复或维持患者健康提供

诊疗的权利，这是执业医师最基本的执业权利。医方在注册的执业范围内，有权按照有关规范进行医学诊查、疾病调查、医学处置、出具相应的医学证明文件等工作，选择合理的医疗、预防、保健方案。诊断治疗权包含疾病调查权、自主诊断权、医学处方权、强制治疗权和紧急治疗权。

（2）特殊干涉权。是指在特殊情况下，需限制患者的权利，以达到完成医务人员对患者应尽的义务和对患者根本权利负责的目的的权利。发现特殊传染病时，为了对患者及社会负责，有权进行隔离性的治疗。这既有利于患者家庭和本人，又有利于社会，这是《中华人民共和国传染病防治法》赋予医方的责任。当精神病患者的行为失控时，医方有权利对其实施限制，以免造成不良的后果或者危害社会其他人的健康和安全。《中华人民共和国侵权责任法》中明确指出"因抢救生命垂危的患者等紧急情况，不能取得患者或者其近亲属意见的，经医疗机构负责人或者授权的负责人批准，可以立即实施相应的医疗措施"。

（3）医学研究权利，医方有对复杂疑难疾病实施研究的权利。必须把患者的生命健康放在第一位，以不损害患者的生命健康为宗旨，在针对具体患者时，应该经过有关机构的同意并征得患者本人及家属的同意。

（4）医疗行为豁免权。《医疗事故处理条例》中规定有下列情形之一的，不属于医疗事故：在紧急情况下为抢救垂危患者生命而采取紧急医学措施造成不良后果的；在医疗活动中由于患者病情异常或者患者体质特殊而发生医疗意外的；在现有医学科学技术条件下，发生无法预料或者不能防范的不良后果的；无过错输血感染造成不良后果的；因患方原因延误诊疗导致不良后果的；因不可抗力造成不良后果的。

（5）人格尊严权。医务人员享有人格尊严、人身安全和其他合法的权利。

（6）收取医疗费用权。

医方的义务包括以下几个方面。

（1）依法医疗的义务。医务人员必须依据有关的医疗法律法规从事医疗服务。《中华人民共和国医师法》第二十四条规定："医师实施医疗、预防、保健措施，签署有关医学证明文件，必须亲自诊查、调查，并按照规定及时填写病历等医学文书，不得隐匿、伪造、篡改或者擅自销毁病历等医学文书及有关资料。"

（2）严守常规制度的义务。

（3）紧急救治的义务。

（4）告知义务。《中华人民共和国医师法》第二十五条规定："医师在诊疗活动中应当向患者说明病情、医疗措施和其他需要告知的事项。需要实施手术、特殊检查、特殊治疗的，医师应当及时向患者具体说明医疗风险、替代医疗方案等情况，并取得其明确同意；不能或者不宜向患者说明的，应当向患者的近亲属说明，并取得其明确同意。"

（5）转诊并出示病历的义务。《医疗机构管理条例》第三十一条规定："医疗机构对危重病人应当立即抢救。对限于设备或者技术条件不能诊治的病人，应当及时转诊。"医方应该为患者出示相关的病历资料，必须妥善保管。严禁涂改、伪造、隐匿、销毁或者抢夺病历资料。

（6）保密和报告义务。医生有责任帮助患者保密、保守隐私，不得将患者的隐私在不恰当的场合和人群中传播。发现传染病、突发不明原因疾病、医疗事故、药品不良反应、假药或劣药、患者涉嫌伤害事件或者非正常死亡等情形，医方应当按照有关规定及时向所在医疗卫生机构或者有关部门、机构报告。

视野窗

《最高人民法院关于审理医疗损害责任纠纷案件适用法律若干问题的解释》第十八条因抢救生命垂危的患者等紧急情况且不能取得患者意见时，下列情形可以认定为《中华人民共和国民法典》第一千二百二十条规定的不能取得患者近亲属意见：

（一）近亲属不明的；

（二）不能及时联系到近亲属的；

（三）近亲属拒绝发表意见的；

（四）近亲属达不成一致意见的；

（五）法律、法规规定的其他情形。

前款情形，医务人员经医疗机构负责人或者授权的负责人批准立即实施相应医疗措施，患者因此请求医疗机构承担赔偿责任的，不予支持；医疗机构及其医务人员怠于实施相应医疗措施造成损害，患者请求医疗机构承担赔偿责任的，应予支持。

（三）医患关系紧张的原因

医患关系从总体上看，是基本和谐之中存在着局部的不和谐，和谐是主流，不和谐是支流。医患关系成因复杂，有因医疗资源不足，导致群众"看病难""看病贵"使患者有意见的；有因医疗质量不高、服务态度不好群众不满意的；也有更复杂的社会因素。既有体制、机制上的问题，也有思想观念方面的问题，还有管理监督不力等原因，主要原因有以下几个方面。

1. 社会角度

当前，我国医疗卫生尽管已经有了很大发展，还远不能满足人们日益增长的医疗保健需求，不同地区医疗水平有较大差别。另外，部分民众法治观念比较淡薄，这也会影响到医患关系。

2. 媒体角度

部分媒体宣传偏差，存在负面报道现象。大量针对某个行业、某个人群报道的负面新闻，会使民众对这个行业、人群失去信心，甚至仇视。部分媒体片面地把医患关系定位为简单的消费关系，片面地指责医院，加重了患者对医生的不信任。

3. 医生角度

少数医务人员因工作量大且不注意自身的修养，对待患者冷若冰霜，语言生硬，使患者在遭受身体痛苦的基础上又饱受精神创伤；再加之与患者沟通不充分，把患者"物化"了，忽视情感、思想、意识等精神因素对疾病的影响，总把患者置于完全被动的位置；还有个别医务工作者诊疗过程不认真负责，敷衍塞责，粗心大意，造成不应该的漏诊、误诊甚至造成医疗事故，延误诊治时间，加重患者的痛苦和负担，甚至造成患者死亡；受趋利心理影响，开大处方牟取私利，加重患者经济负担，这些都是医患关系紧张的原因。

4. 患者角度

受社会大环境影响及媒体误导，对医生不信任，并且缺乏一定的医疗常识，忽略了医学的局限性，对医疗服务期望值过高，认为医学是万能的，花了钱就应该治好病。还有个别患者缺乏就医道德，在就医过程中，不尊重医务人员的人格和尊严，稍不如意就指责、刁难，轻则态度生硬，重则谩骂殴打，干扰正常的医疗工作，严重影响医患关系。

5. 医院角度

管理制度不完善, 诊疗制度或程序存在漏洞; 面对医疗纠纷, 不能正面处理, 经常选择赔钱来息事宁人; 对媒体一味地采取回避态度, 被认为有难以启齿的原因, 引起猜疑, 致使医患关系紧张。

（四）如何改善医患关系

医患沟通需要政府、医疗机构（医务人员）和患者三方共建, 相互理解和信任。只要善待患者, 加强沟通, 设身处地为患者着想, 为患者提供温馨、细心和耐心的服务, 就会赢得患者的尊重和认同, 和谐的医患关系就一定会建立起来。作为医生应该做到下面几点: 加强自身专业知识和技能的学习, 练就过硬的本领; 增强服务意识, 加强人文关怀, 多与患者及家属沟通交流, 及时通知患者和家属病情及诊疗情况。在与患者沟通交流的过程中留意患者及家属的情绪变化, 避免使用一些刺激性语言和患者不易理解的专业术语; 加强责任意识, 做好每一件小事, 完善每一个细节, 及时掌握患者的病情变化和诊治情况, 尽量避免医疗意外; 出现医疗纠纷时, 正面积极处理, 坦然面对媒体, 不歪曲、不退避, 力争以正常途径解决; 作为医生要设身处地地去处理好医患关系。

医生要学会换位思考, 对待患者要有耐心、爱心、同情心、责任心。要同情、理解患者及家属的遭遇和心情, 安抚患者及家属情绪, 耐心解答患者及家属的疑问, 并帮助其解决困难。

三、临床医师职业道德培养

（一）临床医师职业道德的概述

职业道德是一般社会道德在职业生活中的具体体现, 是指从事一定职业的人们在职业活动中应该遵循的道德规范的总和。

医务人员的职业道德, 即医德, 是指导医务人员进行医疗活动的思想和行为准则。医德对于临床医师来说, 是一个重要因素。医务工作人员比其他各行各业的从业人员要更加严格地遵守职业道德, 这是由医疗工作的特殊性决定的。医务人员的职业道德修养, 就是坚持全心全意为人民健康服务、救死扶伤、防病治病和实行社会主义人道主义原则, 按医务人员的职业道德规范的要求, 一切从以患者为中心这个原则出发, 经过长期的自我教育、自我实践所达到的一定水平。

（二）临床医师的职业道德境界

1. 自私自利的失德行为

他们置患者利益于不顾, 把手中的听诊器、手术刀当成发财致富的工具。或是有先私后公的想法, 他们在处理社会利益、患者利益与个人利益问题上, 如果国家利益、患者利益与自身利益一致, 尚能考虑国家、患者利益; 而当国家、患者与自身利益发生矛盾时, 往往不能自觉放弃个人利益, 不能全心全意为患者服务。这些医务人员缺乏高度的责任心, 工作时好时坏, 服务态度时冷时热。

2. 先公后私、先人后己的医德境界

这些临床医师能够在医疗活动中注意自己的一言一行, 正确处理个人与医院、社会的关系, 把患者利益、社会利益放在前面, 懂得顾全大局、多做贡献。目前大部分医务人员具备了

这种医德境界。

3. 为了患者利益、社会利益无私奉献的大公无私的医德境界

这些医务人员能够急患者之所急，痛患者之所痛；工作中不怕脏，不怕苦，不计个人得失；为了患者甘愿承担风险，是一种忘我、无私、只知道奉献而不计较回报的高尚境界。从他们身上，人们看到了医疗卫生事业的未来和希望，是广大医务工作者垂范效仿的榜样，是社会所倡导和弘扬的崇高医疗道德。

（三）临床医师职业道德修养的目标

1. 临床医师应该确立为人民健康服务的宗旨

白求恩同志在晋察冀军区模范医院落成典礼上曾经说过，"一个医生、一个护士、一个护理员的责任是什么？只有一个责任，就是使我们的病人快乐，帮助他们恢复健康，恢复力量"。为人民服务是社会主义职业道德的核心，是社会主义制度本质的反映。在社会主义社会中，一切工作，没有高低贵贱之分，都是为人民服务的。临床医师只有确立全心全意为人民健康服务的宗旨，才能正确地履行自己的职责。

2. 临床医师必须确立在医疗活动中患者第一的原则

所谓患者第一，就是要求临床医师在面对各种医疗方案的选择时必须把患者的利益放在第一位，根据患者的切身利益和实际需要制定相应的治疗方案。古人非常重视这一经验教训，《黄帝内经》中就提出"善诊者，察色按脉，先别阴阳"；汉代的张仲景痛斥"省疾问病，务在口给，相对斯须，便处汤药，按寸不及尺，握手不及足"的简单草率作风。

第三节　医师执业资格制度

医师职业是救死扶伤、防病治病，与人民健康及生命密切相关的神圣职业。为了保障医师合法权益，规范医师执业行为，加强医师队伍建设，保护人民健康，推进健康中国建设，我国于 2021 年 8 月 20 日第十三届全国人民代表大会常务委员会第三十次会议通过《中华人民共和国医师法》，自 2022 年 3 月 1 日起施行，同时废止《中华人民共和国执业医师法》。为了规范医师执业活动，加强医师队伍管理，根据《中华人民共和国执业医师法》，1999 年 7 月 16 日中华人民共和国卫生部公布《医师执业注册暂行办法》，于 2017 年 2 月 28 日经国家卫生和计划生育委员会会议讨论通过《医师执业注册管理办法》。《医师执业注册管理办法》自 2017 年 4 月 1 日起施行，《医师执业注册暂行办法》废止。

一、医师执业资格制度概述

医师执业资格制度是为了规范医师执业活动，加强医师队伍管理而制定的。医师执业应当经注册取得医师执业证书。未经注册取得医师执业证书者，不得从事医疗、预防、保健活动。

医师资格是指国家承认的、准予从事医师职业的资格，是公民从事医师职业必须具备的条件和身份，具有法律效力。医师资格证书是执业医师资格或执业助理医师资格的证明文件，是国内行医必不可少的"通行证"。国家实行医师执业注册制度。取得医师资格的，可以向所在地县级以上地方人民政府卫生健康主管部门申请注册，取得医师执业证书。

医师执业证书和医师资格证书（图 4-1）两个证都拿到，才有资格从事医疗、预防、保健活动。

图 4-1　医师执业证书和医师资格证书

二、临床医师执业资格制度的主要内容

（一）医师资格考试概况

医师资格考试是评价申请医师资格者是否具备执业所必需的专业知识与技能的考试，是一项行业准入性考试。考试成绩合格的，授予执业医师资格或执业助理医师资格，由省级卫生健康行政部门颁发国家卫生健康委员会统一印制的医师资格证书。

国家医师资格考试办法由国务院卫生健康行政部门统一制定，由省级以上人民政府卫生健康行政部门组织实施。医师资格考试分为执业医师资格考试和执业助理医师资格考试。考试类别分为临床、中医（包括中医、民族医、中西医结合）、口腔、公共卫生四类。考试方式分为实践技能考试和医学综合考试。

医师资格考试考务管理实行国家医学考试中心、考区、考点三级分别责任制，按照职责分别负责相应的考试工作。国家医学考试中心在国家卫生健康委员会领导下，具体负责医师资格考试的技术性工作。各省、自治区、直辖市为考区。考区设办公室，其职责是：制定本地区医师资格考试考务管理具体措施；负责本地区的医师资格考试考务管理；指导各考点办公室的工作；接收或转发报名信息、试卷、答题卡、成绩单等考试资料；向国家医学考试中心寄送报名信息、答题卡等考试资料；复核考生报名资格；处理、上报考试期间本考区发生的重大问题；等等。考区根据考生情况设置考点，考点应设在地或设区的市。考点设办公室，其职责是：负责本地区医师资格考试考务工作；受理考生报名，核实考生提供的报名材料，审核考生报名资格；指导考生填写报名信息表，按统一要求处理考生信息；收取考试费；核发《准考证》；安排考场，组织培训监考人员；负责接收本考点的试卷、答题卡，负责考试前的机要存放；组织实施考试；考试结束后清点试卷、答题卡，寄送答题卡并销毁试卷；分发成绩单并受理成绩查询；处理、上报考试期间本考点发生的问题；等等。

（二）医师执业资格考试报考要求

依据《中华人民共和国医师法》和《医师资格考试暂行办法》相关规定，医师资格考试制度有以下要求。

1. 学历要求

具有高等学校相关医学专业专科以上学历，在执业医师指导下，在医疗卫生机构中参加医学专业工作实践满一年的，可以参加执业助理医师资格考试。高等学校医学专科学历是指省级以上教育行政部门认可的各类高等学校医学专业专科学历。

具有下列条件之一的，可以参加执业医师资格考试：具有高等学校相关医学专业本科以上学历，在执业医师指导下，在医疗卫生机构中参加医学专业工作实践满一年；具有高等学校相关医学专业专科学历，取得执业助理医师执业证书后，在医疗卫生机构中执业满二年。

在 1998 年 6 月 26 日前获得医士专业技术职务任职资格，后又取得执业助理医师资格的，医士从业时间和取得执业助理医师执业证书后执业时间累计满五年的，可以申请参加执业医师资格考试。

高等学校医学专业本科以上学历是指国务院教育行政部门认可的各类高等学校医学专业本科以上的学历。

国家采取措施，鼓励具有中等专业学校医学专业学历的人员通过参加更高层次学历教育等方式，提高医学技术能力和水平。在《中华人民共和国医师法》施行前以及在该法施行后一定期限内取得中等专业学校相关医学专业学历的人员，可以参加医师资格考试。具体办法由国务院卫生健康主管部门会同国务院教育、中医药等有关部门制定。

2. 报考类别

（1）执业助理医师达到报考执业医师规定的，可以报考执业医师资格，报考类别应当与执业助理医师资格类别一致。

（2）报考相应类别的医师资格，应当具备与其相一致的医学学历。具有临床医学专业本科学历，并在公共卫生岗位试用的，可以以该学历报考公共卫生类别医师资格。

（3）符合报考执业医师资格条件的人员可以报考同类别的执业助理医师资格。

（4）在乡级以上计划生育技术服务机构中工作，符合《中华人民共和国医师法》规定条件的，可以报考相应类别的医师资格。

3. 报考所需资料

申请参加医师资格考试的人员，需准备下列材料：二寸免冠正面半身照片两张；本人身份证明；毕业证书复印件；试用机构出具的证明期满一年并考核合格的证明；执业助理医师申报执业医师资格考试的，还应当提交医师资格证书复印件、医师执业证书复印件、执业时间和考核合格证明；等等。试用机构与户籍所在地跨省分离的，由试用机构推荐，可在试用机构所在地报名参加考试。

4. 报名有效身份证件

中国大陆公民报考医师资格人员的有效身份证件为第二代居民身份证、临时身份证、军官证、警官证、文职干部证、士兵证、军队学员证；台港澳地区居民报考医师资格人员的有效身份证件为台港澳居民往来大陆通行证。外籍人员的有效身份证件为护照。

5. 试用期考核证明

报名时考生应当提交与报考类别相一致的试用期满 1 年并考核合格的证明。

应届毕业生报名时应当提交试用机构出具的试用证明，并于当年 8 月 31 日前提交试用期满 1 年并考核合格的证明。

考生报考时应当在与报考类别相一致的医疗、预防、保健机构试用时间或累计（含多个机构）试用时间满 1 年。

现役军人必须持所在军队医疗、预防、保健机构出具的试用期考核合格证明，方可报考。试用期考核合格证明当年有效（图4-2～图4-4）。

附表1

医师资格考试试用期考核证明

报名编号：

姓　名		性　别			出生年月	
民　族		所学专业			医学学历	
取得学历年　月		有效身份证件号码				
报考类别						
试用机构	名　称					
	地　址			邮　编		
	登记号			法定代表人		
试用起止时　间	（　　）年（　　）月至（　　）年（　　）月					
主要试用岗位（科室）	岗位（科室）名　称	带教老师评价 合格 不合格	带　教　老　师医师执业证书号码		带教老师签字	
试用机构考核意见	合格（　　）　　　不合格（　　） 单位法人代表/法定代表人签字：单位公章 年　月　日					

注：1. 本表黑线上方由考生自己填写，黑线以下由工作机构填写，本表缺项、涂改无效。
2. 带教老师对考生从临床岗位胜任力、基本技能、医患关系、医际关系及职业道德操守等方面作综合评价是否合格，并在相应栏目划"√"。
3. 军队考生须提交团级以上卫生部门的审核证明。
4. 本表栏目空间若不够填写，可另附页。

图4-2　《医师资格考试试用期考核证明》

附表2

执业助理医师报考执业医师执业期考核证明

执业助理医师资格证书编号：（）
执业助理医师执业证书编号：（）

姓　名		性　别			民　族	
医学学历		所学专业			取得学历年　月	
报考类别		有效身份证件号码				
工作机构	名　称					
	地　址			邮　编		
	登记号			法定代表人		
工作起止时　间	（　　）年（　　）月至（　　）年（　　）月					
主要工作岗位（科室）	岗位（科室）名　称	带教老师评价 合格 不合格	带　教　执　业医师执业证书号码		带教老师签字	
工作机构考核意见	合格（　　）　　　不合格（　　） 单位法人代表/法定代表人签字：　　　单位公章 年　月　日					

注：1. 本表黑线上方由考生自己填写，黑线以下由工作机构填写，本表缺项、涂改无效。
2. 带教老师对考生从临床岗位胜任力、基本技能、医患关系、医际关系及职业道德操守等方面作综合评价是否合格，并在相应栏目划"√"。
3. 军队考生须提交团级以上卫生部门的审核证明。
4. 本表栏目空间若不够填写，可另附页。

图4-3　《执业助理医师报考执业医师执业期考核证明》

附表3

应届医学专业毕业生医师资格考试报考承诺书

　　本人于　　年　月　　日毕业于学校专业。自　　年　月
起，在单位试用，至　　年　　月试用期将满一年。

　　本人承诺将于今年8月31日前，将后续试用累计满一年
的《医师资格考试试用期考核证明》及时交考点办公室。

　　如违诺，本人愿承担由此引起的责任，并按规定接受
取消当年医师资格考试资格的处罚。

考生签字：

有效身份证件号码：

手机号码：

　　　　　　　　　　　　年　　月　　日

图 4-4 　《应届医学专业毕业生医师资格考试报考承诺书》

6. 学历审核

《中华人民共和国医师法》对医师资格考试报考条件限定了学历范围。学历的有效证明是指国家承认的毕业证书。基础医学类、法医学类、护理（学）类、医学技术类、药学类、中药学类等医学相关专业，其学历不作为报考医师资格的学历依据。《医师资格考试报名资格规定（2014版）》中的"学历审核"规定内容如下。

1）研究生学历

（1）临床医学（含中医、中西医结合）、口腔医学、公共卫生专业学位研究生，在符合条件的医疗、预防、保健机构进行临床实践或公共卫生实践，至当次医学综合笔试时累计实践时间满1年的，以符合条件的本科学历和专业，于在学期间报考相应类别医师资格。

临床医学、口腔医学、中医学、中医学（中西医结合方向）、眼视光医学、预防医学长学制学生在学期间已完成1年临床或公共卫生毕业实习和1年以上临床或公共卫生实践的，以本科学历报考相应类别医师资格。

（2）临床医学（含中医、中西医结合）、口腔医学、公共卫生专业学位研究生学历，作为报考相应类别医师资格的学历依据。

在研究生毕业当年以研究生学历报考者，须在当年8月31日前提交研究生毕业证书，并提供学位证书等材料，证明是专业学位研究生学历，方可参加医学综合笔试。

（3）2014年12月31日以前入学的临床医学、口腔医学、中医学、中西医结合、民族医学、公共卫生与预防医学专业的学术学位（原"科学学位"）研究生，具有相当于大学本科1年的临床或公共卫生毕业实习和1年以上的临床或公共卫生实践的，该研究生学历和学科作为报考相应类别医师资格的依据。在研究生毕业当年报考者，须在当年8月31日前提交研究生毕业证书，方可参加医学综合笔试。

2015年1月1日以后入学的学术学位研究生，其研究生学历不作为报考各类别医师资格

的学历依据。

（4）临床医学（护理学）学术学位研究生学历，或临床医学（护理领域）专业学位研究生学历，不作为报考各类别医师资格的学历依据。

2）本科学历

（1）五年及以上学制临床医学、麻醉学、精神医学、医学影像学、放射医学、眼视光医学（"眼视光学"仅限温州医科大学2012年12月31日以前入学）、医学检验（仅限2012年12月31日以前入学）、妇幼保健医学（仅限2014年12月31日以前入学）专业本科学历，作为报考临床类别执业医师资格考试的学历依据。

（2）五年制的口腔医学专业本科学历，作为报考口腔类别执业医师资格考试的学历依据。

（3）五年制预防医学、妇幼保健医学专业本科学历，作为报考公共卫生类别执业医师资格考试的学历依据。

（4）五年及以上学制中医学、针灸推拿学、中西医临床医学、藏医学、蒙医学、维医学、傣医学、壮医学、哈萨克医学专业本科学历，作为报考中医类别相应执业医师资格考试的学历依据。

（5）2009年12月31日以前入学、符合本款规定的医学专业本科学历加注医学专业方向的，应以学历专业报考；2010年1月1日以后入学的，医学专业本科学历加注医学专业方向的，该学历不作为报考医师资格的学历依据，经国家教育行政部门批准的除外。

（6）专升本医学本科毕业生，2015年9月1日以后升入本科的，其专业必须与专科专业相同或相近，其本科学历方可作为报考医师资格的学历依据。

3）高职（专科）学历

（1）2005年1月1日以后入学的经教育部同意设置的临床医学类专业（含临床医学、口腔医学、中医学、中医骨伤、针灸推拿、蒙医学、藏医学、维医学等）毕业生，其专科学历作为报考医师资格的学历依据。

2004年12月31日以前入学的经省级教育、卫生行政部门（中医药管理部门）批准设置的医学类专业（参照同期本科专业名称）毕业生，其专科学历作为报考医师资格的学历依据。

（2）经省级以上教育、卫生行政部门同意举办的初中起点5年制医学专业2013年12月31日以前入学的毕业生，其专科学历作为报考医师资格的学历依据。取得资格后限定在乡村两级医疗机构执业满5年后，方可申请将执业地点变更至县级医疗机构。2014年1月1日以后入学的初中起点5年制医学专业毕业生，其专科学历不能作为报考医师资格的学历依据。

（3）2008年12月31日以前入学的中西医结合专业（含教育部、原卫生部批准试办的初中起点5年制专科层次中西医临床医学专业）毕业生，其专科学历作为报考医师资格的学历依据。

2009年1月1日以后入学的中西医结合专业毕业生（含初中起点5年制专科层次中西医临床医学专业），其专科学历不作为报考医师资格的学历依据。

（4）2009年12月31日前入学的，符合本款规定的医学专业专科学历加注医学专业方向的，应以学历专业报考；2010年1月1日以后入学的，医学专业专科学历加注医学专业方向的，该学历不作为报考医师资格的学历依据，经国家教育行政部门批准的除外。

4）中职（中专）学历

（1）2010年9月1日以后入学经省级教育行政部门、卫生计生行政部门（中医药管理部门）同意设置并报教育部备案的农村医学专业毕业生，其中职（中专）学历作为报考临床类别执业助理医师资格的学历依据。农村医学专业毕业生考取执业助理医师资格后，限定到村卫生室执业，确有需要的可到乡镇卫生院执业。

（2）2000年9月25日至2010年12月31日期间入学的中等职业学校（中等专业学校）卫生保健专业毕业生，其中职（中专）学历作为报考临床类别执业助理医师资格的学历依据。卫生保健专业毕业生取得资格后，限定到村卫生室执业，确有需要的可到乡镇卫生院执业。

2011年1月1日以后入学的中等职业学校毕业生，除农村医学专业外，其他专业的中职（中专）学历不作为报考临床类别执业助理医师资格的学历依据。

（3）2001年8月31日以前入学的中等职业学校（中等专业学校）社区医学、预防医学、妇幼卫生、医学影像诊断、口腔医学专业毕业生，其中职（中专）学历作为报考相应类别执业助理医师资格的学历依据。

2001年9月1日以后入学的上述专业毕业生，其中职（中专）学历不作为报考医师资格的学历依据。

（4）2006年12月31日以前入学的中等职业学校中西医结合专业毕业生，其中职（中专）学历作为报考中医类别中西医结合医师资格的学历依据。

2007年1月1日以后入学的中西医结合专业毕业生，其中职（中专）学历不作为报考医师资格的学历依据。

（5）2006年12月31日以前入学的中等职业学校（中等专业学校）中医、民族医类专业毕业生，其中职（中专）学历作为报考中医类别相应医师资格的学历依据。

2007年1月1日以后入学经教育部、国家中医药管理局备案的中等职业学校（中等专业学校）中医、民族医类专业毕业生，其中职（中专）学历作为报考中医类别相应医师资格的学历依据。2011年1月1日以后入学的中等中医类专业毕业生，取得资格后限定到基层医疗机构执业。

（6）卫生职业高中学历不作为报考医师资格的学历依据。

（7）1999年1月1日以后入学的卫生职工中等专业学校学历不作为报考医师资格的学历依据。

5）成人教育学历

（1）2002年10月31日以前入学的成人高等教育、自学考试、各类高等学校远程教育的医学类专业毕业生，该学历作为报考相应类别的医师资格的学历依据。

2002年11月1日以后入学的上述毕业生，如其入学前已通过医师资格考试取得执业助理医师资格，且所学专业与取得医师资格类别一致的，可以以成人教育学历报考执业医师资格。除上述情形外，2002年11月1日以后入学的成人高等教育、自学考试、各类高等学校远程教育的医学类专业毕业生，其成人高等教育学历不作为报考医师资格的学历依据。

（2）2001年8月31日以前入学的成人中专医学类专业毕业生，其成人中专学历作为报考医师资格的学历依据。

2001年9月1日以后入学的成人中专医学类专业毕业生，其成人中专学历不作为报考医师资格的学历依据。

6）其他

取得国外医学学历学位的中国大陆居民，其学历学位证书须经教育部留学服务中心认证，同时符合《执业医师法》及其有关文件规定的，可以按照本规定报考。

（三）医师资格考试报考注意事项

1. 考试报名时间及地点

考试报名包括网上报名和现场审核两个部分。考生（含技能免考考生）必须在规定时间内进行网上报名和现场审核，逾期不予补报。

（1）网上报名时间一般于每年 1 月，国家卫生健康委员会发布医师资格考试公告，并在国家医学考试网（http://www.nmec.org.cn）转载。公告发布之日起即将开通考试报名入口。请考生登录并按有关规定如实准确填报个人信息。如前一年在国家实践技能考试基地参加实践技能考试，成绩合格但未通过当年医学综合考试的考生，完成网上报名并资格审核通过后，可直接参加医学综合考试。举例：2021 年在国家实践技能考试基地参加实践技能考试，成绩合格但未通过当年医学综合考试的考生，2022 年在网上报名和资格审核后，可直接参加医学综合考试。

（2）现场审核时间一般于每年 2 月，具体事宜可咨询报名所在地考点办公室。考生应到工作（试用）单位所在地考点指定的地点办理资格审核手续。考生工作（试用）单位与户籍所在地跨省、地区分离的，由试用单位推荐，可在试用单位所在地报名参加考试。

军队考生从 2002 年起参加地方组织的实践技能考试。

根据《卫生部关于修改〈医师资格考试暂行办法〉第十七条的通知》，从 2002 年起，助理医师报考医师的考生必须参加实践技能考试。

2. "一年两试"试点政策

2022 年继续开展医师资格考试临床类别、中医类别具有规定学历中医医学综合考试"一年两试"试点。在试点考区已报考当年医师资格考试，实践技能考试合格成绩在有效期内，未通过第一次医学综合考试且无违纪违规行为的考生和第一次医学综合考试缺考及未缴纳考试费的考生可报名参加第二次医学综合考试。试点考区名单及其他安排另行通知。

3. 考生信息填报

考生填写个人信息（包括姓名、证件类型、证件编码、毕业院校、学历、学制、专业、试用机构名称等，军队考生应使用居民身份证报名，港澳台考生可使用港澳台居民居住证或港澳台居民身份证）应真实、准确、有效，所填信息将用于医师资格考试和医师执业注册，请考生务必认真填写。考生持无效身份证件导致无法正常报考的，后果自负。

4. 考生账户保管

考生须妥善保管个人用户名及密码，因个人原因泄漏导致报名信息被修改的，由考生本人负责。如密码遗失，考生可通过邮箱找回密码，务必准确填写有效邮箱。

5. 考生照片采集

考生网上报名须提前准备近期（6 个月内）小二寸白底证件照，文件小于 30kb，格式为jpg。上传照片须通过"医考报名照片检测工具"（下载地址在上传照片界面处提示）进行检测处理后再上传，报名系统不接受未经该工具检测的照片。

6. 现场审核确认

网上报名成功后，考生须打印《医师资格考试网上报名成功通知单》，考生持所打印的

《医师资格考试网上报名成功通知单》及书面报名材料等，按照所在考点的具体要求，进行现场资格审核。考生在考点打印的《医师资格考试报名暨授予医师资格申请表》上签字确认后，办理交费手续。特别要注意考生在审核现场应仔细核对、确认报名信息，签字确认后的报名信息一律不得更改。未在规定时间内进行现场资格审核、确认报名信息、缴纳考试费用的，报名无效。

现场资格审核考生需提交以下材料：①《医师资格考试网上报名成功通知单》；②本人有效身份证明原件及复印件；③毕业证书原件及复印件，非大陆学历考生还须提交教育部留学认证中心出具的《国外学历学位认证书》；④考生试用（或实习）机构出具的《医师资格考试试用期考核证明》，台、港、澳和外籍考生还须提交《台湾、香港、澳门居民参加国家医师资格考试实习申请审核表》或《外籍人员参加中国医师资格考试实习申请审核表》；⑤执业助理医师申报执业医师考试的，还须提交执业助理医师医师资格证书、医师执业证书原件及复印件、《执业助理医师报考执业医师执业期考核证明》；⑥工作单位是医疗机构的，还须提交该机构《医疗机构执业许可证》副本复印件；⑦报考传统医学师承或确有专长类别医师资格考试的，还须提交传统医学师承出师证书或传统医学医术确有专长证书；⑧应届毕业生还须填写《应届医学专业毕业生医师资格考试报考承诺书》；⑨部队现役考生须提供军队相关身份证明原件及复印件，同时出具团级以上政治部门同意报考的证明；⑩考生近期（6个月内）小2寸白底证件照；⑪参加线上辅助审核试点考区的考生，请按考区、考点要求真实、准确地提供资格审核材料；⑫考区、考点规定的其他报名材料。

7. 医师资格考试的类别和代码

截至目前，我国医师资格考试共有41种，全称及代码详见表4-1。

表4-1 医师资格考试的类别和代码

执业医师全称	代码	执业助理医师全称	代码
临床执业医师	110	临床执业助理医师	210
口腔执业医师	120	口腔执业助理医师	220
公共卫生执业医师	130	公共卫生执业助理医师	230
		乡村全科执业助理医师	216
具有规定学历的中医执业医师	140	具有规定学历的中医执业助理医师	240
具有规定学历的中医（朝医）专业执业医师	141	具有规定学历的中医（朝医）专业执业助理医师	241
具有规定学历的中医（壮医）专业执业医师	142	具有规定学历的中医（壮医）专业执业助理医师	242
中西医结合执业医师	150	中西医结合执业助理医师	250
具有规定学历的蒙医执业医师	161	具有规定学历的蒙医执业助理医师	261
具有规定学历的藏医执业医师	162	具有规定学历的藏医执业助理医师	262
具有规定学历的维医执业医师	163	具有规定学历的维医执业助理医师	263
具有规定学历的傣医执业医师	164	具有规定学历的傣医执业助理医师	264
具有规定学历的哈萨克医执业医师	165	具有规定学历的哈萨克医执业助理医师	265

执业医师全称	代码	执业助理医师全称	代码
师承或确有专长的中医执业医师	340	师承或确有专长的中医执业助理医师	440
师承或确有专长的中医（朝医）专业执业医师	341	师承或确有专长的中医（朝医）专业执业助理医师	441
师承或确有专长的中医（壮医）专业执业医师	342	师承或确有专长的中医（壮医）专业执业助理医师	442
师承或确有专长的蒙医执业医师	361	师承或确有专长的蒙医执业助理医师	461
师承或确有专长的藏医执业医师	362	师承或确有专长的藏医执业助理医师	462
师承或确有专长的维医执业医师	363	师承或确有专长的维医执业助理医师	463
师承或确有专长的傣医执业医师	364	师承或确有专长的傣医执业助理医师	464
师承或确有专长的哈萨克医执业医师	365	师承或确有专长的哈萨克医执业助理医师	465

8. 临床医学专业报考中西医结合专业医师考试条件

已获得临床执业医师或执业助理医师资格的人员，取得省级以上教育行政部门认可的中医专业学历或者脱产两年以上系统学习中医药专业知识并获得省级中医药管理部门认可，或者参加省级中医药行政部门批准举办的西医学习中医培训班，并完成了规定课程学习，取得相应证书的，或者按照《传统医学师承和确有专长人员医师资格考核考试办法》有关规定，跟师学习满 3 年并取得传统医学师承出师证书的，可以申请参加相同级别的中西医结合执业医师或执业助理医师资格考试。

（四）医师资格考试及内容

医师资格考试分临床执业医师资格考试和临床执业助理医师资格考试，考试方法分为实践技能考试和医学综合笔试两部分。实践技能考试主要考查医师的实践能力和技能水平；医学综合笔试主要考查医师的专业理论水平。

已经取得执业助理医师执业证书，报考执业医师资格的，应报名参加相应类别执业医师资格考试的实践技能考试。

在卫生部医师资格考试委员会的领导下，国家医学考试中心和国家中医药管理局中医师资格认证中心依据实践技能考试大纲，统一命制实践技能考试试题，向考区提供试卷、计算机化考试软件、考生评分册等考试材料。省级医师资格考试领导小组负责组织实施实践技能考试。

1. 考试时间

实践技能考试是由省级医师资格考试领导小组实施的，考试时间一般在 6 月份。医学综合笔试采取标准化考试方式实行全国统一考试，考试时间一般在 8 月份。具体时间以国家卫生健康委员会医师资格考试委员会公告时间为准。

2. 考试单元

实践技能考试采用考站的方式。考区、考点按照《医师资格实践技能考试实施方案》的要求设立实践技能考试基地，考生在实践技能考试基地依次通过各考站接受实践技能的测试。每位考生必须在同一考试基地内完成全部考站的测试。考试基地设候考厅，考生在候考厅等待考试，等待考试过程中不得外出，不得使用任何通信工具。考试基地设考试引导员，负责引导考生进入每个考站。

医学综合笔试执业医师考试分 4 个单元；执业助理医师考试分 2 个单元。每单元时长 2 小时。主要采用计算机化考试，只有中医类别蒙医、藏医、维医、哈萨克医等少数民族医专业执业医师和执业助理医师实行纸笔考试。军事医学考试内容单独增设一个单元，执业医师增考题量为 80 道，总分为 20 分，执业助理医师增考军事医学考试内容题量为 40 道，总分为 10 分。

3. 考试内容

实践技能考试的具体组织形式以《医师资格实践技能考试实施方案》为依据，由各省、自治区、直辖市医师资格考试领导小组组织实施，原则上在国家实践技能考试基地进行。实践技能考试总分为 100 分，合格分数线为 60 分。在国家实践技能考试基地参加考试且成绩合格者，成绩两年有效。

临床执业医师/助理医师资格考试实践技能考试内容见表 4-2。

表 4-2 临床执业医师/助理医师资格考试实践技能考试内容

考站	考试内容		分值/分	时间/分钟	考试要求
第一考站	临床思维能力	心肺听诊	8	40	试题计算机呈现，考生计算机作答
		影像诊断	6		
		心电图诊断	7		
		医德医风	2		
		病史采集	15		试题计算机呈现，考生纸笔作答
		病例分析	22		
第二考站	体格检查		20	15	考生在标准体检者身体（直肠指检和乳房检查在医用模具）上进行检查
第三考站	基本操作		20	10	考生在医用模拟人或医用模具上进行操作
合计			100	65	

备注：1. 对医学人文素养的考核融入各考站进行。
2. 考试时间包括考生阅读题卡、物品准备和操作作答所用时间。

口腔执业医师/助理医师资格考试实践技能考试内容见表 4-3。

表 4-3 口腔执业医师/助理医师资格考试实践技能考试内容

考站名称		题量/道	分值/分	考试时间/分钟	考试形式	考试要求
第一考站	口腔检查	2	24	20	操作	考生进行洗手和戴手套操作，对已考考生进行黏膜消毒、一般检查、特殊检查，并记录检查结果。由考官评分
第二考站	口腔操作	2~3	40	36	操作	考生在仿头模、模具或离体牙上进行操作，或对已考考生进行操作。由考官评分

续表

考站名称		题量/道	分值/分	考试时间/分钟	考试形式	考试要求
第三考站	急救技术	2	10	6	操作	考生在模拟人上进行操作，或对已考考生进行检查。由考官评分
第四考站	病史采集	1	5	5	口试	每个考组的第四考站、第五考站合并在同一房间、使用同一台考生机进行。计算机呈现试题，考生口述作答。由考官评分
第五考站	病例分析	1	18	10	口试	
第六考站	健康教育	1	3	3	操作+口述	考生在模具上操作，边操作边口述。由考官评分
合计		9～10	100	80		

备注：1. 将对沟通、人文关怀等医学人文素质的考核融入各考站进行，分值占8分。
　　　2. 考试时间包含考生阅读试题、物品准备和操作作答所用时间。

公共卫生执业医师/助理医师资格考试实践技能考试内容见表4-4。

表4-4　公共卫生执业医师/助理医师资格考试实践技能考试内容

考站名称		内容	题量/道	分值/分	考试时间/分钟	考试形式	考试要求
第一考站	临床基本操作技能	体格检查	2～3	25	20	操作	在医学教学模拟人或医用模型等设备或在标准体检者身上进行操作
		急救技术	1				在医学教学模拟人或医用模型等设备上进行操作
第二考站	公共卫生案例分析	案例分析一	1	40	20	口试	根据所提供案例和提出的问题口述作答
		案例分析二	1				
第三考站	公共卫生基本操作技能	现场检测/样品采集	1	35	20	操作	根据考试内容选择相应物品进行操作并回答相关问题
		卫生处理/个人防护	1				
合计			7～8	100	60		

备注：1. 将对公共卫生职业素质的考核融入各考站进行。
　　　2. 考试时间包括考生阅读题卡、物品准备和操作作答所用时间。

乡村全科执业医师/助理医师资格考试实践技能考试内容见表4-5。

表4-5　乡村全科执业医师/助理医师资格考试实践技能考试内容

考站名称		题量/道	分值/分	考试时间/分钟	考试形式	考试要求
第一考站	病史采集	2	30	20	笔试	按要求在答题纸上作答
第二考站	体格检查	3	30	15	操作	在男性标准体检者、女性胸部模型或肛诊模型上操作，按要求回答问题

续表

考站名称		题量/道	分值/分	考试时间/分钟	考试形式	考试要求
第三考站	临床基本操作	2～3	20	15	操作	在模拟人或模型等设备上操作，按要求回答问题
第四考站	公共卫生基本操作	1	10	8	操作	在模拟情境下操作，按要求回答问题
第五考站	中医基本操作	1	10	7	操作	在多用途医疗模拟人/健康志愿者或医用模块等设备上操作，按要求回答问题
合计		9～10	100	65		

备注：1. 沟通协作与人文关怀等职业素养融入到各考站中考核。
　　　2. 考试时间包含考生阅读题卡、物品准备、操作和作答所用时间。

临床执业医师/助理医师资格考试医学综合考试内容见表4-6。

表4-6　临床执业医师/助理医师资格考试医学综合考试内容

科目类别	临床执业医师		临床执业助理医师	
	比例/%	科目	比例/%	科目
基础医学综合	13.33	解剖学、生理学、生物化学、病理学、药理学、医学微生物学、医学免疫学、病理生理学	10	生理学、生物化学、病理学、药理学
医学人文综合	8	卫生法规、医学心理学、医学伦理学	8	卫生法规、医学心理学、医学伦理学
临床医学综合	73.67	内科学（含传染病学）、外科学、妇产科学、儿科学、神经病学、精神病学	77	内科学（含传染病学）、外科学、妇产科学、儿科学、神经病学、精神病学
预防医学综合	5	预防医学	5	预防医学

口腔执业医师/助理医师资格考试医学综合考试内容见表4-7。

表4-7　口腔执业医师/助理医师资格考试医学综合考试内容

科目类别	口腔执业医师		口腔执业助理医师	
	比例/%	科目	比例/%	科目
基础医学综合	16	生物化学、医学微生物学、医学免疫学、药理学、口腔组织病理学、口腔解剖生理学	17	生物化学、医学微生物学、医学免疫学、药理学、口腔组织病理学、口腔解剖生理学
医学人文综合	8	医学心理学、医学伦理学、卫生法规	8	医学心理学、医学伦理学、卫生法规
预防医学综合	9.5	预防医学、口腔预防医学	14	预防医学、口腔预防医学
临床医学综合	6.5	内科学、外科学、妇产科学、儿科学		
口腔临床医学综合	60	牙体牙髓病学、牙周病学、儿童口腔医学、口腔黏膜病学、口腔颌面外科学、口腔修复学、口腔颌面医学影像诊断学	61	牙体牙髓病学、牙周病学、儿童口腔医学、口腔黏膜病学、口腔颌面外科学、口腔修复学、口腔颌面医学影像诊断学

公共卫生执业医师/助理医师资格考试医学综合考试内容见表4-8。

表4-8 公共卫生执业医师/助理医师资格考试医学综合考试内容

科目 类别	公共卫生执业医师		公共卫生执业助理医师	
	比例/%	科目	比例/%	科目
基础医学综合	14	生物化学、生理学、医学微生物学、医学免疫学、药理学	12	生物化学、生理学、药理学
医学人文综合	6	医学心理学、医学伦理学、卫生法规	8	医学心理学、医学伦理学、卫生法规
临床医学综合	15	呼吸系统、心血管系统、消化系统、泌尿系统、男性生殖系统、女性生殖系统、血液系统、内分泌系统、精神、神经系统、运动系统、儿科、传染病、性传播疾病及其他	10	呼吸系统、心血管系统、消化系统、女性生殖系统、血液系统、内分泌系统、精神、神经系统、运动系统、儿科、传染病、性传播疾病及其他
公共卫生综合	65	流行病学、卫生统计学、卫生毒理学、环境卫生学、职业卫生与职业医学、营养与食品卫生学、妇女保健学、儿童保健学、学校/青少年卫生学、社会医学、健康教育与健康促进	70	流行病学、卫生统计学、环境卫生学、职业卫生与职业医学、营养与食品卫生学、妇女保健学、儿童保健学、社会医学、健康教育与健康促进

乡村全科执业助理医师资格考试医学综合考试内容见表4-9。

表4-9 乡村全科执业助理医师资格考试医学综合考试内容

科目类别	比例/%	测试内容
医学人文	5～10	医学心理学、医学伦理学、卫生法规
公共卫生	30～35	国家基本公共卫生服务规范相关内容
全科医疗	55～65	全科医学基本知识、常见症状、常见病与多发病、合理用药、急诊与急救
其中中医药部分	30	医学人文、公共卫生、中医辨证施治和适宜技术应用

4. 考试题型

医学综合考试全部采用选择题形式。各类选择题均由题干和选项两部分组成。题干是试题的主体，可由一段短语、问句或不完全的陈述句组成，也可由一段病历、图表、照片或其他临床资料来表示；选项由可供选择的词组或短句组成，也称备选答案。

医师资格考试总题量为600题，助理医师资格考试总题量为300题。医师资格考试采用A型和B型题，共有A1、A2、A3、A4、B1五种题型。计算机化考试跨题型不可回看，当考生完成其中任一题型的答题，拟进入下一题型时，系统会提示是否进入下一题型，一旦选择进入下一题型答题，当前做答题型的答题情况将不能回看。每个题型间切换均按此进行，直至完成所有答题。

机考时，考生根据界面提示，答完某一类题型后需仔细检查，确认无遗漏再进入下一类题型；考试结束后系统将自动提交答题信息。考生须关注考试界面下方的答题信息提示，提交前确认无未答试题。

现将各种题型简要介绍如下。

1）A1 型题（单句型最佳选择题）

答题说明

每一道试题下面有 A、B、C、D、E 五个备选答案，请从中选择一个最佳答案，并用鼠标选中相应答案前的方框，以示正确答案，备选答案前的选择框中出现"√"即为选中。

1. 细胞坏死的主要形态标志是
   A. 线粒体肿胀
   B. 核碎裂
   C. 胞质嗜酸性增强
   D. 胞质脂滴增加
   E. 自噬泡增多

2. 治疗伴有呼吸系统疾病的心绞痛患者，应选择的药物是
   A. 硝苯地平
   B. 普萘洛尔
   C. 阿替洛尔
   D. 酚妥拉明
   E. 阿托品

3. 传染病流行的基本条件是
   A. 患者、潜在性患者、健康者
   B. 患者、家庭、社会
   C. 传染源、传播途径、易感人群
   D. 感受性、传播途径、病原体
   E. 理化因素、生物学因素、社会因素

2）B1 型题（标准配伍题）

答题说明

以下提供若干组试题，每组试题共用在试题前列出的 A、B、C、D、E 五个备选答案，请从中选择一个与问题关系最密切的答案，并用鼠标选中相应答案前的方框，以示正确答案，备选答案前的选择框中出现"√"即为选中。

（4~8 题共用备选答案）
   A. 缓冲作用发生最快
   B. 缓冲能力较强
   C. 缓冲能力最强
   D. 缓冲能力最持久
   E. 缓冲能力最弱

4. 在调节酸碱失衡中血浆的缓冲系统（A）
5. 在调节酸碱失衡中肺的调节作用（C）
6. 在调节酸碱失衡中细胞的缓冲调节作用（B）
7. 在调节酸碱失衡中肾脏的缓冲调节作用（D）
8. 在调节酸碱失衡中骨骼的缓冲调节作用（E）

3）A2 型题（病例摘要型最佳选择题）

答题说明

每一道试题是以一个小案例出现的，其下面都有 A、B、C、D、E 五个备选答案，请从中选择一个最佳答案，并用鼠标选中相应答案前的方框，以示正确答案，备选答案前的选择框中出现"√"即为选中。

9. 女，35 岁。颈前疼痛伴低热 5 天。3 周前感冒伴咽痛，2 周前已痊愈。查体：37.8℃，皮肤无汗，甲状腺Ⅱ度肿大，右叶硬，明显触痛、拒按，血 WBC7.8×10^9/L。最可能的临床诊断是
   A. 甲状腺右叶囊肿出血
   B. 甲状腺癌伴出血
   C. 慢性淋巴细胞性甲状腺炎
   D. 急性甲状腺炎
   E. 亚急性甲状腺炎

4）A3 型题（病例组型最佳选择题）

试题结构是开始叙述一个以患者为中心的临床情景，然后提出 2～3 个相关问题，每个问题均与开始的临床情景有关，但测试要点不同，且问题之间相互独立。

答题说明

以下提供若干个案例，每个案例下设若干道试题。请根据案例提供的信息，在每一道试题下面的 A、B、C、D、E 五个备选答案中选择一个最佳答案，并用鼠标选中相应答案前的方框，以示正确答案，备选答案前的选择框中出现"√"即为选中。

（10～12 题共用题干）

35 岁男性，因饱餐和饮酒后 6 小时出现中上腹疼痛，放射至两侧腰部，伴有呕吐 2 次，为胃内容物，自觉口干，出冷汗。查体：38℃，四肢厥冷，脉搏 116 次/分，血压 10/6 kPa，腹膨胀，全腹弥漫性压痛、反跳痛和肌紧张，肝浊音界存在，移动性浊音阳性，肠鸣音消失。

10. 根据患者的临床表现，不应考虑的诊断是（　　）
　　A. 穿孔性阑尾炎
　　B. 胃十二指肠溃疡穿孔
　　C. 绞窄性肠梗阻
　　D. 急性胰腺炎
　　E. 急性盆腔炎

11. 患者经检查诊断为急性出血坏死性胰腺炎，如行腹腔穿刺，可能抽出液体的颜色是（　　）
　　A. 无色清亮液体
　　B. 棕褐色液体
　　C. 胆汁样液体
　　D. 脓性液体
　　E. 血性液体

12. 治疗方针应是（　　）
　　A. 胃肠减压，密切观察病情变化
　　B. 中药与针刺
　　C. 补液抗炎
　　D. 紧急手术
　　E. 纠正休克后手术

5）A4 型题（病例串型最佳选择题）

此型题为开始叙述一个以单一患者或家庭为中心的临床情景，然后提出 3～6 个相关问题。当病情逐渐展开时，可以逐步增加新的信息。有时陈述了一些次要的或有前提的假设信息，这些信息与病例中叙述的具体患者并不一定有联系。提供信息的顺序对回答问题是非常重要的。每个问题均与开始的临床情景有关，又与随后的改变有关。回答这样的试题一定要以试题提供的信息为基础。

答题说明

以下提供若干个案例，每个案例下设若干道试题。请根据案例提供的信息，在每一道试题下面的 A、B、C、D、E 五个备选答案中选择一个最佳答案，并用鼠标选中相应答案前的方框，以示正确答案，备选答案前的选择框中出现"√"即为选中。

（13～15 题共用题干）

18 岁女性，两年来觉得下前牙咬东西无力，近时期牙齿感觉松动。检查下前牙松动 I 度。牙龈红肿，有牙石，其他牙龈微肿。

13. 采集病史重点了解（　　）
　　A. 有无外伤史
　　B. 家族史
　　C. 不良习惯
　　D. 口腔卫生习惯
　　E. 有无服药史

14. 重点检查项目是（　　　）
   A. 牙髓活力
   B. X 线片
   C. 松动度
   D. 外周血象
   E. 牙周附着丧失水平
15. 根据上述检查初步印象为牙周炎，有助于进一步确定诊断的检查是（　　　）
   A. 头颅 X 线
   B. 龈下菌斑细菌学检查
   C. 局部组织病理检查
   D. 药物过敏试验
   E. 内分泌检查

5. 计算机化考试规则

（1）考生在考前 25 分钟（第一单元：考前 30 分钟）凭《准考证》和有效身份证件进入考室，并在《考生签到表》上签到，入座后将《准考证》和有效身份证件放在课桌右上角，以便核验。

（2）参加计算机化考试的考生除准考证和有效身份证明外，其他任何书籍、纸张、计算器、手表、手机、手环等各种无线通信工具以及一切与考试无关但有作弊嫌疑的物品均不得带入考室。

（3）开考前 15 分钟，考生可按准考证号和有效身份证件号登录考试系统（证件号输入应注意括号和大小写），核对并确认个人信息无误后，进入考试规则和考生承诺界面，仔细阅读相关文件并确认后，等待考试开始。

（4）考试开始后，考生应关注考试界面左侧的时间窗口，掌控考试时间。

（5）开考 30 分钟后考生不得进入考室。

（6）在考试规定时间前完成答题或要求提前结束考试的考生，须在考务人员的监管下，在警戒线区域内指定地点等待，等待期间不得使用通信工具，考试结束后方能离开。

（7）完成答题信息后，应关注考试界面左侧的答题信息提示，确认没有未答题，方可提交答题信息。若考生未提交答题信息的，待考试结束后系统将自动提交答题信息。

（8）考生不得要求监考员解释试题，如遇计算机系统问题，可举手询问。外籍或台湾、香港、澳门考生进入考场后，必须使用普通话。

（9）考生在考场内必须保持安静，不准交头接耳、左顾右盼；不准偷窥；不准吸烟。

（10）监考员离场指令发出后，考生方可离场。

（11）考生应自觉服从监考员管理，不得以任何理由妨碍监考员监考工作。对违法违规的考生，将依据《医师资格考试违纪违规处理规定》及有关法律法规进行处理。

6. 考试成绩

实践技能考试合格分数线为 60 分。在国家实践技能考试基地参加考试且成绩合格者，成绩两年有效。实践技能考试通过后才能参加医师资格综合笔试考试。

医师资格考试医学综合笔试由国家医学考试中心统一组织阅卷评分，考试所获得的考生考试分数是答题的原始分数。医师资格考试医学综合考试结束后，在国家卫生健康委员会医师资格考试委员会规定时间内，国家医学考试中心在国家医学考试网（http://www.nmec.org.cn）、国家医学考试中心公众号（NMEC1985）和中国中医药考试认证网（https://www.tcmtest.org.cn）开通考生考试原始分数查询通道，考生可自行打印成绩单。

医学综合考试除中医类别[中医（壮医）专业、蒙医、藏医、维医、哈萨克医]外，执业医师合格分数线为 360 分，执业助理医师合格分数线为 180 分。

（五）医师资格考试违纪违规处理规定

为加强医师资格考试工作的管理，规范医师资格考试违纪违规行为的认定与处理，保障考试公平、公正，维护考生和考试工作人员的合法权益，制定《医师资格考试违纪违规处理规定》，并于 2014 年 9 月 10 日起施行。

考生有下列行为之一的，当年该单元或者考站考试成绩无效：考试开始信号发出后，在规定之外位置就座并参加考试的；进入考室时，经提醒仍未按要求将规定物品放在指定位置的；考试开始信号发出前答题或者考试结束信号发出后继续答题，经提醒仍不改正的；未按要求使用考试规定用笔或者纸答题，经提醒仍不改正的；未按要求在试卷、答卷（含答题卡，下同）上正确书写本人信息、填涂答题信息或者标记其他信息，经提醒仍不改正的；考试开始 30 分钟内，经提醒仍不在答卷上填写本人信息的；在考试过程中，旁窥、交头接耳、互打暗号或者手势，经提醒仍不改正的；未经考试工作人员同意，在考试过程中擅自离开座位或者考室的；拒绝、妨碍考试工作人员履行管理职责的；在考室或者考场禁止的范围内，喧哗、吸烟或者实施其他影响考试秩序的行为，经劝阻仍不改正的；同一考室、同一考题两份以上主观题答案文字表述、主要错点高度一致的；省级以上卫生计生行政部门规定的其他一般违纪违规行为。

考生有下列行为之一的，当年考试成绩无效：考试开始信号发出后，被查出携带记载医学内容的材料的；抄袭或者协助他人抄袭试题答案或者考试内容相关资料的；将试卷、答卷或者涉及试题的作答信息材料带出考室的；故意损毁试卷、答卷或者考试设备、材料的；省级以上卫生计生行政部门规定的其他较为严重的违纪违规行为。

考生有下列行为之一的，当年考试成绩无效，在 2 年内不得报考医师资格：考试开始信号发出后，被查出携带电子作弊工具的；抢夺、窃取他人试卷、答卷或者强迫他人为自己抄袭提供方便的；在考场警戒线范围内交接或者交换试卷、答卷等考试相关材料的；拒不服从考试工作人员管理，故意扰乱考场、评卷场所等考试工作秩序的；与考试工作人员串通作弊的；威胁、侮辱、殴打考试工作人员的；利用伪造证件、证明及其他虚假材料报名的；填写他人考试识别信息或者试卷标识信息的；省级以上卫生计生行政部门规定的其他严重违纪违规行为。

考生有下列行为之一的，认定为参与有组织作弊，当年考试成绩无效，终身不得报考医师资格：由他人代替参加考试的；在考场警戒线范围内对外进行通信、传递、发送或者接收试卷内容或者答案的；散布谣言，扰乱考试环境，造成严重不良社会影响的；考前非法获取、持有、使用、传播试题或者答案的；省级以上卫生计生行政部门规定的其他有组织作弊行为。考试结束后发现并认定考生有违纪违规行为的，依照本规定进行处理。考生通过违纪违规行为获得考试成绩并取得医师资格证书、医师执业证书的，由发放证书的卫生计生行政部门依据有关法律法规进行处理，撤销并收回医师资格证书、医师执业证书，并进行通报。

（六）医师资格考试大纲

根据国家卫生健康委员会医师资格考试委员会公告，自 2019 年启用 2019 年版《临床执业（助理）医师资格考试大纲》《口腔执业（助理）医师资格考试大纲》《公共卫生执业（助理）医师资格考试大纲》《乡村全科执业助理医师资格考试大纲》，以上大纲分别作为国家医师资格考试临床、口腔、公共卫生类别和乡村全科执业助理医师考试的命题依据。

1. 实践技能考试大纲

实践技能考试重点考查考生的动手操作能力和综合运用所学知识分析、解决问题的能力。

（1）临床类别

实践技能考试内容包括医学人文素养、病史采集、体格检查、基本操作、辅助检查和病例分析等内容。

（2）口腔类别

实践技能考试内容包括医学人文素养、基本诊治技术和临床综合思辨能力考核三部分。

2. 医学综合考试大纲

医学综合考试大纲紧密结合工作实际和工作场景，将考核的内容与知识点归纳整合为几个部分。

（1）临床类别

将考核的内容与知识点归纳整合为基础医学综合、医学人文综合、预防医学综合和临床医学综合四部分。临床医学综合包括专业综合和实践综合两部分。专业综合考核的内容按照系统疾病进行分类，主要考核医师必须掌握的专业理论与知识，适当融入基础医学和医学人文学科等知识。实践综合考核的内容是考生综合运用基本理论和专业知识处理临床实际问题的能力，试题以模拟临床情景的形式考核，例如：急诊、门诊（初诊、复诊）或住院病例等。

（2）口腔类别

执业助理医师医学综合考试大纲将考核的内容与知识点重新归纳整合为基础医学综合、医学人文综合、预防医学综合和口腔临床医学综合四部分。执业医师医学综合考试大纲将考核的内容与知识点重新归纳整合为基础医学综合、医学人文综合、预防医学综合、临床医学综合和口腔临床医学综合五部分。临床医学综合也包括专业综合和实践综合两部分。口腔临床医学综合部分的试题结合病例，主要考核口腔执业医师必须掌握的专业理论与知识，适当融合基础学科、人文学科等知识，体现口腔执业医师岗位胜任力特点，突出基础知识与临床知识的融会贯通，重点考查临床综合应用等能力。

（七）医师资格考试机构或组织

1. 基本要求

承担医师资格实践技能考试的机构或组织，除符合《中华人民共和国卫生部令》相关规定外，还应符合下列条件。

（1）实践技能考试机构或组织，应根据考试内容设置若干考站，具备实践技能考试条件，便于管理。

（2）考试机构或组织应设候考室，并必须明示考生须知、考试流程图和考站分布图等。

（3）考试机构或组织须设考试引导员，负责引导考生进入每个考站和传递考生评分册，保证考试秩序和纪律。

2. 器材配置

1）临床类器材配置

（1）一般器械：听诊器、血压计、手套、叩诊锤、手电筒、压舌板、检眼镜、皮尺、棉签、手术衣、隔离衣、消毒器具、换药包、扩创包、棉垫、绷带、夹板、缝合用垫枕、三角巾、吸氧设备、导尿管、胃管、担架、硬板、穿刺包、吸痰器、心内注射器和针头等。

（2）医学教学模拟人，需满足体检、换药、穿刺、导尿、吸氧、插导管、心肺复苏等操作需要。

（3）简易呼吸器、电除颤设备、多媒体计算机、耳机、投影仪、分规。

2）口腔类器材配置

（1）一般器械：一次性口腔器械盒（含口镜、探针、镊子、器械盘）、手套、消毒器具及消毒液、洗手设施（含流动水、肥皂、擦手纸巾/消毒毛巾）、消毒敷料（包括大棉球、纱卷）、1%碘酊、3%过氧化氢、酒精灯、灯架、注射器、听诊器、血压计、吸氧设备。

（2）口腔设备及专用器械和物品：口腔综合治疗台、颅骨/仿生头模型及下颌骨模型；钻针（含裂钻、球钻）、15#扩大器/根管锉、金属口镜/银汞充填器、牙胶棒/冰棒、手用洁治器（含直角形、大镰刀形、弯镰刀形、牛角形）、牙周探针、印模材、托盘、调刀、调碗；正常离体磨牙；牙髓活力测试结果报告单、X线片（牙片及正常全口曲面断层片）及读片灯箱、实验室检验结果报告单。

（3）医学教学模拟人，需满足吸氧、人工呼吸、胸外心脏按压等操作需要。

（4）计算机多媒体演示：计算机、打印机。

（八）医师的培训和考核

《中华人民共和国医师法》第三十七条规定：国家制定医师培养规划，建立适应行业特点和社会需求的医师培养和供需平衡机制，统筹各类医学人才需求，加强全科、儿科、精神科、老年医学等紧缺专业人才培养。国家采取措施，加强医教协同，完善医学院校教育、毕业后教育和继续教育体系。国家通过多种途径，加强以全科医生为重点的基层医疗卫生人才培养和配备。国家采取措施，完善中医西医相互学习的教育制度，培养高层次中西医结合人才和能够提供中西医结合服务的全科医生。

第三十八条规定：国家建立健全住院医师规范化培训制度，健全临床带教激励机制，保障住院医师培训期间待遇，严格培训过程管理和结业考核。国家建立健全专科医师规范化培训制度，不断提高临床医师专科诊疗水平。

第三十九条规定：县级以上人民政府卫生健康主管部门和其他有关部门应当制定医师培训计划，采取多种形式对医师进行分级分类培训，为医师接受继续医学教育提供条件。县级以上人民政府应当采取有力措施，优先保障基层、欠发达地区和民族地区的医疗卫生人员接受继续医学教育。

第四十条规定：医疗卫生机构应当合理调配人力资源，按照规定和计划保证本机构医师接受继续医学教育。县级以上人民政府卫生健康主管部门应当有计划地组织协调县级以上医疗卫生机构对乡镇卫生院、村卫生室、社区卫生服务中心等基层医疗卫生机构中的医疗卫生人员开展培训，提高其医学专业技术能力和水平。有关行业组织应当为医师接受继续医学教育提供服务和创造条件，加强继续医学教育的组织、管理。

第四十一条规定：国家在每年的医学专业招生计划和教育培训计划中，核定一定比例用于定向培养、委托培训，加强基层和艰苦边远地区医师队伍建设。有关部门、医疗卫生机构与接受定向培养、委托培训的人员签订协议，约定相关待遇、服务年限、违约责任等事项，有关人员应当履行协议约定的义务。县级以上人民政府有关部门应当采取措施，加强履约管理。协议各方违反约定的，应当承担违约责任。

第四十二条规定：国家实行医师定期考核制度。县级以上人民政府卫生健康主管部门或者其委托的医疗卫生机构、行业组织应当按照医师执业标准，对医师的业务水平、工作业绩和职业道德状况进行考核，考核周期为三年。对具有较长年限执业经历、无不良行为记录的医师，可以简化考核程序。受委托的机构或者组织应当将医师考核结果报准予注册的卫生健康主管部门备案。对考核不合格的医师，县级以上人民政府卫生健康主管部门应当责令其暂停执业活动三个月至六个月，并接受相关专业培训。暂停执业活动期满，再次进行考核，对考核合格的，允许其继续执业。

第四十三条规定：省级以上人民政府卫生健康主管部门负责指导、检查和监督医师考核工作。

（九）医师资格注册

《医师执业注册管理办法》已于2017年2月28日经国家卫生和计划生育委员会令第13号公布，自2017年4月1日起施行。

《中华人民共和国医师法》规定国家实行医师执业注册制度。

《医师执业注册管理办法》规定：医师执业应当经注册取得医师执业证书。国家卫生计生委负责全国医师执业注册监督管理工作。县级以上地方卫生计生行政部门是医师执业注册的主管部门，负责本行政区域内的医师执业注册监督管理工作。国家建立医师管理信息系统，实行医师电子注册管理。医师的主要执业机构以及批准该机构执业的卫生计生行政部门应当在医师管理信息系统及时更新医师定期考核结果。

1. 注册条件

凡取得医师资格的，均可申请医师执业注册。有下列情形之一的，不予注册：无民事行为能力或者限制民事行为能力；受刑事处罚，刑罚执行完毕不满二年或者被依法禁止从事医师职业的期限未满；被吊销医师执业证书不满二年；因医师定期考核不合格被注销注册不满一年；法律、行政法规规定不得从事医疗卫生服务的其他情形。

受理申请的卫生健康主管部门对不予注册的，应当自受理申请之日起二十个工作日内书面通知申请人和其所在医疗卫生机构，并说明理由。

2. 注册内容

医师执业注册内容包括：执业地点、执业类别、执业范围。医师取得医师执业证书后，应当按照注册的执业地点、执业类别、执业范围，从事相应的医疗、预防、保健活动。执业地点是指执业医师执业的医疗、预防、保健机构所在地的省级行政区划和执业助理医师执业的医疗、预防、保健机构所在地的县级行政区划。执业类别是指临床、中医（包括中医、民族医和中西医结合）、口腔、公共卫生。执业范围是指医师在医疗、预防、保健活动中从事的与其执业能力相适应的专业。

3. 注册程序

1）提出申请

拟在医疗、保健机构中执业的人员，应当向批准该机构执业的卫生计生行政部门申请注册；拟在预防机构中执业的人员，应当向该机构的同级卫生计生行政部门申请注册。

在同一执业地点多个机构执业的医师，应当确定一个机构作为其主要执业机构，并向批准该机构执业的卫生计生行政部门申请注册；对于拟执业的其他机构，应当向批准该机构执业的卫生计生行政部门分别申请备案，注明所在执业机构的名称。医师只有一个执业机构的，视为其主要执业机构。

执业助理医师取得执业医师资格后，继续在医疗、预防、保健机构中执业的，应当按本办法规定，申请执业医师注册。

医师跨执业地点增加执业机构，应当向批准该机构执业的卫生计生行政部门申请增加注册。执业助理医师只能注册一个执业地点。

2）提交材料

申请医师执业注册，应当提交下列材料：医师执业注册申请审核表；近6个月二寸白底免冠正面半身照片；医疗、预防、保健机构的聘用证明；省级以上卫生计生行政部门规定的其他材料。

获得医师资格后2年内未注册者、中止医师执业活动2年以上或者本办法第六条规定不予注册的情形消失的医师申请注册时，还应当提交在省级以上卫生计生行政部门指定的机构接受连续6个月以上的培训，并经考核合格的证明。

3）审核与注册

注册主管部门应当自收到注册申请之日起20个工作日内，对申请人提交的申请材料进行审核。审核合格的，予以注册并发放医师执业证书。对不符合注册条件不予注册的，注册主管部门应当自收到注册申请之日起20个工作日内书面通知聘用单位和申请人，并说明理由。申请人如有异议的，可以依法申请行政复议或者向人民法院提起行政诉讼。

4. 注销注册

这是指经过注册，取得医师执业证书后出现不能或不宜从事医师执业活动的情况，卫生健康主管部门注销其注册并废止医师执业证书的制度。

《中华人民共和国医师法》规定医师注册后有下列情形之一的，注销注册，废止医师执业证书：死亡；受刑事处罚；被吊销医师执业证书；医师定期考核不合格，暂停执业活动期满，再次考核仍不合格；中止医师执业活动满二年；法律、行政法规规定不得从事医疗卫生服务或者应当办理注销手续的其他情形。

有前款规定情形的，医师所在医疗卫生机构应当在三十日内报告准予注册的卫生健康主管部门；卫生健康主管部门依职权发现医师有前款规定情形的，应当及时通报准予注册的卫生健康主管部门。准予注册的卫生健康主管部门应当及时注销注册，废止医师执业证书。地方各级卫生计生行政部门应当按照规定提供医师注册信息查询服务，并对注销注册的人员名单予以公告。

5. 变更注册

《中华人民共和国医师法》规定医师变更执业地点、执业类别、执业范围等注册事项的，应当依照本法规定到准予注册的卫生健康主管部门办理变更注册手续。医师从事下列活动的，可以不办理相关变更注册手续：参加规范化培训、进修、对口支援、会诊、突发事件医疗救援、慈善或者其他公益性医疗、义诊；承担国家任务或者参加政府组织的重要活动等；在医疗联合体内的医疗机构中执业。

中止医师执业活动二年以上或者本法规定不予注册的情形消失，申请重新执业的，应当由县级以上人民政府卫生健康主管部门或者其委托的医疗卫生机构、行业组织考核合格，并依照本法规定重新注册。

6. 个体行医

医师个体行医应当依法办理审批或者备案手续。执业医师个体行医，须经注册后在医疗卫生机构中执业满五年；但是以师承方式学习中医或者经多年实践，医术确有专长的，取得中医医师资格及相应的资格证书人员，按照考核内容进行执业注册后，即可在注册的执业范围内个体行医。县级以上地方人民政府卫生健康主管部门对个体行医的医师，应当按照国家有关规定实施监督检查，发现有本法规定注销注册的情形的，应当及时注销注册，废止医师执业证书。

医师执业证书应当由本人妥善保管，不得出借、出租、抵押、转让、涂改和毁损。如发生损坏或者遗失的，当事人应当及时向原发证部门申请补发。损坏的医师执业证书，应当交回原发证部门。医师执业证书遗失的，原持证人应当于 15 日内在当地指定报刊上予以公告。县级以上地方人民政府卫生健康主管部门应当将准予注册和注销注册的人员名单及时予以公告，由省级人民政府卫生健康主管部门汇总，报国务院卫生健康主管部门备案，并按照规定通过网站提供医师注册信息查询服务。

目标检测

1. 临床职业医师专业技能有哪些要求？
2. 如何处理临床医师和患者之间的关系？
3. 执业医师资格怎样取得？

第五章　医技职业认知和能力培养

学习目标

1. 了解高职医学影像技术专业的培养目标、就业方向。
2. 掌握医学影像技术专业相关职业的能力要求。
3. 了解高职医学检验技术专业的培养目标、就业方向。
4. 掌握医学检验技术专业相关职业的能力要求。
5. 了解高职药学专业的培养目标、就业方向。
6. 掌握药学专业相关职业的能力要求。
7. 培养开拓创新的科学精神，树立远大理想，热爱祖国，担当时代责任。

第一节　医学影像技术专业职业认知和能力培养

从 1895 年伦琴发现 X 射线，至 X 射线在医学上的应用，医学影像学应运而生。随着科学技术的迅猛发展，医学影像学有了革命性进步，并广泛应用于临床诊治，对临床医学的发展产生了深刻影响。目前，医学影像学已成为临床医学的重要组成部分，影像科室已成为医院中不可或缺的重要科室。因此，高职医学影像技术专业也成为近年来的热门专业。

一、医学影像及相关专业

（一）医学影像

作为一门科学，医学影像属于生物影像，是指为了医疗或医学研究，对人体或人体某部分，以非侵入方式取得内部组织影像的技术与处理过程。医学影像在临床方面的应用，又称为医学成像，或影像医学。借助影像学手段，临床医师可获得更加可靠的诊疗依据，从而使疾病早发现、早诊断、早治疗，甚至使超早期治疗成为现实。有些医院会设有影像医学中心、影像医学部或影像医学科，并配备相关的仪器设备，编制有专门的护理师、放射技师以及医师，负责仪器设备的操作、影像的解释与诊断。

除在临床医学方面的应用，医学影像也是生命科学研究的重要手段。如其与认知心理学、语言学、教育学、社会学等结合，可探索人类在进行认知行为时的大脑活动。

（二）医学影像相关专业

与医学影像相关的专业有医学影像学专业和医学影像技术专业。其中医学影像学专业属于临床医学类，是培养能在医疗卫生单位从事医学影像诊断、介入放射学和医学成像技术等方面工作的医学高级专门人才，需具有医师执业资格。医学影像技术专业属于医学技术类，是培养从事临床影像检查、操作与治疗技术工作的高级技术应用型专门人才，需具有相关专业技术资格证书或医学专业人才技能等级证书。

二、高职医学影像技术专业

高职医学影像技术专业入学要求一般为普通高级中学毕业、中等职业学校毕业或具备同等学力者，学制一般为 3 年。学生主要学习基础医学、临床医学、医学影像学的基本理论知识，接受各种影像设备操作、各种检查体位摆放、医学影像仪器设备的维护及功能开发、放射防护技术运用等的基本训练。

高职医学影像技术专业主要培养理想信念坚定，德、智、体、美、劳全面发展，具有一定的科学文化水平，良好的人文素养、职业道德和创新意识，精益求精的工匠精神，较强的就业能力和可持续发展的能力，掌握本专业知识和技术技能，面向卫生行业的影像技师等职业群，能够从事计算机体层成像（CT）、数字 X 射线摄影（DR）、磁共振成像（MRI）、超声、核医学和介入诊疗等技术工作的高素质技术技能型人才。

三、高职医学影像技术专业岗位分析和能力要求

高职医学影像技术专业的主要就业岗位是影像技师，在各级医疗机构医学影像科室从事医学影像设备的操作、完成各类医学影像检查的技术实施等工作，需具备相应专业技术资格证书和相关专业的医用设备使用人员业务能力考评成绩合格证明。具体的就业岗位包括 CT 技术岗位、DR 技术岗位、MRI 技术岗位、超声技术岗位、核医学技术岗位、介入诊疗技术岗位等。

除此之外，高职医学影像技术专业学生还可以在影像设备生产运营企业，从事医学影像设备的维护、生产、经营、服务等工作或从事管理岗位。

（一）岗位分析

1. 放射科岗位

放射科是一个集检查、诊断、治疗于一体的科室，临床各科许多疾病都须通过放射科设备检查以明确诊断或辅助诊断，为医院的医疗保健、科研教学工作作出了很大贡献。随着电子计算机技术、现代物理学、电子学与传统放射学的有机结合，放射科在医疗领域显示出了新的活力，在诊治工作中的地位越来越不可代替。

放射科医务人员包括诊断人员和技术人员。其中技术人员需要医学影像技术专业技术资格证书和相关专业的医用设备使用人员业务能力考评成绩合格证明，主要工作包括：进行常规和特殊摄影，配合诊断人员进行特殊造影、CT、MRI 检查和介入治疗的机器操作，确保摄影质量；配合诊断人员共同完成应急抢救工作；对机器进行经常性保养；辅导和监督非专机操作人员使用机器；放射技术专业带教、培训工作，进行科研和技术革新等。

2. 核医学科岗位

核医学科是指利用核科学技术和手段对疾病进行诊断和治疗的科室。其主要开展核医学检查项目，是辅助临床科室对疾病作出正确诊断的有效手段之一。

从事核医学技术岗位必须取得医学影像技术专业技术资格证书和相关专业的医用设备使用人员业务能力考评成绩合格证明，主要工作包括：开展全身骨骼、腮腺、甲状腺、胸腹部等重要脏器显像、血管瘤鉴别、胃肠道出血定位等；开展肿瘤标志物、激素和心肌酶谱检测等。

（二）医学影像技术专业技术资格考试

医学影像技术职称分为放射技士（初级职称）、放射技师（初级职称）、放射主管技师（中级职称）、放射副主任技师（高级职称）、放射主任技师（高级职称）。

高级专业技术资格采取考试和评审结合的办法取得。以下主要介绍初、中级卫生专业技术资格考试的相关内容。初、中级卫生专业技术资格考试实行全国统一组织、统一考试时间、统一考试大纲、统一考试命题、统一合格标准的考试制度，原则上每年进行一次，设置基础知识、相关专业知识、专业知识、专业实践能力等四个科目，考试试题均为客观题，采用计算机统一评分。考试成绩实行两年为一个周期的滚动管理办法，在连续两个考试年度内通过同一专业 4 个科目的考试，可取得该专业资格证书。相关流程为考试报名→资格审核→领取准考证→考试实施→成绩公布，往年网上预报名时间大概在前一年 12 月份开始，考试时间大概在每年 4 月份开始，考试成绩将于考后 2 个月公布，但受各种因素影响，每年时间会有所变动，故具体报名时间、报名方式、考试日期、地点、考试大纲、考试成绩均可登录国家卫生健康委人才交流服务中心官方网站查询。

1. 基本条件

遵守中华人民共和国的宪法和法律；具备良好的医德医风和敬业精神。

2. 报考条件

（1）放射技士：具备相应专业中专、大专学历。

（2）放射技师：具备相应专业硕士学位；或具备相应专业大学本科学历或学士学位，从事本专业技术工作满 1 年；或具备相应专业大专学历，从事本专业技术工作满 3 年；或具备相应专业中专学历，取得技士职称后，从事本专业工作满 5 年。

（3）放射主管技师：具备博士学位；或具备硕士学位，取得技师职称后，从事本专业工作满 2 年；或具备大学本科学历或学士学位，取得技师职称后，从事本专业工作满 4 年；或具备大专学历，取得技师职称后，从事本专业工作满 6 年；或具备中专学历，取得技师职称后，从事本专业工作满 7 年。

3. 有下列情形之一的，不得申请影像技术专业技术资格的考试

医疗事故责任者未满 3 年；医疗差错责任者未满 1 年；受到行政处分者在处分时期内；伪造学历或考试期间有违纪行为未满 2 年；省级卫生行政部门规定的其他情形。

（三）医用设备使用人员业务能力考评

医疗卫生机构应当对医用设备使用人员（包括大型医用设备相关医生、操作人员、工程技术人员）进行应用培训和考核，业务能力考评合格方可上岗操作。

报名人员可根据本人所从事的专业工作，选择报考相应专业类别，开考专业包括 CT 医师、CT 技师、MRI 医师、MRI 技师、乳腺技师、PRK/LASIK 医师、PRK/LASIK 技师、LA 医师、{LA、（X 刀、γ 刀）}技师、{LA、（X 刀、γ 刀）}物理师、CDFI 医师、CDFI 技师、（X 刀、γ 刀医师）、DSA 技师、核医学医师、核医学技师、核医学物理师、核医学化学师。辽宁考区开考专业不包括乳腺技师、PRK/LASIK 医师、PRK/LASIK 技师、CDFI 医师、CDFI 技师。试题均为客观题，具体报考时间、考试日期、地点、方式、成绩均可登录国家卫生健康委人才交流服务中心官方网站查询。

报考条件：从事本专业工作 2 年以上，且尚未取得医用设备使用人员业务能力考评成绩合格证明的，可自愿免费报名参加相应专业的业务能力考评。其中医师类专业报考者须持有医师执业证书，且所报考的专业与执业范围一致。考评合格者将获得医用设备使用人员业务能力考评成绩合格证明。

四、高职医学影像技术专业就业前景

国家加大医疗卫生投入，基本建立起遍及城乡的医疗卫生服务体系及城镇职工医疗保险制度，同时各地政府也纷纷提出医疗卫生事业的发展规划，以上政策和措施进一步促进了我国医疗卫生事业的发展，促进了各种高端影像设备在县及县级以下医院的普及，导致目前中国较多医疗卫生单位，特别是西部医疗卫生单位对医学影像技术专业人才需求缺口增大。在目前这种医疗体制下，医疗卫生单位需要医学影像技术专业人才，但又无法提供足够的人员编制，很多医疗卫生单位不得不通过招聘影像专科生来解决这种矛盾。

随着医疗技术和设备的发展，临床诊疗越来越倚重仪器设备的检查。同时，面对目前紧张的医患关系，各项仪器检查结果也成为医生在治疗过程中有无过错的重要法律依据，因此仪器检查使用率必然提高，从而导致我国医疗卫生单位医学影像科室的迅速扩张，出现医学影像人才短时间内的相对匮乏。又由于人民生活水平的不断提高，人们对医疗水平的要求也越来越高，许多患者在选择医院时更倾向于医疗水平较高的单位，因此医疗单位积极引入大型、先进的医学影像设备，这也为医学影像技术专业的人才提供了更多机会。故医学影像技术专业的就业情况相对较好。

第二节　医学检验技术专业职业认知与能力培养

检验医学是医学的重要组成部分，其服务于临床，为临床医师提供疾病诊治、愈后观察、药效评价等方面的重要数据。随着计算机、生物医学工程等科学技术的不断发展，新的分析检测方法和仪器不断涌现，医学检验技术已成为发展最为迅速、应用高精尖技术最为集中的学科之一，医学检验技术专业的就业前景也非常可观。

一、检验医学及医学检验技术专业

（一）检验医学

检验医学是医学的一个重要分支，其任务是为疾病的诊断、治疗、康复和预防提供实验室依据，并合理选择实验项目，解释实验结果，为临床合理有效地应用实验结果提供正确的信息。随着与化学、物理学、生物学、免疫学、微生物学、生理学、临床医学等学科的互相渗透、交叉融合，检验医学已发展为一门多学科的综合性应用学科，包括血液学检验、体液检验、生物化学检验、免疫学检验、微生物学检验、遗传学检验和分子生物学检验等亚专业或学科，其检测技术和方法也发生了翻天覆地的变化。

检验医学在病因的确认、疾病的诊断、疗效的观察、预后的判断及疾病的预防等方面发挥着巨大作用，因此临床医师越来越依赖检验科室出具的准确的实验报告。除此之外，检验医学也为开展计划生育、优生优育、器官移植、药物筛选、超早期诊断等方面的实验研究奠定了坚实基础。

（二）医学检验技术专业

医学检验技术专业旨在培养适应我国医药卫生事业现代化发展需要的德、智、体、美、劳等方面全面发展，掌握基础医学、临床医学、检验医学的基本知识、基本理论和基本技能，掌握现代仪器设备及先进医学检验技术，能够从事医疗卫生机构及相关科研机构的临床医学检验、卫生检验工作，具备初步现代医学检验能力、终身学习能力、批判性思维能力和良好职业素养，适应性强、综合素质高，能适应社会经济发展需要的品德高尚、基础扎实、技能熟练、素质全面，具有一定科研发展潜能的应用型医学检验专门人才。

视野窗

我国检验医学事业奠基人——叶应妩

20世纪40年代，我国还没有医学检验专业，有些医院甚至没有专业的检验科室，叶应妩毕业后在北京大学医学院检验科工作，开启了50多年的检验医学事业之路，成为我国检验医学事业的奠基人之一。1951年，她又义无反顾地奔赴朝鲜战场，从事细菌检验和鉴定工作。1982年，在叶应妩的组织领导下，卫生部临床检验中心正式成立。随后，全国各省市临床检验中心相继成立，促进了我国医学检验事业的发展，在我国检验医学发展史上具有里程碑意义。此外，她还是提出在我国医学院校中开设检验医学系的第一人，推进了我国检验医学教育的发展，为我国培养了大批检验医学人才。

二、高职医学检验技术专业

高职医学检验技术专业入学要求一般为普通高级中学毕业、中等职业学校毕业或具备同等学力者，学制一般为3年。

高职医学检验技术专业培养理想信念坚定，德、智、体、美、劳全面发展，具有一定的科学文化水平，良好的人文素养、职业道德和创新意识，精益求精的工匠精神，较强的就业能力和可持续发展的能力，掌握本专业知识和技术技能，面向卫生行业的临床检验技师、输血技师、病理技师等职业群，能够从事临床医学检验、输（采供）血、病理技术等工作的高素质技术技能型人才。

三、高职医学检验技术专业岗位分析和能力要求

高职医学检验技术专业主要就业岗位是检验技师，在各级医疗卫生机构检验科室从事人体体液、排泄物、感染微生物等标本的检验，通过客观准确的化验指标，为临床医师提供治疗依据，需具备相应专业技术资格证书，具体的就业岗位包括门诊化验室、急诊化验室、临床微生物实验室、临床生物化学实验室、临床免疫实验室、血液病实验室等。

除此之外，高职医学检验技术专业学生还可以在血库或血站从事输血或采血工作；在病理实验室从事病理项目检验；在食品监督、环境保护、海关检疫等部门从事食品卫生检验、水质卫生检验、空气卫生检验等工作；从事医学检验设备维修、试剂研制及营销工作；或在医学科研、教学单位从事临床检验、卫生检验及病理检验技术的科研、教学及实验室工作。

（一）岗位分析

1. 门诊化验室

门诊化验室主要承担医院门诊临检常规项目、门诊生化项目和部分免疫项目的临床检验工作，具体包括血常规、尿常规、全血细胞分析、血气、凝血四项、血沉、动态红细胞沉降率等项目，需具备血、尿、便等三大常规检验操作和分析能力，并具有医学检验技术资格证书。

2. 急诊化验室

急诊化验室处于医院的第一线，24 小时运行是抢救危、急、重患者的绿色通道之一。急诊检验人员必须坚守岗位，不得擅离职守，接到急诊检验单后，要迅速及时地采集标本，及时进行检验，准确报告检验结果。具体检验项目包括电解质、肝功能、肾功能、血常规、凝血全项、血型、尿常规、便常规、脑脊液及各种穿刺液检验等。从标本送至检验科签收时计时，血、尿、便常规等检测 30 分钟内出报告，凝血全项、电解质、肾功能、淀粉酶、梅毒抗体、乙肝表面抗原等检测 1 小时内出报告。急诊检验人员需具备血、尿、便等三大常规检验操作和分析能力，熟悉急诊制度和管理，并具有医学检验技术资格证书。

3. 临床微生物实验室

临床微生物实验室主要针对标本进行微生物学检验，包括患者样本的采集、运送、处理，样本中致病微生物的分离、培养、鉴定，药物敏感试验，并出具检验报告。该科室为感染性疾病诊断及治疗、合理使用抗菌药物提供依据，也为医院感染流行病学调查、医院感染管理和监控预防提供科学依据。检验人员需具备细菌、病毒、药物敏感试验等检验操作和分析能力，并具有医学检验技术资格证书。

4. 临床生物化学实验室

临床生物化学实验室检验项目非常多，具体项目有肝功能、肾功能、血脂、血糖、甲状腺功能、血气分析、心肌酶谱、微量元素、肿瘤标志物、血型、胰岛素及糖耐量试验等。检验人员需具有医学检验技术资格证书，能正确采集和处理检验标本，能熟练使用实验室基础设备，能客观、准确、全面地进行分析检验，并进行检验诊断。

5. 临床免疫实验室

临床免疫实验室是检验科室的重要组成部分，具体检测项目有甲胎蛋白测定、人绒毛膜促性腺激素测定、弓形虫抗体测定、风疹病毒抗体测定等。检验员需具有医学检验技术资格证书，并掌握凝集反应、沉淀反应的操作及免疫标记技术，能根据不同实验项目选择最适合的标记技术，能独立判断实验结果和书写检验报告。

6. 核酸检测实验室

新冠病毒核酸检测是筛查新冠病毒感染患者科学有效的手段，也是阻断感染源的关键环节。我国各地核酸检测实验室相应建立，从事新冠病毒核酸检测标本采集的技术人员的主要工作是采集呼吸道标本，包括上呼吸道标本（首选鼻咽拭子等）或下呼吸道标本（呼吸道吸取物、支气管灌洗液、肺泡灌洗液、深咳痰液等），基本要求是应当经过生物安全培训（培训合格），熟悉标本种类和采集方法，熟练掌握标本采集操作流程及注意事项，做好标本信息的记录，确保标本质量符合要求、标本及相关信息可追溯。实验室检测技术人员主要是进行标本检测，基本要求是应当具备相关专业的大专以上学历或具有中级及以上专业技术职务任职资格，并有 2 年以上的实验室工作经历和基因检验相关培训合格证书。

7. 血液病实验室

血液病检验是血液病诊断的重要环节，包括一般血液检查（如血常规）、骨髓检查（如骨髓涂片检查、骨髓活组织检查、骨髓细胞电镜检查等）、血液生化检查（如铁动力学测定、叶酸测定、溶血性贫血实验检查等）、组织病理学检查（如淋巴结活检、脾脏活检、体液细胞学病理检查等）、免疫学检查（如白血病的免疫分型、抗血细胞抗体检测等）、细胞遗传学及分子生物学检查（如染色体检查、基因诊断）等等。检验员需具备对贫血、白血病等血液病检验细胞识别和分析的能力，并具有医学检验技术资格证书。

8. 病理实验室

病理实验室主要通过活检、尸检、细胞学检查等作出相应疾病的病理诊断，检验项目包括病理组织学检查、细胞学涂片、免疫组织化学、术中冰冻切片、外院切片诊断等。检验员需熟悉病理科常规工作操作规程，熟练完成组织学和脱落细胞学制片、免疫组化技术、特殊染色技术等操作，并具有相关病理技术资格证书。

9. 血站或医院血库

血站是指采集、储存血液，并向临床或血液制品生产单位供血的医疗卫生机构。血库是医院的一个职能部门，负责查实患者的血型、保存血液样本及血液制品，为输血患者配血。工作人员需熟悉血液的预订、入库、保存、管理等内容，遵守用血发放与领取管理制度，具备血型鉴定试验、交叉配血试验的操作及分析能力，并具有输血技术资格证书。

（二）相关专业技术资格

相关专业技术类各级别职称名称分别为：技士（初级职称）、技师（初级职称）、主管技师（中级职称）、副主任技师（高级职称）、主任技师（高级职称）。

高级专业技术资格采取考试和评审结合的办法取得。以下主要介绍初、中级卫生专业技术资格考试的相关内容。临床医学检验技术、输血技术、病理学技术资格考试中的初、中级卫生专业技术资格考试实行全国统一组织、统一考试时间、统一考试大纲、统一考试命题、统一合格标准的考试制度，原则上每年进行一次，设置基础知识、相关专业知识、专业知识、专业实践能力等四个科目，考试试题均为客观题，采用计算机统一评分。考试成绩实行两年为一个周期的滚动管理办法，在连续两个考试年度内通过同一专业 4 个科目的考试，可取得该专业资格证书。相关流程为考试报名→资格审核→领取准考证→考试实施→成绩公布，往年网上预报名时间大概在前一年 12 月份开始，考试时间大概在每年 4 月份开始，考试成绩将于考后 2 个月公布，但受各种因素影响，每年时间会有所变动，故具体报名时间、报名方式、考试日期、地点、考试大纲、考试成绩均可登录国家卫生健康委人才交流服务中心官方网站查询。

1. 基本条件
遵守中华人民共和国的宪法和法律；具备良好的医德医风和敬业精神。

2. 报考条件
（1）技士：具备相应专业中专、大专学历。

（2）技师：具备相应专业硕士学位；或具备相应专业大学本科学历或学士学位，从事本专业技术工作满 1 年；或具备相应专业大专学历，从事本专业技术工作满 3 年；或具备相应专业中专学历，取得技士职称后，从事本专业工作满 5 年。

（3）主管技师：具备博士学位；或具备硕士学位，取得技师职称后，从事本专业工作满 2

年；或具备大学本科学历或学士学位，取得技师职称后，从事本专业工作满 4 年；或具备大专学历，取得技师职称后，从事本专业工作满 6 年；或具备中专学历，取得技师职称后，从事本专业工作满 7 年。

3. 有下列情形之一的，不得申请参加相关专业技术资格的考试

医疗事故责任者未满 3 年；医疗差错责任者未满 1 年；受到行政处分者在处分时期内；伪造学历或考试期间有违纪行为未满 2 年；省级卫生健康行政部门规定的其他情形。

四、高职医学检验技术专业就业前景

过去医学检验科室是医院的辅助科室，随着物质生活水平的提高，人们对医疗水平的要求也不断升高，这就促进了医疗事业的发展，医学检验也得到快速发展，目前已成为各医院的重要部门之一。在一些市、县级和县级以下的医院内，检验科室的主力军仍然是中专学历的检验专业人员，由于知识陈旧，跟不上检验医学的自动化、规范化、信息化的发展，基层医院需要实践能力强、综合素质高、基础理论知识够用、能够迅速适应岗位工作的应用型医学检验人才。

此外，医学检验技术专业的就业面比较广，如疾病控制中心、血站、计划生育指导站、核酸检测实验室以及相继成立的各种形式的专科医院、私立医院等对医学检验人才也有较大的需求，这就使得医学检验专业的学生具有很大的发展空间。

总之，相对其他医学专业，医学检验专业未来的就业前景不错，比较容易就业，工作也相对稳定。

第三节　药学专业职业认知与能力培养

药学关系着全人类的健康发展、种族繁衍与发展。在人类社会初期，人类与大自然斗争的过程中，原始药学就开始出现。随着科学技术的发展和人们生活水平的提高，药学越来越受到国家和社会的重视，并已成为世界各大经济领域发展最快的门类之一。近年来，我国的药学事业发展也非常迅猛，药学科毕业生供小于求，使得药学专业有很广阔的发展前景。

一、药学及药学专业

（一）药学

药学是一门医学、化学和生物学交叉的学科，是连接健康科学和化学科学的医疗保健行业，它承担着确保药品安全和有效使用的职责。其主要研究药物的来源、炮制、性状、作用、分析、鉴定、调配、生产、保管和寻找（包括合成）新药等。主要任务是不断提供更有效的药物和提高药物质量，保证用药安全，使病患得以以伤害最小、效益最大的方式治疗或治愈疾病。

经过几千年的发展，药学家们发现了青霉素、青蒿素等药物，为人类健康事业作出了巨大贡献，很大程度上提高了人类的平均寿命。随着新技术的出现，药学工作及其管理正在发生巨大变革。基因工程和生物技术的发展使药学事业出现了新的飞跃，成为应用现代生物技术最活跃的领域之一，转基因药物、新型疫苗、单抗体药物等应运而生。信息技术和互联网的发展也为药学事业的发展带来了巨大的发展空间，包括公众教育、患者教育、医疗/药品门户网站、医药电商和医药交易平台、医学远程服务、药品品牌自媒体等方面的应用。

（二）药学专业

药学专业是培养具备药学学科基本理论、基本知识和实验技能，能在药品生产、检验、流通、使用和研究与开发领域从事鉴定、药物设计、一般药物制剂及临床合理用药等方面工作的高级科学技术人才的学科。本专业学生主要学习药学各主要分支学科的基本理论和基本知识，接受药学实验方法和技能的基本训练，培养药物制备、质量控制评价及指导合理用药的基本能力，熟悉药事管理法规、政策与营销的基本知识。

二、高职药学专业

高职药学专业入学要求一般为普通高级中学毕业、中等职业学校毕业或具备同等学力者，学制一般为 3 年。

高职药学专业培养理想信念坚定，德、智、体、美、劳全面发展，具有一定的科学文化水平，良好的人文素养、职业道德和创新意识，精益求精的工匠精神，较强的就业能力和可持续发展的能力，掌握本专业知识和技术技能，面向卫生行业的药师、制药工程技术人员、医药商品购销员等职业群，能够从事药剂师、药品生产、质量检验和医药商品购销等工作的高素质技术技能型人才。

三、高职药学专业就业岗位分析和能力要求

高职药学专业主要就业岗位是药物制剂生产岗位、药品质量检验岗位、药学服务岗位、药品营销岗位、车间管理岗位等。在制药企业从事药品生产、药品成品检验、药品销售等工作；在各级各类医院从事药品调剂、药库管理、静脉药物配制、药物制剂及检验工作；在医药公司及社会药店从事药品采购、药品及医疗器械营销工作。除此之外，高职药学专业学生还可在药品生产企业从事管理工作，如技术员、工段长、车间主任、部门主管等；在各级医院从事用药指导工作，如用药咨询、临床用药指导等。

（一）岗位分析

1. 医院药剂师

医院药剂师是在医院药剂科、药房、药厂等负责提供药物知识及药事服务的专业人员，负责监察医生所开处方的数种药物中是否出现药物相互作用；并根据患者的病历、医生的诊断，为患者建议最适合他们的药物剂型（如药水、药丸、塞肛药等）、剂量（如老人、肝病或肾病患者或需根据病情）；按照处方为顾客配药，并向顾客说明如何服用等相关事项；回答患者和其他专业医务人员的咨询。医院药剂师需具备执业药师资格证。

2. 药检员

药检员是指从事药物质量检验及质量控制的人员。岗位职责主要是严格依照有关质量检验标准对各种制剂进行质量检验，包括取样、检验、记录、计算或判定等，并在规定的工作日内及时、准确地完成质量检验任务，发出检验报告，工作中要精益求精，不得弄虚作假；随时保持各检验室（包括设备、台面、门窗、地面等）内卫生清洁，正确使用、养护、保管和检校好各种检验仪器、衡器、量器等，并做好使用记录等。

3. 医药技术研发辅助人员

医药技术研发辅助人员是指在大学、研究所、药厂的研究部门，负责辅助药物化学合成工艺的研究，同时负责辅助研发新药的人员。高职药学专业毕业生可在药品研发过程中从事制剂分析、原辅料质量检验、新品验证、相关技术支持和培训等辅助工作。

4. 药品生产人员

药品生产人员是指从事药物原料、药物制剂、中药、兽用药品生产的人员，具体包括合成药物制造人员、生物技术制药人员、药物制剂人员、中药制剂人员、其他药品生产人员等。主要工作内容包括按照生产计划开展生产活动，及时填写相关记录文件；进行设备的日常保养、清洁、校准，并及时记录数据等。

5. 医药销售人员

医药销售人员在医药贸易公司或制药企业从事药品流通、销售等工作，主要负责公司产品在所属区域内的销售工作；辖区内开发新客户、开拓新市场；做标书，合同等；收集辖区内的政府和医院的招标采购信息，分析收集的信息、数据，提供营销建议；定期提供市场推广、宣传、开发的工作报告等。

（二）药学专业技术职称考试

在国家或有关部门批准的医疗卫生机构内从事药学专业工作的人员可进行职称评定。药学专业技术职称分为药剂士（初级职称）、药剂师（初级职称）、主管药师（中级职称）、副主任药师（高级职称）、主任药师（高级职称）。

高级专业技术资格采取考试和评审结合的办法取得。以下主要介绍初、中级药学专业技术资格考试的相关内容。初、中级卫生专业技术资格考试实行全国统一组织、统一考试时间、统一考试大纲、统一考试命题、统一合格标准的考试制度，原则上每年进行一次，设置基础知识、相关专业知识、专业知识、专业实践能力等四个科目，考试试题均为客观题，采用计算机统一评分。考试成绩实行两年为一个周期的滚动管理办法，在连续两个考试年度内通过同一专业4个科目的考试，可取得该专业资格证书。相关流程为考试报名→资格审核→领取准考证→考试实施→成绩公布，往年网上预报名时间大概在前一年12月份开始，考试时间大概在每年4月份开始，考试成绩将于考后2个月公布，但受各种因素影响，每年时间会有所变动，故具体报名时间、报名方式、考试日期、地点、考试大纲、考试成绩均可登录国家卫生健康委人才交流服务中心官方网站查询。

1. 基本条件

遵守中华人民共和国的宪法和法律；具备良好的医德医风和敬业精神。

2. 报考条件

（1）药剂士：具备相应专业中专、大专学历。

（2）药剂师：具备相应专业硕士学位；或具备相应专业大学本科学历或学士学位，从事本专业技术工作满1年；或具备相应专业大专学历，从事本专业技术工作满3年；或具备相应专业中专学历，取得药剂士职称后，从事本专业工作满5年。

（3）主管药师：具备博士学位；或具备硕士学位，取得药剂师职称后，从事本专业工作满2年；或具备大学本科学历或学士学位，取得药剂师职称后，从事本专业工作满4年；或具备大专学历，取得药剂师职称后，从事本专业工作满6年；或具备中专学历，取得药剂师职称后，从事本专业工作满7年。

3. 有下列情形之一的，不得申请药学专业技术资格的考试

医疗事故责任者未满 3 年；医疗差错责任者未满 1 年；受到行政处分者在处分时期内；伪造学历或考试期间有违纪行为未满 2 年；省级卫生行政部门规定的其他情形。

（三）执业药师及执业药师资格考试

1. 执业药师

执业药师是指经全国统一考试合格，取得执业药师职业资格证书并经注册登记，在药品生产、经营、使用和其他需要提供药学服务的单位中执业的药学技术人员。目前我国的药学技术人员不都是执业药师，但执业药师是药学技术人员的一部分。凡从事药品生产、经营、使用的单位均应配备相应的执业药师，并以此作为开办药品生产、经营、使用单位的必备条件之一。执业药师通过资格考试取得执业资格方可依法独立执业。

2. 执业药师职业道德准则

（1）救死扶伤，不辱使命：执业药师应当将患者及公众的身体健康和生命安全放在首位，以专业知识、技能和良知，尽心、尽职、尽责地为患者及公众提供药品和药学服务。

（2）尊重患者，平等相待：执业药师应当尊重患者或消费者的价值观、知情权、自主权、隐私权，对待患者或消费者应不分年龄、性别、民族、信仰、职业、地位、贫富，一视同仁。

（3）依法执业，质量第一：执业药师应当遵守药品管理法律、法规，恪守职业道德，依法独立执业，确保药品质量和药学服务质量，科学指导用药，保证公众用药安全、有效、经济、适当。

（4）进德修业，珍视声誉：执业药师应当不断学习新知识、新技术，加强道德修养，提高专业水平和执业能力；知荣明耻，正直清廉，自觉抵制不道德行为和违法行为，努力维护职业声誉。

（5）尊重同人，密切协作：执业药师应当与同人和医护人员相互理解，相互信任，以诚相待，密切配合，建立和谐的工作关系，共同为药学事业的发展和人类的健康奉献力量。

3. 执业药师职责

执业药师应当遵守执业标准和业务规范，以保障和促进公众用药安全有效为基本准则。

执业药师必须严格遵守《中华人民共和国药品管理法》及国家有关药品研制、生产、经营、使用的各项法规及政策。执业药师对违反《中华人民共和国药品管理法》及有关法规、规章的行为或决定，有责任提出劝告、制止、拒绝执行，并向当地负责药品监督管理的部门报告。

执业药师在执业范围内负责对药品质量的监督和管理，参与制定和实施药品全面质量管理制度，参与单位对内部违反规定行为的处理工作。

执业药师负责处方的审核及调配，提供用药咨询与信息，指导合理用药，开展治疗药物监测及药品疗效评价等临床药学工作。

药品零售企业应当在醒目位置公示"执业药师注册证"，并对在岗执业的执业药师挂牌明示。执业药师不在岗时，应当以醒目方式公示，并停止销售处方药和甲类非处方药。执业药师执业时应当按照有关规定佩戴工作牌。

执业药师应当按照国家专业技术人员继续教育的有关规定接受继续教育，更新专业知识，提高业务水平。鼓励执业药师参加实训培养。

4. 执业药师资格考试

执业药师资格实行全国统一大纲、统一命题、统一组织的考试制度。一般每年举行一次，报名时间一般在每年的 7～8 月份，考试时间一般安排在 10 月份左右，但具体时间由当地人事考试中心公布。报考流程：网上报名→现场审核→领取准考证→参加考试→成绩查询→合格后领取证书。

1）报考条件

凡中华人民共和国公民和获准在我国境内就业的外籍人员，具备以下条件之一者，均可申请参加执业药师职业资格考试：取得药学类、中药学类专业大专学历，在药学或中药学岗位工作满 5 年；取得药学类、中药学类专业大学本科学历或学士学位，在药学或中药学岗位工作满 3 年；取得药学类、中药学类专业第二学士学位、研究生班毕业或硕士学位，在药学或中药学岗位工作满 1 年；取得药学类、中药学类专业博士学位；取得药学类、中药学类相关专业相应学历或学位的人员，在药学或中药学岗位工作的年限相应增加 1 年。

2）考试科目

从事药学或中药学专业的人员可根据专业要求，选择药学类或中药学类考试科目，均包括四个科目。其中药学类考试科目包括：药事管理与法规；药学专业知识（一）（包含药剂学、药物化学、药效学、药物分析）；药学专业知识（二）（包含临床药物治疗学、临床药理学）；药学综合知识与技能。中药学类考试科目包括：药事管理与法规；中药学专业知识（一）（包含中药学、中药化学、中药炮制学、中药药剂学、中药药理学、中药鉴定学）；中药学专业知识（二）（包含临床中药学、中成药学和方剂学）；中药学综合知识与技能。

符合《执业药师职业资格制度规定》报考条件，按照有关规定取得药学或医学专业高级职称并在药学岗位工作的，可免试药学专业知识（一）、药学专业知识（二），只参加药事管理与法规、药学综合知识与技能两个科目的考试；取得中药学或中医学专业高级职称并在中药学岗位工作的，可免试中药学专业知识（一）、中药学专业知识（二），只参加药事管理与法规、中药学综合知识与技能两个科目的考试。

3）证书获取

参加全部科目考试的人员须在连续四个考试年度内通过全部科目的考试，免试部分科目的人员须在连续两个考试年度内通过应试科目，方可获得资格证书。

执业药师资格考试合格者，由各省、自治区、直辖市人力资源社会保障部门颁发执业药师职业资格证书。该证书由人力资源社会保障部统一印制，国家药监局与人力资源社会保障部用印，在全国范围内有效。对以不正当手段取得"中华人民共和国执业药师职业资格证书"的，按照《专业技术人员资格考试违纪违规行为处理规定》处理；构成犯罪的，依法追究刑事责任。

5. 执业药师资格注册

取得执业药师职业资格证书者，经注册取得执业药师注册证后，方可以执业药师身份执业。申请人通过全国执业药师注册管理信息系统向执业所在地省、自治区、直辖市药品监督管理部门申请注册。药品监督管理部门作出注册许可决定之日起十个工作日内向申请人核发国家药品监督管理局统一样式并加盖药品监督管理部门印章的执业药师注册证。执业药师注册有效期为五年。

1）注册条件和内容：

执业药师注册申请人，必须具备下列条件：取得执业药师职业资格证书；遵纪守法，遵守执业药师职业道德；身体健康，能坚持在执业药师岗位工作；经执业单位同意；按规定参加继续教育学习。

有下列情形之一的，药品监督管理部门不予注册：不具有完全民事行为能力的；甲类、乙类传染病传染期、精神疾病发病期等健康状况不适宜或者不能胜任相应业务工作的；受到刑事处罚，自刑罚执行完毕之日到申请注册之日不满三年的；未按规定完成继续教育学习的；近三年有新增不良信息记录的；国家规定不宜从事执业药师业务的其他情形。

执业药师注册内容包括：执业地区、执业类别、执业范围、执业单位。执业地区为省、自治区、直辖市；执业类别为药学类、中药学类、药学与中药学类；执业范围为药品生产、药品经营、药品使用；执业单位为药品生产、经营、使用及其他需要提供药学服务的单位。

药品监督管理部门根据申请人执业药师职业资格证书中注明的专业确定执业类别进行注册。获得药学和中药学两类专业执业药师职业资格证书的人员，可申请药学与中药学类执业类别注册。执业药师只能在一个执业单位按照注册的执业类别、执业范围执业。

2）注册变更和延续

申请人要求变更执业地区、执业类别、执业范围、执业单位的，应当向拟申请执业所在地的省、自治区、直辖市药品监督管理部门申请办理变更注册手续。药品监督管理部门应当自受理变更注册申请之日起七个工作日内作出准予变更注册的决定。

需要延续注册的，申请人应当在注册有效期满之日三十日前，向执业所在地省、自治区、直辖市药品监督管理部门提出延续注册申请。药品监督管理部门准予延续注册的，注册有效期从期满之日次日起重新计算五年。药品监督管理部门准予变更注册的，注册有效期不变；但在有效期满之日前三十日内申请变更注册，符合要求的，注册有效期自旧证期满之日次日起重新计算五年。

有下列情形之一的，执业药师注册证由药品监督管理部门注销，并予以公告：注册有效期满未延续的；执业药师注册证被依法撤销或者吊销的；法律法规规定的应当注销注册的其他情形。

有下列情形之一的，执业药师本人或者其执业单位，应当自知晓或者应当知晓之日起三十个工作日内向药品监督管理部门申请办理注销注册，并填写执业药师注销注册申请表，药品监督管理部门经核实后依法注销注册：本人主动申请注销注册的；执业药师身体健康状况不适宜继续执业的；执业药师无正当理由不在执业单位执业，超过一个月的；执业药师死亡或者被宣告失踪的；执业药师丧失完全民事行为能力的；执业药师受刑事处罚的。

6. 执业药师继续教育

执业药师每年应参加不少于 90 学时的继续教育培训，每 3 个学时为 1 学分，每年累计不少于 30 学分。其中，专业科目学时一般不少于总学时的 2/3。鼓励执业药师参加实训培养。承担继续教育管理职责的机构应当将执业药师的继续教育学分记入全国执业药师注册管理信息系统。

（四）药学专业相关的 1+X 证书

1+X 证书制度即"学历证书+若干职业技能等级证书"，是《国家职业教育改革实施方案》的一项重点工作，鼓励学生在获得学历证书的同时，积极取得多类职业技能等级证书，拓展就业创业本领，缓解结构性就业矛盾。

1. 药物制剂生产职业技能等级证书

药物制剂生产职业技能等级证书是国内药品类首个 1+X 证书，证书面向中等、高等职业院校和应用型本科院校药学类相关专业在校生、企业员工和社会人员，主要面向各药品生产企业，从事口服固体制剂、口服液体制剂、无菌制剂以及其他各类制剂的现场生产（包括设备操作、物料领取、制粒、混合、压片、洗瓶、灌封、灭菌、质检、包装、清场等）、管理（物料、监督、确认、验证等）等相关岗位。药物制剂生产职业技能等级证书分为初级、中级、高级三个标准，采取理论考核和实操考核相结合的方式，设计了口服固体制剂、口服液体制剂、无菌制剂等工作领域的人员基本职业素质、设备/仪器管理使用维护、物料管理、制剂生产工艺过程及质量管理、生产环境控制等工作任务。学生想考取证书可在教育部职业技能等级证书信息管理服务平台报名。

2. 药品购销职业技能等级证书

教育部第四批 1+X 证书药品购销职业技能等级证书，针对药学、药品经营与管理、生物制药技术、中药等专业学生。主要考查学生药店经营岗位的问病荐药、用药指导和慢病管理知识；考查药品经营相关岗位的药品销售技能技巧、药品经营质量管理知识、药品储存养护知识等。

四、高职药学专业就业前景

药学专业的就业面比较广，如医院药房、药物制剂室、药厂、医药公司、药检所、药店等都需要药学相关专业的人员。《中华人民共和国药品管理法实施条例》指出经营处方药、甲类非处方药的药品零售企业，应当配备执业药师或者其他依法经资格认定的药学技术人员。现状是我国药店众多，但具有执业药师资格的人员仍然存在不小的缺口。同时随着人们对健康的重视程度逐渐加强，保健品、家政生活服务、康复护理等方面的需求日益增大，这为医药行业创造了巨大机遇，也为药学专业学生提供了更广阔的选择机会。

由于医药体制改革的不断深入，医院药房、药学研究单位、药品检验单位等单位对用人学历层次的要求不断提高，这对药学专业毕业生的就业质量产生了一定影响。因此，高职院校药学专业学生也要及时转变就业理念，并不断提升自身能力及素质。

目标检测

1. 医学影像技师的就业岗位有哪些，其岗位职责是什么？
2. 医学检验技师的就业岗位有哪些，其岗位职责是什么？
3. 高职药学专业的就业岗位有哪些，相关证书有哪些？

第六章　特色医学职业认知和能力培养

学习目标

1. 掌握各个特色医学职业的能力要求。
2. 熟悉各个特色医学职业所能取得的职业资格类型及考核方式。
3. 了解各个特色医学职业的职业内涵。
4. 了解多方向就业的理念。

第一节　康复治疗师职业认知和能力培养

康复医学是一门确立于 20 世纪 40 年代的新兴学科，是医学的一个重要分支，具有独立的理论基础、功能评定方法、治疗技术和规范的医学应用学科。它的主要任务是利用一切方法加速人体伤病后的恢复进程，预防或减轻其后遗功能障碍程度，目的是帮助病、伤、残者最大限度恢复其生理、心理、职业和社会生活等方面的功能或能力，促进他们回归社会，改善生存质量。

康复医学在医疗上的实践主要靠康复团队来实施。团队由康复医师作为组长，各种康复治疗师和康复护士共同协作完成康复治疗，其中康复治疗师按具体治疗工作分为：作业治疗师、运动治疗师、言语治疗师、物理因子治疗师、传统康复治疗师、康复工程师等。

一、康复治疗师职业

（一）康复

康复意为"恢复""重新获得某些能力"之意，世界卫生组织将康复定义为："康复是指综合性与协调性地应用医学的、教育的、社会的、职业的和其他一切可能的措施，对残疾者进行反复的训练，减轻致残因素造成的后果，使伤者、病者和残疾人尽快和最大限度地恢复与改善其已经丧失或削弱的各方面功能，以尽量提高其活动能力，改善生活自理能力，促使其重新参加社会活动并提高生活质量。"一方面，康复不只针对疾病，而是着眼于整个人从生理上、心理上、社会上及经济能力等方面进行全面康复；另一方面，康复不只训练残疾人使其恢复能力以适应环境，还要调整残疾人周围的环境和社会条件以利于他们重返社会。

康复的主要对象是暂时或永久的功能障碍者，包括残疾人、各种慢性病患者、老年人、急性病恢复期的患者及亚健康人群。其大体可以分为机构康复、社区康复和上门康复三种方式。其目的是提高康复对象的生活质量，使其恢复独立生活、学习和工作的能力，使残疾人能在家庭和社会过有意义的生活。为达到全面康复，不仅涉及医学科学技术，而且涉及社会学、心理学、工程学等方面的技术和方法。

（二）康复医学

康复医学是一门有关促进残疾人及患者康复的医学学科，更具体地说，康复医学是为了康复的目的而应用有关功能障碍的预防、评定（诊断和评估）、训练（治疗）的一门医学学科。康复医学又称第三医学（临床医学为第一医学，预防医学为第二医学），在现代医学体系中，已把预防、医疗、康复相互联系，组成一个统一体。康复医学起始于第二次世界大战之后，原以残疾人为主要服务对象，以功能恢复为主。现代康复医学的服务对象主要是各种损伤者以及急慢性病、老龄造成的功能障碍者和先天发育障碍者，它的核心思想是全面康复、整体康复。康复观念的提升与技术的进步，是人类医学事业发展的必然趋势，也是现代科学技术进步的结果。康复医学正在展现着这个行业的特有魅力，吸引着越来越多的大学生投身于康复事业的建设中来，成为康复团队的一员，其中康复治疗师就是这个团队中尤为关键的一部分。

康复治疗师是指专门从事康复治疗工作的专业从业人员。康复治疗师的主要职责是在综合的康复治疗中，通过物理疗法（physical therapy，PT）、作业疗法（occupational therapy，OT）、言语疗法（speech therapy，ST）、康复工程（rehabilitation engineering，RE）、传统康复（traditional rehabilitation）等方法促进病员恢复健康。

物理疗法包括物理因子疗法（therapeutic techniques of physical agents）和运动疗法（therapeutic exercise）两大部分。物理因子疗法简称理疗，是指用人工物理因子电、光、热、冷、水、磁、力等作为治疗方法，治疗师通过专业仪器为患者进行治疗，此疗法对减轻炎症、缓解疼痛、抑制痉挛、促进局部血液循环等均有较好效果。运动疗法是指治疗师使用器械、徒手手法或依靠患者自身的力量，通过主动或被动运动的方式，帮助患者预防、改善、恢复身体功能障碍和功能低下的一种治疗方法。

作业疗法主要用于日常生活活动障碍、肢体精细动作障碍、认知功能障碍的患者，是指治疗师有针对性地从日常生活活动、休闲活动、工作、劳动中选取一些作业活动，对患者进行训练，帮助患者恢复独立生存能力的治疗方法。如进食训练、穿脱衣训练、家务劳动、手工艺品制作、注意力障碍训练、轮椅的使用、假肢矫形器的训练等，都属于作业疗法。

言语疗法是指治疗师对因先天性缺陷、小儿脑瘫、脑外伤、脑卒中等不同原因引起的语言交流障碍的患者进行言语功能评定和矫治的方法。

康复工程是指为残疾人设计与制作假肢、矫形器、自助具以及进行无障碍环境改造等，是重要的康复手段之一。

传统康复是指用中国传统治疗方法如拔罐、刮痧、针灸、推拿等特色技术对患者进行康复治疗的方法。

在患者的康复过程中，需要康复医师和康复治疗师共同参与。康复医师负责为患者制定康复计划、开具康复处方，而康复治疗师则是具体的康复治疗任务的执行者，所以，患者的康复效果很大程度上取决于康复治疗师的工作。康复治疗师属医学相关领域专业技术人才，不属医师范畴。

二、高职康复治疗技术专业培养目标

（一）总体培养目标

高职康复治疗技术专业培养思想政治坚定、德技并修、全面发展，适应我国社会主义现代化建设和康复治疗领域发展需要，德、智、体、美、劳全面发展，掌握本专业必备的基本理论和专业技能，具有较高的康复治疗职业技能和康复服务能力，具有良好的职业道德、人文素养、实践能力和创新精神，对病、伤、残者具有爱心，掌握康复中枢神经系统疾病和运动系统疾病的必需知识和必备的 PT、OT 和 ST 三项核心技能，具有较强的综合分析和解决问题能力以及可持续发展能力，能在医院康复医学科、康复中心和社会福利机构等单位从事康复治疗的高素质劳动者和高端技术技能型人才。

（二）主干课程

由于我国康复专业发展起步较晚，相较于欧美等发达国家来说人才缺口较大，专业性人才的培养机制有待完善。故本专业培养目标中要求学生能系统掌握中西医康复医疗的理论知识与方法，以及现代医学的基本知识。这就要求本专业学生在校期间学好专业科目的同时，也要博览群书，增强对周边相关学科的了解，融会贯通，灵活运用各种知识从事康复医疗工作。

1. 主干学科

基础医学、临床医学和康复治疗学。

2. 主干课程

专业基础课程：康复医学概论、康复心理学、运动解剖学、生理学、运动学基础、临床常见疾病影像诊断学、人体发育学、病理学、诊断学基础、临床医学概论（涵盖诊断学、药理学、内科学、外科学、儿科学、传染病学等临床课程内容）、神经病学和骨科学课程。

专业课程：康复评定技术、运动治疗技术、物理因子治疗技术、作业治疗技术、言语治疗技术、中国传统康复治疗技术、康复工程技术（或假肢和矫形器学）和疾病康复等。

三、高职康复治疗技术专业就业前景

现代康复医学从 20 年前被引进国内以来，发展十分迅速，康复中心、康复医院以及综合医院的康复科，在全国各地不断涌现。与此形成鲜明对照的是，康复治疗专门人才匮乏。《第二次全国残疾人抽样调查主要数据公报》显示，截至 2006 年 4 月 1 日，全国各类残疾人为8296 万人，占全国总人口的 6.34%。其中 60 岁以上的老年残疾人增加了 2365 万人，占到新增残疾人口数量的 75.5%。中国有残疾人的家庭户共 7050 万户，占全国家庭户总户数的17.80%。有医疗服务与救助需求的有 72.78%；有救助或扶持需求的有 67.78%；有辅助器具的配备与服务需求的有 38.56%；有康复训练与服务需求的有 27.69%。曾接受过医疗服务与救助的有 35.61%；曾接受过救助或扶持的有 12.53%；曾接受过康复训练与服务的有 8.45%；曾接受过辅助器具的配备与服务的有 7.31%。总的来说，残疾人的基本需求与已经提供的服务之间存在一定差距，康复专业人员存在较大的人才缺口。

康复治疗技术专业毕业生主要就职方向为各级基层医院康复医学科、康复医院（中心）、工伤康复中心、社区医疗机构康复部（社区康复站）和疗养院、民政康复中心、残联康复中心、假肢矫形康复中心、社会福利院、儿童福利院、养老服务机构和残疾人用品服务站、特殊教育学校（康复服务与教育）、体育运动队、民办儿童脑瘫康复中心和孤独症康复中心等部门。

四、康复治疗师考试制度

毕业生报考康复治疗师考试，可以通过登录国家卫生健康委人才交流服务中心查找相关链接进行报名工作。一般报名活动开始于每年的 12 月底到下一年的 1 月上旬初结束。考试分基础知识、相关专业知识、专业知识、专业实践能力 4 个科目，考生必须在两年内通过同一专业 4 个科目的考试。

康复治疗师资格证申报条件：大专毕业后从事相关专业一年，可报考康复治疗士；大专毕业后三年可直接报考康复治疗师；大专学历康复治疗师任满六年后可以考中级。根据国家政策变化报名具体信息按当年官网发布信息为准。

> **视野窗**
>
> 　　近年来中央制定出台了一系列关于加快发展养老服务业、推进残疾人小康进程等政策文件，都将发展康复辅助器具列为重要内容，而我国康复辅助器具技术起步较晚，迫切需要大量的此专业技术人才，感兴趣的学生可以学习相关内容，拓展就业方向。

第二节　医学美容师职业认知和能力培养

美容，即美化人们的容貌。伴随着人类社会的发展和科技的日新月异，美容从内容到形式都有着不断的变化和提升。近年来，我国医疗美容行业得到了极大的发展，医疗美容已经被人们熟知并接受，数据显示，2014 年中国医美服务市场总收入达到 521 亿元，到 2019 年增长至 1521 亿元。国内对于医美的需求逐年增长，预计 2025 年中国医美市场规模有望达到 4108 亿元。美容业已经成为我国的一个重要产业，美容行业的人才需求直线上升。

一、美容师职业

（一）美容的分类

人人皆有爱美之心，近年来生活美容发展迅猛。根据美容工作的内涵不同，现代美容主要可以分为生活美容与医学美容两部分。

生活美容作为一种非侵入性的美容护理，其主要运用化妆品、保健品和非医疗器械等手段，对人体进行皮肤护理、按摩等，带有保养或者保健性质。其特点为主要使用化妆品或一般护理保养方法进行修饰性美容，同时包括给予美容知识咨询与指导、形象设计和美体等服务项目。在求美者原有的基础上加以修饰，如面部保养、美颈、美腿、化妆等。其要求不是很高，只要掌握基本的专业知识，在获得有关部门认可的资格证书后便可上岗工作。我国早期美容市场开展的服务项目大都是围绕生活美容而进行的，简单易行，深受广大美容爱好者的青睐。

医学美容主要在我国的医疗机构开展，并且进行一系列的治疗，包括药物、仪器、手术等达到改变人体外部形态、色泽，甚至生理功能在适当情况下尚可有所改善的目的，从而增强人体外在的美感。另外医学美容主要是由取得医师资格的美容医师来操作的。医学美容的发展方向主要有创伤性美容、眼部医学美容、顺势医学美容等。

视野窗

顺势疗法，英语是 homeopathy，又称同类疗法，是一种替代疗法，由德国医生塞缪尔·哈内曼（Samuel Hahnemann）于18世纪创立，是替代医学的一种。顺势疗法的理论基础是"同样的制剂治疗同类疾病"，意思是为了治疗某种疾病，需要使用一种能够在健康人中产生相同症状的药剂。

（二）美容师

美容师是一种专业美容领域的职业称谓，是指在专业美容院或影楼等场所，运用皮肤护理技术或化妆技巧，从事美化容貌与形体工作，为人们打造美好形象，从而获取主要生活来源的从业人员，其主体是女性。在欧美国家，美容师享有"人体造型师"的美誉，具有仅次于律师、医生的社会地位；在中国，美容师也是首批被纳入《中华人民共和国工种分类目录》的职业之一。

二、高职医学美容专业培养目标

（一）总体培养目标

高职医学美容专业培养思想政治坚定、德技并修、全面发展，适应我国美容行业发展需要，具有良好心理素质和与年龄相符的人文素质，掌握生活美容和医学美容等知识和技术技能，面向生活美容和医学美容领域的高素质劳动者和技术技能型人才。

（二）主干课程

美容技术随着社会、科技的发展在不断提高，各种美容工具、设备也在不断更新。人们审美的标准也随着生活水平的提高在不断发生改变。作为以培养合格的美容师为目的的高职医学美容专业来说，就要在课程上设置更多有关美容的先进的理论知识，掌握先进技术并结合基础医学知识进行教学。

1. 主干学科
基础医学、美容学等。

2. 主要课程
人体解剖学与组织胚胎学、生理学、病理学、微生物与免疫学、素描与色彩、形象设计、美容护肤技术、美容皮肤治疗技术、美容外科学概论、美容中医技术、美容咨询与沟通、美容纹饰技术、光电美容仪器操作、美容服务礼仪等。

三、高职医学美容专业就业前景

中国美容市场的前景非常广阔，首先庞大的14亿人口奠定了中国美容市场的规模，从目前的美容行业现状来看，还远远不能满足人们快速增长的美容需求，随着社会的不断发展，这一缺口还将不断扩大。同时，我国美容行业在发展中还存在许多问题，这主要表现在行业发展无法满足美容市场的需求，从业人员达不到行业的要求。随着市场竞争的加剧，国家开始对美容市场进行整顿规范，这将加速行业的洗牌，美容行业从业人员必将迎来一次"大换血"，市场和行业都急需真正的技术型人才。医学美容技术方面专业人才的就业前景非常广阔。

医学美容技术专业毕业生主要面向全国各级医院或其他医疗美容机构，担任临床美容高级技师、医疗美容高级讲师以及医疗美容的高级管理人才等工作，也可从事疗养、康复、保健等行业的临床美容、形象设计、化妆造型、健康管理、店务管理、化妆品销售等工作。

毕业生可从事的岗位有：医务助理、纹饰美容师、美容师、美容其他岗位、化妆品及美容设备营销。

四、医学美容师资格考试制度

医学美容教育开始于1993年，至2005年根据高职高专的招生目录将该专业名称更改为"医疗美容技术"专业。2006年，卫生部下达文件，指出医学技术类专业将不允许报考临床助理医师，这就意味着学生毕业后既不能考取助理执业医师资格，又不能考取护士资格，只能考取由人力资源和社会保障部颁发的美容师资格证书。该执业证书共设五个等级，分别为：初级工（国家职业资格五级）、中级工（国家职业资格四级）、高级工（国家职业资格三级）、技师（国家职业资格二级）、高级技师（国家职业资格一级）。

（一）报考条件

1. 初级工（具备以下条件之一者）

（1）经本职业初级正规培训，达到规定标准。

（2）在本职业见习工作1年以上。

（3）本职业学徒期满。

2. 中级工（具备以下条件之一者）

（1）取得本职业初级职业资格证书后，从事本职业工作4年以上，经本职业中级正规培训达规定标准。

（2）从事本职业工作6年以上。

（3）取得技工学校本专业或相关专业毕业证书（含尚未取得毕业证书的在校应届毕业生）；或取得经评估论证、以中级技能为培养目标的中等及以上职业学校本专业或相关专业毕业证书（含尚未取得毕业证书的在校应届毕业生）。

3. 高级工（具备以下条件之一者）

（1）取得本职业中级职业资格证书后，从事本职业工作5年（含）以上，经本职业高级正规培训达规定标准。

（2）取得本职业中级职业资格证书（技能等级证书），并具有高级技工学校、技师学院毕业证书（含尚未取得毕业证书的在校应届毕业生）；或取得本职业中级工职业资格证书（技能等级证书），并具有经评估论证、以高级技能为培养目标的高等职业学校本专业或相关专业毕业证书（含尚未取得毕业证书的在校应届毕业生）。

（3）具有本职业中级职业资格证书的大专以上本专业或相关专业毕业生，从事本职业工作2年以上。

4. 技师（具备以下条件之一者）

（1）取得本职业高级职业资格证书后，从事本职业工作4年以上，经本职业技师正规培训达规定标准。

（2）取得本职业三级职业资格证书（技能等级证书）的高级技工学校、技师学院毕业生，从事本职业工作3年（含）以上；或取得本职业预备技师证书的技师学院毕业生，从事本职业工作2年（含）以上。

5. 高级技师

取得本职业技师职业资格证书后，从事本职业工作4年以上，经本职业高级技师的正规培训达规定标准。

（二）鉴定方式

采用理论知识考试和技能操作考核，理论知识考试采用笔试方式。技能操作考核采用现场实际操作方式进行。两门均采用百分制，皆达60分及以上者为合格（技能操作考核的每一项也必须达到该考核满分的60%以上），技师、高级技师还须进行综合评审。

考评员与考生的配比如下：理论知识考试为1∶20，技能操作考核为1∶5。

鉴定时间为初、中级理论知识考试为100分钟，高级、技师、高级技师理论知识考试为120分钟；初、中级技能操作考核为90分钟，高级、技师、高级技师技能操作考核为120分钟。

鉴定场所设备：理论知识考试在标准教室里进行；技能操作考核在标准实操教室里进行。

第三节　口腔医学技师职业认知和能力培养

世界卫生组织已把牙病列为危害人类健康的三大疾病之一，并提出人人应享有口腔保健的目标，可见口腔医疗保健的重要性；从社会需求来看，随着国民生活水平的不断提高，人们对口腔医疗的需求也越来越高，尤其是我国已进入老龄化社会，老年人口腔颌面部的医疗保健需求更多。

口腔技师职业

（一）职业简介

口腔工艺技术是指只做口腔修复体和正畸矫治器的一门专业技术，是口腔医学的重要组成部分，是以口腔医学、生物学、化学、生物力学、材料学、冶金学和美学等为基础的专门学科。其主要内容包括：模型制作、支架弯制、雕牙、排牙、塑料成型、研磨、铸造、锤造、焊接、瓷修复技术、矫治器制作、口腔颌面部缺损修复、牙周夹板制作等。口腔工艺技术是口腔医学与现代技术相结合而产生的，属生物医学范畴。随着时代的发展，新理论、新材料、新工艺不断出现，要求口腔技师在继承现有理论与技术的基础上不断熟悉新材料，学习、掌握新工艺，使修复工艺技术达到更高的水平。

口腔技师是运用口腔工艺技术从事义齿制作的工艺技术人员。作为一名合格的口腔技师，首先要对自己的工作负责，要精密，制作出让患者满意的义齿作品是最终的目标。目前国内的口腔技师行业刚刚处于起步阶段，日本早在1948年甚至更早就对口腔工艺技术有了研究，在日本、韩国，还有欧美一些国家的口腔技师职业有着较为完善的发展体系，口腔工艺技术也较我国先进。我国现阶段的发展状况是由南方带动北方发展，东部带动西部发展。口腔技师在中国有的地方是不可以在医院工作的，但是在日、韩等国家，几乎每个口腔医院都有专业的口腔技师，他们在医院为患者设计和制作义齿。

口腔工艺技术包含了很多知识，其中主要由口腔医学、口腔医学美学、口腔材料学、牙齿形态学、手工艺技术、人体审美学、铸造学等相关学科组成，一个合格的技师不仅要有非常专业的水平和经验，还要有很扎实的基础理论知识。目前国内口腔技工工作地点主要以义齿加工厂为主，部分在医院的口腔修复室内从事义齿制作工作。

（二）高职口腔医学技术专业培养目标

1. 总体培养目标

高职口腔医学技术专业的基本任务是培养与我国卫生事业发展相适应，拥护党的基本路线，德、智、体、美、劳全面发展，具有综合职业能力，面向医院、社区服务第一线，牢固掌握口腔医学技术职业岗位所需的基本理论知识和专业技能，毕业后能在各级医疗机构、义齿加工厂及社区卫生服务中心从事口腔保健和简单的口腔疾病治疗、牙齿整复和整形技术工作的高等技术应用性口腔医学专门人才。

2. 高职口腔医学技术专业基本培养目标

高等职业教育侧重职业技能培养为主的教育模式，通过三年的系统学习，要求本专业学生能熟练掌握本专业及相关学科的基础理论，具有较系统的专业知识和较强的动手操作能力；具备熟练制作常用修复体的能力；具有使用口腔修复常用材料的能力；具有一定的口腔保健和口腔疾病预防知识。要求学生具体掌握如下技能：会制作口腔修复体模型；会进行弯制支架；会制作口腔修复体蜡型和熔模；会排牙、雕牙及进行树脂成型；会铸造、铸型和焊接；会打磨抛光口腔修复体金属部分及树脂部分；会进行烤瓷修复体的上瓷、上釉及修整瓷体外形等。

3. 主要课程

主要开设人体解剖与组织胚胎学、口腔解剖生理学、口腔组织病理学、牙体牙髓病学、牙周病学、儿童口腔医学、预防口腔医学、口腔黏膜病学、口腔颌面外科学、口腔修复学、口腔正畸学等。

（三）高职口腔医学技术专业就业前景

改革开放四十多年来，中国已成为世界制造中心。同期，世界义齿加工中心也转向了中国，与印度、墨西哥并称为世界最大的义齿生产基地。众所周知，义齿生产是一个技能型人才密集、技术含量很高、验收标准苛刻的行业。义齿制作完全是一种个性化的劳动，它不可能大批量机械化生产；从时间上，它又不允许生产周期过长。一般来讲，从接到客户的订单起，组织生产，质量验收，交付快递公司托运，到患者安上义齿，需要约一周的时间。要求高，时间紧，又是充满个性化的人工操作，无疑需要大批量的技能型人才。小企业每月生产义齿 3000～5000 颗，大企业每月生产义齿 10 000～20 000 颗，但这和全球 70 多亿人口，每人 28～32 颗牙齿 1%的修复率需求相差还是很远。对于口腔修复专业的毕业生来说，很多企业与技能型学院签订了定向委培协议，学生通过实习一年后走上工作岗位，可以很轻松地获得一个理想的就业职位。

口腔医学技术专业毕业生毕业后能在义齿加工中心、医院口腔科的技工室、基层医疗卫生机构从事义齿修复和矫治器制作工作，也可在口腔医学院、口腔医院、义齿加工企业、科研及医药销售公司等单位工作。

目标检测

1. 康复治疗师职业能力要求是什么？
2. 现代美容的分类及其具体内涵是什么？
3. 高职口腔医学技术专业毕业生主要的就业方向有哪些？

第七章 中医中药师职业认知和能力培养

学习目标

1. 了解中医学文化的当代价值。
2. 了解中医中药师的职业认知内容。
3. 掌握中医中药师的职业能力培养。

习近平同志曾指出："中医药学凝聚着深邃的哲学智慧和中华民族几千年的健康养生理念及其实践经验，是中国古代科学的瑰宝，也是打开中华文明宝库的钥匙。"[①]学习中医药学能够让人领悟出中华文明的丰富内容与核心价值观念，激发出当代中国人的道路自信、理论自信、制度自信、文化自信。

第一节 中医药传统文化

中华传统文化积淀深厚、灿烂多姿，是中国文化的精髓与瑰宝，是中国古代先贤数千年智慧的结晶，凝聚着中华民族数千年的智慧和力量。中医药学传统文化中蕴涵着大量的科学合理性和现实启发性，其优势必须保持。

一、中医和中医文化

（一）中医

中医之所以被称为"中医"，是因为有了"西医"的概念，而西医是在近代才进入中国的，在此之前，并无本质上的中西医之分，到底何为"中"、何为"医"、何为"中医"呢？时至今日，人们对中医的界定为研究人体生命、健康、疾病的科学。它具有独特的理论体系、丰富的临床经验和科学的思维方法，是以自然科学知识为主体、与人文社会科学知识相交融的科学知识体系。就中医体系自身而言，中医涵盖理、法、方、药四个方面；讲究辨证论治，认为人体各个脏腑官窍之间结构上不可分割、功能上相互协调、病理上相互影响；作为个体的人与自然、社会环境相互作用，具有统一性。中医诊断注重通过望、闻、问、切四诊合参，动态地、多方面覆盖收集疾病相关信息，诊察疾病外在的症状与体征，进而揭示疾病的病因、病机。

（二）中医文化

中医文化是中华优秀传统文化的重要组成部分，是中医发生发展过程中形成的精神财富和物质形态，是中华民族几千年来认识生命、维护健康、防治疾病的思想和方法体系，是中

---

① 人民日报建言：中医药是打开中华文明宝库的钥匙. 曹洪欣. （2015-03-25）[2022-11-20]. http://opinion.people.com.cn/n/2015/0325/c1003-26746363.html.

医服务的内在精神和思想基础。中医是我国的文化瑰宝，是世界文化遗产中最具特色和魅力的民族文化，是一门在中国传统文化基础上发展起来的具有东方民族特色的医学理论体系，其在理论指导思想、具体的理法方药以及养生、预防、医德等方面都有源可溯。

二、中药文化

（一）中药

中药起源于上古，神农尝百草，"一日而遇七十毒"，"百草"即"百药"，《说文解字》对"药"的注解为"治病艸（草），从艸（草）乐声"。草为药之本，故古代的药学专著，皆以"本草"命名，如《神农本草经》《本草经集注》。19世纪以来，在西学东渐的背景下，西方医药开始引入中国，与之相对而言，祖国的传统医药因此产生了"中医""中药"的概念。中药是以天然药物为载体，在以"整体观""辨证观"为核心的中医药理论指导下应用于防病治病的物质。因此，中药以四气五味、升降浮沉、脏腑归经等中药药性理论指导中医临床用药，具有浓厚的理论特色，蕴含丰富的中国哲学思想。

（二）中药文化

中药文化是以中药作为载体，在历史发展过程中，为了人们的身体健康发展而产生的，是从生产、传播、消费以及反馈总结中所创造出的精神和物质财富的综合产物，包含着物质文明和精神文明两个方面。中药文化的物质文明指的是，人们在生产交换和消费中药过程中所创造的实物，包括中药材、中成药、中药饮片、炮制方法、炮制设备、标本等，其中中药材是主要的部分。中药文化的精神文明是指中药文化蕴含的医药情怀。崇高的道德品质是中药文化中的精神宝藏，是当代医药工作者所努力恪行的职业操守的范例。比如，药圣李时珍考古证经、探究药理，最终著成《本草纲目》，他是世人躬亲求实的典范；药王孙思邈所诠释的"大医精诚"的职业道德内涵是所有医药工作者努力追寻的精神；华佗弃仕从医、淡泊名利。这些都淋漓尽致体现了古代医药学家的仁爱、精诚的高尚道德情操。

三、中医药文化的当代价值

（一）中医药文化是中国传统文化的精髓

医药不分家，中药文化与中医文化一脉相承，二者思想交融，相资为用，聚合而成博大精深的传统医药宝库——中医药文化，它是一种具有丰富文化内涵的独特的文化现象。主要表现在以下几个方面：第一，历史文化。中医药学源远流长，迄今已有两千多年的发展历史，是中国五千年文明史中的重要组成部分，它从一定的角度集中展现了历史演进的脉络和人类文明进步的步伐，并构成了一门特殊的历史学科——中国医学史。第二，哲学文化。中医是哲学化的学科。以中国传统哲学为背景的中医学是从整体的角度出发，着眼于事物之间的相互联系和相互作用，进而理解和规定对象的一种思维原则。第三，学术文化，亦称为学科文化。经过两千多年来，尤其是20世纪80年代以来的不断丰富和发展，中医学科体系已经成为门类齐全、内容庞博、特色鲜明的医药学学科体系，而且还在不断发展完善，显示出极其旺盛的生命力。第四，伦理道德文化。中医文化中蕴含着丰富的伦理道德观念和崇高的人文精神。我国中医药典籍虽然主要论述的是医术，但其中也不乏关于医德医风的内容，字里行间充满着古代医者崇高而又伟大的人文精神。第五，文学艺术。一方面，中医学与我国古代文学和传统艺术有着千丝万缕的密切联系，如医古文是古代文学的一个分支；另一方面，我国古代的文学艺术产品中，有不少成为中医文化的传播方式，如《红楼梦》中就记有许多医药良方。

（二）中医药学在医学实践中的特色和优势

中医药作为传统文化的精华，在医学实践中独具特色和优势，是现代医学所不可替代的。中医学的特色是整体观念、神形并重、辨证施治、药取天然、治疗手段丰富。中医药的优势表现在对多因素综合作用所致的各种慢性疾病和某些急症的确切疗效，特别是在功能障碍性疾病、内分泌、代谢疾病的治疗上以及养生保健、祛病延年、改善生存质量等方面，是现代医学所不能取代的。近年来，随着人类渴望回归自然的趋势，尤其是面对那些创伤性的检查与治疗、化学药物对人体"内环境"的严重污染与伤害，人们试图构建"生物-心理-社会-环境"这样一种具有人文关怀的综合性的现代医学模式，以应对现代疾病的挑战。这既给富含文化底蕴的中医药学带来了新的发展契机，也为展现中医药学独特的医学价值和魅力提供了最佳时机。

（三）弘扬中医药传统文化的意义

中医药学是研究和揭示人的身心疾病产生、变化之规律和防治方法的科学。在其漫长的发展过程中，中医药为中华民族的繁衍昌盛作出了杰出贡献，也对整个人类的健康事业产生了积极作用。但中医药的价值不仅限于此，它还是一种建立在科技实用基础上的传统精神文化，是极具中华民族文化特色的优秀传统文化，是民族传统文化的瑰宝，其文化底蕴深厚、内涵博大精深，值得人们认真审视和体味，更值得我们结合时代实际去很好地发扬光大。站在新时代的历史视野来审视中医药传统文化，人们不仅为其所闪烁的医学价值所感叹，而且为其所揭示的文化意义所折服，更为其所具有的强烈的现实意义和鲜明的时代价值而惊叹。

第二节　中医师的职业认知和能力培养

"十四五"期间，随着医疗卫生体制改革和教育改革的深入推进，中医药教育事业迎来了前所未有的发展战略机遇。随着社会的发展、人们生活水平的提高，社会对中医学专业人才的要求也逐步增加。希望其在具备扎实的中医专业知识的基础上还能够具备较高水平的职业技能，能够实现中医学专业人才能力的全方位提升。

一、高职中医学专业

高职中医学专业是为适应中国医药卫生事业现代化发展需要，培养德、智、体、美、劳全面发展，系统掌握中医学的基本知识、基本理论和基本技能，具备较强的中医临床思维和实践能力，具有一定创新能力，视野宽、基础厚、能力强的应用型中医学人才而设立的专业。

二、高职中医学专业人才培养目标

高职中医学专业培养理想信念坚定，德、智、体、美、劳全面发展，具有一定的科学文化水平，良好的人文素养、职业道德和创新意识，精益求精的工匠精神，较强的就业能力和可持续发展的能力；掌握中医学专业知识和技术技能，面向卫生、社会工作等行业的中医医师职业群，能够从事医疗、预防、康复及养生保健服务等工作的高素质技术技能型人才。

三、高职中医学专业主干课程

（一）中医学基础

中医学基础理论是系统讲授中医学基本理论的课程。内容包括中医学理论体系的形成，阴阳五行学说、脏腑、气血津液、经络、病因病机、防治原则等。通过课程学习，学生能掌握有关中医学的基本理论、基本知识和基本思维方法，为继续学习中医诊断学、中药学、方剂学、中医经典著作和临床各科打好基础。

（二）中医诊断学

中医诊断学包括望、闻、问、切四种诊法的基本论、基本知识及方法；八纲辨证、病性辨证、脏腑辨证的基本知识，六经辨证、卫气营血辨证、三焦辨证、经络辨证和疾病诊断、命名与分类的基本知识。通过课程学习，学生能掌握中医诊法的基本理论、基本知识及操作方法，掌握八纲辨证、病性辨证、脏腑辨证的基本知识与辨证思维方法和临床典型病例分析，从而为学习中药学、方剂学及中医临床各科打下有关基础。

（三）中药学

中药学理论包括中药的起源和中药学的发展概况，产地采收、炮制、性能、应用；常用药物的来源、性味归经、功效主治、临床应用、用量用法。通过课程学习，学生能掌握常用药物的药性，熟悉中药常用医学术语，了解中药学发展概况，能辨识常用药物的性状，对常见病可根据病情简单对证用药，为学习方剂学及其他学科打下基础。

（四）方剂学

方剂学包括方剂学的起源和方剂学的发展概况，方剂的组成、剂型与用法，常用方剂的组成、用法、功效、主治及临床应用。通过课程学习，学生能掌握方剂的组成原则以及常用方剂的组成、用法、功效、主治及临床应用，培养分析和运用方剂以及临床组方的能力，为学习中医临床课程奠定基础。

（五）针灸学

针灸学讲授针灸学的渊源和发展概况。本课程包括经络的概念、循行路线及规律，腧穴的作用、定位、主治及操作，针灸技术中各种刺灸法的基本知识和操作技能，推拿功法的基本姿势和练功方法，针灸的治疗原则、针灸处方的运用。通过课程的学习，学生掌握中医学基础理论、临床医学知识和必要的现代医学基本知识以及针灸的基本理论和操作技能，培养运用针灸处理临床各科疾病的初步能力，为其他专业课学习及临床实践打下基础。

（六）推拿学

推拿学涉及推拿学的渊源和发展概况。本课程包括推拿功法的基本姿势和练功方法，推拿作用原理及诊断方法，推拿技术中的手法操作等；推拿的治疗原则、推拿的基本治法及常见病的推拿治疗；保健推拿；等等。通过课堂教学、实验教学以及临床见习等教学环节，学生能掌握中医学基础理论、临床医学知识以及必要的现代医学基本知识，掌握推拿的基本理论、操作技能、适应范围及禁忌证，为继续学习专业知识和技能及临床实践打下基础。

四、高职中医学专业就业前景

（一）中医学专业传统就业方向

高职中医专业就业方向主要是各级医院（包括乡镇卫生院、社区卫生服务中心）中医科医师、针灸科医师、理疗科医师以及中医药网络公司工作人员等岗位。

（二）中医养生人才的需求

经过几千年的传承与发展，中医药有着独到的理论基础与实践经验。中医养生是人们为了生存与发展，以中医理论为坚实基础，有意识地进行形体的、精神的养护活动。中医养生保健技术是增强体质、预防疾病、延缓衰老的重要手段，是中华民族的智慧结晶。随着人们的生活水平不断提高，对健康的需求也日益增加，人们的自我保健意识越来越强。近年来，中医养生相关的项目越来越受大众欢迎，这让人们逐渐看到中医药科普宣传、保健技术应用的重要性。

中医养生保健在国内的养生保健市场中占有至关重要的地位。《中医药发展"十三五"规划》中，国家中医药管理局明确指出，到 2020 年，所有二级以上的中医医院均需要设立治未病科……中医药的服务人群将不断扩大。《全国医疗卫生服务体系规划纲要（2015—2020 年）》中指出，推动医养结合，充分发挥中医药防治疾病的优势。

"治未病"思想体现在未病先防、既病防变两个方面。过去"治未病"思想不被认可，而现在上升为国家战略。目前，相应的中医药健康产业高速发展，这就需要大量的高素质技术技能型中医药相关人才作为支撑。据了解，国内许多中医药相关院校陆续开设了中医养生学等相关专业，也有部分院校、培训机构等针对其他专业学生或社会人员开展了中医养生保健相关的培训，并为通过考核的人员颁发相关的职业资格认定证书。这样，为行业、企业输送优秀的中医养生专业人才，使人们可以享受系统的、规范的、专业的中医养生服务。但资料显示，熟练掌握中医养生保健基本知识与技能以及熟练运用具有中医特色的技术方法的高素质技术技能型人才十分缺乏。因此，根据我国健康服务业快速发展和人才培养现状，发挥传统中医药在养生保健领域的特色和优势，着力培养高素质技术技能型中医养生保健人才，是一项亟待开展的工作。

视野窗

"三伏"是初伏、中伏和末伏的统称，是一年中最热的时节。三伏贴，是一种膏药，即在三伏天贴敷，属季节性疗法。它根据中医"冬病夏治"的理论，也是一种传统中医的治疗法，结合中医中的针灸、经络与中药学，以中药直接贴敷于穴位，经由中药对穴位产生微面积化学性、热性刺激，从而达到治病、防病的效果。三伏贴，对一些在冬季容易产生、复发或加重的疾病，如支气管哮喘、肺气肿、变应性鼻炎等冬天易发作的宿疾，在一年中最热的三伏天（这段时间是人体阳气最盛的），以辛温祛寒药物贴在背部不同穴位进行治疗，以减轻冬季气喘发作的程度。三伏贴是在夏季进行扶正培本的治疗，以鼓舞正气，增加机体抗病能力，从而达到防治疾病的目的。

五、高职中医学专业执业资格和规则

1. 考试和考核并行的中医医师资格取得方式

目前我国中医师资格的取得可以分为中医医师资格考核与中医医师资格考试两大类，共4种方式。主要包括以下内容。

根据《中华人民共和国医师法》第九条、第十条的规定，具有医学专业的院校教育背景的，可以参加执业医师资格考试，这也是目前我国具有院校教育背景的中医类别医师资格取得的最主要途径。

根据《中华人民共和国医师法》第十一条第一款以及《传统医学师承和确有专长人员医师资格考核考试办法》（卫生部令第 52 号）（以下简称"第 52 号令"）的规定，通过传统医学师承出师考核或者确有专长考核合格后，可以申请参加执业助理医师资格考试，这一途径本质在于用通过"考核"的方式替代医师资格考试中的医学学历要求。

根据《中华人民共和国医师法》第十一条第二款、《中华人民共和国中医药法》第十五条第二款以及《中医医术确有专长人员医师资格考核注册管理暂行办法》（国家卫生计生委令第 15 号）（以下简称"第 15 号令"）的规定，由至少两名中医类别医师推荐并通过县、市、省三级的专长考核报名材料审核，通过参加省级中医药主管部门组织的中医医术确有专长人员的实践技能和效果考核合格，取得中医（专长）医师的从业资格。由于部分民间中医虽不具备医学院校的教育背景，但临床实践经验较为丰富、在中医医术方面确有专长，因其知识结构较为单一、理论基础不足，通过执业医师资格考试并非易事。因此，《中华人民共和国中医药法》根据中医药发展的规律，突破性地规定了通过考核取得中医医师资格的全新途径。

根据第 15 号令第三十二条的规定，取得中医（专长）医师资格后，满足一定条件，具体包括取得中医专业学历和无不良执业记录下从事中医实践活动满五年，可以通过参加执业医师资格考试，从经考核取得医师资格的中医（专长）医师转变为经考试取得医师资格的中医类别医师。

2. 细分与笼统并行的医师执业规则

根据《中华人民共和国医师法》的规定，中医、中西医结合医师可以在医疗机构中的中医科、中西医结合科或者其他临床科室按照注册的执业类别、执业范围执业。经考试取得医师资格的中医医师按照国家有关规定，经培训和考核合格，在执业活动中可以采用与其专业相关的西医药技术方法。西医医师按照国家有关规定，经培训和考核合格，在执业活动中可以采用与其专业相关的中医药技术方法。2001 年发布的《关于医师执业注册中执业范围的暂行规定》对医师执业范围采用细分临床医师和笼统中医医师的方式。具体而言，临床类别医师执业范围包括内、外、妇、儿等专业，中医类别医师仅包括中医、中西医结合、藏医、维医、傣医等专业。2006 年国家中医药管理局发布《关于修订中医类别医师执业范围的通知》，增设"全科医学专业"作为中医类别医师的执业范围。此外，第 15 号令规定了将中医（专长）医师的资格证书的地域范围局限为考核所在行政区域，且应按照考核通过的技术方法和病症进行注册。

第三节　　中药师的职业认知和能力培养

我国一直重视中医药的发展。2002 年，国务院办公厅转发科技部、国家计委、国家经贸

委、卫生部、药品监管局、知识产权局、中医药局、中国科学院制定的《中药现代化发展纲要（2002 年至 2010 年）》，提出了中药产业的发展目标和主要任务。2006 年国务院发布了《国家中长期科学和技术发展规划纲要（2006—2020 年）》，将中医药现代化作为未来国家科技发展的重点。《中华人民共和国中医药法》于 2017 年 7 月 1 日正式施行。国家大力发展中医药事业，实行中西医并重的方针，建立符合中医药特点的管理制度，为中医药事业发展提供了法律保障。中医药发展责任重大，因此我国加强中医药教育和人才队伍建设。

一、高职中药学专业

高职中药学专业是按照国家医药卫生事业发展要求，主动适应区域医药产业经济发展和保障大众健康需求，以培养学生综合职业能力为根本着力点，充分尊重行业用人单位对生产与服务一线高素质技能人才的客观要求，结合行业内从业现状和学生职业生涯发展的需求，以就业为导向，以能力为本位，以岗位群的需要和职业标准为依据，培养具有良好职业道德，具备中药的临床应用、饮片生产、中药制剂生产、中药质量评价、药品经营管理等知识和技能的高职高专中药人才的专业。

二、中药学专业人才培养目标

本专业培养理想信念坚定，德、智、体、美、劳全面发展，具有一定的科学文化水平，良好的人文素养、职业道德和创新意识，精益求精的工匠精神，较强的就业能力和可持续发展的能力，掌握本专业知识和技术技能，面向中药农业、医药制造业、批发业、零售业、仓储业、专业技术服务业等行业的药学技术人员、中药材种植员、采购人员、销售人员、中药饮片加工人员、其他医药制造人员等职业群，能够从事中药材生产、中药调剂、中药购销、中药鉴定、中药饮片生产、中药制药、中药养护、中药学咨询与服务、重要质检等工作的高素质技术技能型人才。

三、高职中药学专业主干课程

（一）中药炮制技术

通过本课程，学生能掌握中药炮制的基本理论和净选加工、切制、炒制等技术以及中药饮片生产工艺流程、生产常用设备及其标准操作规程，熟悉常用药物炮制工艺，具备相应的实践操作技能，学会运用炮制理论解决药物生产、贮存保管及临床应用中存在的问题，为适应饮片生产及相关工作奠定坚实基础。

（二）中药鉴定技术

通过本课程的学习，学生能掌握性状鉴定、显微鉴定的技能和相关理论知识，掌握国家职业标准规定的 300 种中药饮片的鉴定技能和相关理论知识，能准确判断中药材的真伪优劣；了解中药鉴定的目的和常用中药的来源、产地、采制、贮藏及性状鉴定操作要点。同时培养诚实、守信、善于沟通和合作的品质，树立环保、节能、安全意识，为发展各专门化方向的职业能力奠定良好的基础。

（三）药事管理与法规

通过学习药事组织体制，药品法制管理，药品注册、生产、经营、使用、价格、广告等方面的监督管理，以及药学技术人员的管理等内容，学生具备从事药品生产、经营、使用等工作所必需的药事管理的基本知识和基本技能；熟悉药学实践中常用的药事法规，了解药事活动的基本规律，具备自觉执行药事法规的能力，并能综合运用药事管理的知识和药事法规的规定，指导药学实践工作，分析解决实际问题。

（四）中药制剂分析技术

通过本课程的学习，学生能掌握中药制剂分析的基本原理和实验技能，能应用现代分析技术对中药制剂进行全面的质量评价和质量控制。研究掌握中药制剂的定性鉴别、检查和含量测定方法，为进一步研究、整理、制定中药制剂质量标准打下一定基础。中药制剂分析课程是在分析化学、中药化学、中药药剂学及其他有关课程的基础上进行学习的，学生在学习中药制剂分析时应综合运用以往所学的相关知识，研究控制中药制剂质量的内在规律和方法，使质量控制方法更科学、更合理，从而使中药制剂内在质量不断提高，以保证临床用药的安全有效。

（五）中药制剂技术

通过本课程的学习，学生掌握中药制剂的制备理论、制备工艺、质量控制和合理使用，中药各种常用剂型的特点、质量要求、制备方法和质量检测方法，常用辅料及包装材料，药物制剂的配伍变化等。主要内容包括：中药药剂基本理论；中药调剂；制药卫生；粉碎筛析；混合与制粒；散剂；提取分离纯化；中药浸提液的浓缩与干燥；浸出制剂；液体制剂；注射剂；外用膏剂；栓剂、胶剂与胶囊剂；丸剂；颗粒剂；片剂；气雾剂；其他剂型。

四、中药行业从业人员需求和行业发展趋势及就业前景

（一）目前专业人才结构状况

由国家药品监督管理局指导编写的《2021 国家中药监管蓝皮书》显示，截至 2021 年底，我国共有中成药生产企业 2225 家，中药饮片生产企业 2023 家，中、高级技能人才存在大量缺口。因此，需要培养数以十万计的专门技术人才，以适应不断发展的中药工业企业。《2019 年我国卫生健康事业发展统计公报》显示，全国中医类医疗卫生机构总数达 65 809 个，全国中医类医疗卫生机构床位 132.9 万张，中医药在常见病、多发病、慢性病及疑难病症、重大传染病防治中的作用得到进一步彰显。中药材种植、养殖的基地也需中、高级技能型人才。

（二）专业发展情况及人才

面对中医药事业发展的新形势、新任务、新要求，对于中药学专业的人才需求稳定增加。其中，执业中药师、中药调剂岗位、临床中药服务岗位、中药材种植岗位、中药经营岗位、中药炮制岗位、中药生产岗位的需求量大。

五、中药师执业前景

（一）执业中药师要严把药材质量关

我国地域辽阔，药材品种繁多，但生态环境的恶化，必然会导致很多动植物药材濒危，中药材品种的减少也在影响着中药的实际疗效。中药材的减少，使现今市场上一些不法商人觉得有机可乘，以次充好，鱼目混珠，这就要求执业中药师应具有鉴别中药材真伪的技能，熟识药材，不能让假药、劣药蒙混过关，甚至对中药的加工炮制也要了如指掌，有条件的还可以对药材的有效成分做分析鉴定。在调配中药时，要依据所学中医药学知识及调剂规范，一字一句地认真审核每一个处方，确保用药货真有效，药材的质量至关重要。

（二）执业中药师是保证临床用药的关键

将现行的中药应用体系逐渐渗透到临床医学领地，加大中西医结合，展示中药在多个专科领域的显著优势。近几年，中药在慢性病、常见病、多发病上的疗效是毋庸置疑的，在防治心脑血管疾病、肿瘤、糖尿病、肝炎、肾病等重大疾病方面更有潜在的市场。又如，在治疗流感方面也发挥了它的优势，不仅疗效确切，耐药性低，副作用和不良反应少，还有抑菌、抗病毒、解热镇痛、免疫调节等标本兼治的综合功效。此外中药治疗也弥补了西药耐药的不足，治疗费用也低廉。但是目前很多不合理使用的中药均以中药的不良反应被报道出来，对中药应用的信誉造成影响，这就要求中药师要始终将学习中医药基本知识和研究中医药理论放在业务工作的首位，特别是将中药药性理论与常用中药的性能特点、功效主治、配伍应用、用量用法及使用注意等临床中药学的内容熟练地应用于实践，只有这样才能为合理用药奠定基础。熟悉并掌握中西药联合应用的理论知识，特别是相关的配伍应用和禁忌，认真审核临床医师的处方，严堵处方中用药不合理的漏洞，实时更新用药知识和相关技能，展示中西药合用时中药的长久魅力。

（三）执业中药师在中药"治未病"中有深刻的指导意义

现实生活中主张倡导珍惜生命，注重养生。正如《黄帝内经》的《素问·四气调神大论》中提出"是故圣人不治已病治未病，不治已乱治未乱，此之谓也"。一些中药疗法越来越受到青睐，它立足于通过对脏腑、经络气血整体机能的调节，建立稳定的机体内环境，维持机体气机顺畅有序，提高机体对外环境的适应能力，从而达到"治未病"的目的。正因如此，人们对于自身保健的需求日益旺盛，根据一些广告或某种报道盲目且不准确服用药材的人大有人在。这既不利于人的健康，也不利于中药学的长远发展。因此服用中药需要中药师给以正确的指导，合理选用补益中药，合理使用中药非处方药。正确看待补益药，详细解释中药的服用方法，保证患者正确用药。因药性不同、剂型各异，给药途径也有差异，为了保证疗效，在患者领取中药饮片或中成药时，要详细地向其说明药物的煎煮或服用方法、服用剂量及注意事项等，耐心地叮嘱患者一定要按所嘱方法服用药物，以免因使用不当而影响健康。

（四）执业中药师在未来医学中更是一个人文品牌

祖国医药博大精深，每一味中药哪个不是独具特色，独具文化，有着悠远的故事背景？"冬病夏治""冬令进补"等诸多在现代生活中越来越有人气的健康理念在我们身边悄然盛行。执业中药师们必求药物之真实，炮制之精术。"冬病夏治"时药师们认真挑选原料，将药粉碾磨精细，揉合成丸，滩涂膏药，等着三伏天人们来贴敷。"冬令进补"时守在煎锅旁，严格遵循祖辈流传的传统工艺，一丝不苟，袅袅炊烟中传承着历代医者对民族健康的守护。现如今中药以其独特的优势越来越受到人们的重视，中药产业也日趋国际化。在这种大背景下，执业中药师不仅是一个好的职业选择，更应当是担起民族复兴时代责任，保护好我们文化精华，展示新时代中药魅力的光辉职业！

目标检测

1. 中医药文化的当代价值是什么？
2. 高职中医学专业需要培养的职业能力是什么？
3. 高职中药学专业需要培养的职业能力是什么？

第八章　就业指导概述

学习目标

1. 掌握就业指导的内涵与意义。
2. 了解大学生就业形势。
3. 帮助学生树立正确的就业观念。
4. 理解基层就业的项目及优惠政策。

第一节　就业指导的内涵与意义

随着我国高等教育的不断改革，传统大学由以往的精英教育逐渐转化为大众化教育，职业教育被大力推广，大学生的就业形势也发生了极大的变化，就业难的问题也就愈发凸显。尤其是卫生高职院校毕业的医学生，处于生命科学高速发展的当今社会，就业竞争愈演愈烈，不科学、不正确的就业观念严重影响大学生的就业。这一问题如若不能得到有效的解决，势必会对国家的社会发展产生消极影响。因此，积极帮助和引导大学生树立正确的就业观，努力做好大学生就业指导工作，成为大学生就业问题的有效解决途径。

一、就业指导的含义

就业指导作为一种社会服务性的工作和专门的研究课题起源于美国，其创始人帕金斯首先使用了"就业指导"这一概念，1911 年美国哈佛大学率先开设了就业指导课程。我国的就业指导始于 20 世纪初，1923 年清华学校成立的职业指导委员会拉开了高校就业指导工作的序幕。碍于多种因素，我国就业指导工作发展之初较为缓慢，近年来，随着时代的发展和变迁，就业指导工作越来越引起全社会的关注。

就业指导可分为狭义和广义两大类。狭义的就业指导，指的是给要求就业的劳动者传递就业信息，做劳动者和用人单位沟通的桥梁。广义的就业指导，则包括预测要求就业的劳动力资源、社会需求量，汇集、传递就业信息，培养劳动技能，组织劳动力市场以及推荐、介绍、组织招聘等与就业有关的综合性社会咨询、服务活动。在我国，就业指导还应包括就业政策导向，以及与之相应的思想教育工作等。

二、大学生就业指导的内容

大学生就业指导，属于广义的就业指导。它指的是引导高校毕业生依据所学专业和自身特点，根据社会对职业的需求，选择并确定适合自身能力，能够发挥个人才能并最终实现个人理想的职业。就业指导从根本上讲就是帮助高校毕业生树立正确的就业观念，增强其适应社会的能力。

（一）观念指导

观念指导是将正确的世界观、人生观、价值观和择业观融入到高校毕业生的就业指导工作中去，细化落实到择业标准、职业素养、求职道德等方面，这也是大学生就业指导工作的重点内容。帮助毕业生树立正确的择业观念，能够引导其根据市场需求和就业形势的变化调节自身的观念，这不仅能帮助其树立择业的自信心，克服求职恐惧，还能帮助毕业生选择正确的成才之路，实现个人价值和社会价值的统一。

（二）政策指导

政策指导是根据社会就业形势的变化，为毕业生提供最新的政策性指导，使大学生避免择业的盲目性和随意性，抓准机遇，顺利就业，这也是大学生就业指导工作的基础。及时了解就业政策，能使高校毕业生有效走出就业误区，找到适合自己的理想岗位。

（三）信息指导

信息指导是指通过提供就业信息以及帮助学生对就业信息进行处理与应用，使学生加深对职业的了解程度。就业信息包含了国家的发展形势、人才市场的需求现状以及信息发布平台等方面的内容。就业指导工作者可以结合书面或是影像等形式向学生介绍各种职业的发展现状，结合所教专业的学生情况，帮助学生分析就业形势，培养学生自主选择就业信息并有效分析信息、防止陷入就业诈骗陷阱的能力。

（四）技术指导

求职技巧是高校毕业生在就业过程中一项重要的能力，能够勇于推销并善于推销自己是毕业生成功就业的保障之一。就业指导工作者可以针对市场用人单位的笔试、面试等考察形式，帮助大学生掌握应试礼仪，避免因就业技术失误而导致的就业困境。

（五）法律指导

法律指导是指通过对学生进行《中华人民共和国劳动合同法》以及与就业相关的法律法规等方面的培训，让学生了解相关的法律常识，使其在择业以及就业的过程中拥有相应的法律意识，能够利用法律武器来维护自身的利益不受侵犯。

（六）创业指导

随着国家就业政策以及就业形势的变化，高校毕业生不再仅仅是就业者，还可以成为职业领域的开拓者和创新者，甚至是一个新兴职业的缔造者。就业指导除了服务于高校毕业生的就业，也应延伸到创业中去。在大众创业、万众创新的大背景下，大学生自主创业将成为其谋求自身发展的重要途径。

（七）心理指导

伴随就业模式的转变、就业方式呈现多元化特征，面对择业、就业，一些刚出学校大门的大学生会出现迷茫、焦虑、畏惧、逃避心理。就业指导可以帮助学生立足自身，结合就业政策、不同的就业市场进行客观分析，认识自身的优势与劣势，正确面对择业、就业中的困难，用客观、科学、发展的眼光来迎接就业挑战。

三、大学生就业指导的意义

大学生是我国发展过程中重要的人才资源，大学生就业既关系到我国社会经济的高速发展，也关系到教育体制改革目标的实现，更关系到大学生自身的成才与价值的实现，因此高校毕业生就业难的问题也是党和政府高度重视的问题。开展大学生就业指导工作具有重大的现实意义。

（一）有利于维护社会稳定，推进国家经济发展

2023 年 3 月 13 日，十四届全国人大一次会议在北京人民大会堂举行记者会，国务院总理李强出席并回答中外记者提问。他指出："就业是民生之本，解决就业问题，最根本的一条，还是要靠发展经济。具体工作中，我们将全面落实就业优先战略，进一步加大就业服务、技能培训等方面的政策支持力度，多措并举稳定和扩大就业岗位，支持和规范发展新就业形态。"就业是民生之本，就业稳则心定、家宁、国安。

高等教育，特别是职业教育，是国家培养专门人才的重要途径，致力于培养高素质的人才是国家实施科教兴国战略的重要支柱。近年来，高职发展迅速，其毕业生规模也在不断扩大，就业形势严峻。为了实现全面建设社会主义现代化国家的目标，国家需要培养大量的高素质劳动者和专门人才，并使其与国家的经济建设相适应。因此加强大学生的就业指导工作，帮助大学生顺利地完成就业，关系到中华民族伟大复兴的大局，也对推进社会主义现代化事业具有重要意义。人才闲置或是人员配置不合理，不仅会导致人力资源的浪费，还会给国家的稳定发展带来消极影响。

（二）有利于国家人力资源的合理配置

合适的岗位才能充分调动人员的积极性，把毕业生输送到适合他们的岗位，才能更好地将他们的知识转化为生产力，并不断提升其专业技能水平。现实生活中，英雄无用武之地或是用武之地无英雄的情况屡见不鲜，一方面，大学生找工作困难，找不到适合自己的工作；另一方面，用人单位招工困难，大量的岗位空缺没有人补充。就业指导的作用就是调节用人单位与毕业生两者之间的不对等情况，为用人单位提供学生的专业情况等信息，使其了解学生的心理特点，同时也帮助大学生客观分析自身的条件以及市场需求，使其找到最能发挥自己所长的岗位，努力做到人尽其才、才尽其用，人力资源合理分配。

（三）有利于高校毕业生正确认识就业形势和就业政策

我国在高质量发展过程中需要大量的高素质专门人才，为此也在逐渐加大对高等教育方面的扶持，高校毕业生源源不断地流入市场且数量逐年增加，但仍有一部分大学生不能找到较好的就业选择，实现自己的职业理想。其原因是多方面的，例如，高校毕业生不理解国家政策，对社会就业形势存在误区，就业准备不充分等。就业指导有助于大学生深入了解我国相关的就业政策，了解就业形势，实现其顺利就业。

（四）有利于高校毕业生就业心理的调整

高校毕业生刚刚步入社会，缺乏社会经验，也缺少对国情和世情的深刻认识与了解，加

之对自己能力没有客观的判断，因而在就业市场中很容易迷失方向。就业指导的关键任务就是帮助大学生树立良好的就业心态，找到满意的工作，并帮助大学生缓解就业压力。高校毕业生在就业时，考虑的因素多种多样，却对自身条件和用人单位需要的人员条件估计不足，导致盲目攀比心理的出现，从而形成了"啃老族"以及"草莓族"等新兴人群。就业指导可以引导学生正确择业，调整其在就业过程中出现的各种心理偏差。

就业指导可以帮助大学生提升职业素养和职业能力，通过对职业需求技能、职业成就取得、职业咨询和规划等方面的分析，让大学生在大二、大三年级学习期间就有意识、有目的地提升自身的能力。与此同时，就业指导还能帮助学生正确地评价自己，形成客观的自我认知，克服心理障碍，摆脱心理误区，培养良好的心理素质，为自己的就业做好充分的准备。

（五）有利于大学生今后的发展和成才

毕业生的顺利就业关系到自身的发展与价值的实现，也关系到社会的稳定与国家经济的发展。就业指导通过帮助学生树立正确的"三观"，为其步入职场做准备，并提供解决就业中问题的途径和方法，为将来打下坚实的基础。就业指导不仅是对就业流程的简单介绍，还是对大学生事业发展的长远指导，就业是第一步，不能仅仅为找到工作而提供指导，而是通过就业来完成大学生的事业发展，展现其人生价值。

就业指导是一个由各个环节紧密联系的完整系统，并且要不断适应市场的新变化，为毕业生提供全方位的服务，为大学生走向职场、服务社会、创造价值铺路架桥，帮助其完成社会角色的转换。

第二节　大学生就业形势

一、普通高校毕业生就业现状

随着高等教育改革的不断深入，"扩招"的步子越迈越大，高等教育步入普及化教育阶段。招生规模的不断扩大使毕业生人数猛增，教育部官网中数据显示，2021 年全国高校毕业生人数达到 909 万人。再加上越来越多的海外留学生选择回国找工作，高校毕业生面临更加激烈的竞争。大学生就业难的问题愈发凸显，就业形势十分严峻。当前大学生的就业呈现以下几个特点。

（一）地域分布不合理

我国的区域经济发展呈现不平衡状态，东部与西部、沿海与内陆、城市与农村都存在着较大的经济差距。相当一部分的高校毕业生把就业的目标放在了经济发展较为充分的东南沿海地区的大城市中，是否有优渥的经济待遇，是不是在发达的大城市或是沿海开放发达地区成为其择业就业的唯一指标，导致有些大学生毕业即失业的现象出现。

（二）院校之间差别很大

各高校由于成立时间不同、发展机会不均等因素，在办学理念、师资力量、学生综合素质之间存在巨大差异，因此各高校间的毕业生在人才市场上的竞争并不会完全处于平等状态。那些学校声誉影响大、办学历史悠久、师资和科研水平高的高校毕业生在人才市场中具有较高的竞争力，各方需求信息纷至沓来，供需比远远超过一般院校的毕业生。

放眼整个人才市场，用人单位对重点大学或是名牌学院的毕业生十分青睐，很多高校也会有企业的校招，一般不会发布社会招聘信息。一般院校毕业的大学生，尤其是对于一些高等职业院校的毕业生被忽视的概率很大。

（三）学历层次要求提升

大部分的高校毕业生将自己择业、就业的重点放在了大中城市或是发达地区，这就导致了这些地区人满为患，就业竞争压力逐年增大，这也在无形之中促使用人单位不断提高招聘岗位的学历门槛。在国家大力扶植中高等职业教育的大背景下，虽然有一部分的用人单位开始偏向于招收人力成本较低的职专毕业生，但从长远来看，一些技术型或是研发型的单位还是更倾向于学历更高的求职者，尤其是一些原本对学历有较高要求的产业，只会不断地提升招聘的学历门槛，增加对硕士研究生甚至是博士研究生的需求。

（四）专业需求不平衡

社会对于不同专业高校毕业生的需求程度明显不同，对于一些紧缺专业的高校毕业生需求相当旺盛，经常存在供不应求的现象；而对于一些饱和专业的毕业生需求不足，呈现供大于求的趋势。

（五）单位性质的选择差异大

大部分的高校毕业生仍然倾向于选择机关事业单位或是国有性质的单位，把这些单位看作是有发展前途和"铁饭碗"的象征，2021 年国考报名 151.1 万人，招考职位 13 172 个，招录人数为 25 726 人，竞争比例约为 58∶1。民营单位或是外资企业都受到不同程度的冷落。

二、医药卫生类毕业生的就业现状

医药卫生服务业职业历来是社会公认的具有较高地位和高收入的理想职业，历年的高考招生工作显示，医学类高等院校的招生一直处于非常火爆的状态。但是随着近年来我国高等医学院校的不断扩招，医药卫生类专业毕业生的数量逐年暴涨，加上专业针对性强，就业面相对狭小，医药卫生类专业毕业生也面临就业窘境。

（一）医药卫生类院校毕业生就业总体状况

1. 就业流向呈现多元化，医师队伍不断壮大

在就业过程中，除了卫生行业、制药或医疗器械企业这些传统的就业行业外，与生命科学、健康科学相关的行业开始受到医药类毕业生的青睐，而选择完全脱离卫生行业的毕业生也不在少数。另外，在每年的毕业生中，选择继续攻读研究生和出国的毕业生也占有很大的比例，特别是在一些重点医学院校中直接读研和出国的比例相对较高。

2020 年 8 月 19 日，国家卫生健康委员会医政医管局监察专员郭燕红在国务院联防联控机制新闻发布会上说，我国医师队伍不断壮大，能力水平不断提升。截至 2020 年底，我国医师队伍总数达 408.6 万人。医药卫生类院校毕业生就业竞争压力依旧很大。

2. 就业人数逐步上升，一次就业率逐年下降

随着经济的发展和人才层次的提高，20 世纪八九十年代的"进大学就等于进了保险箱"

观念不复存在。经过三、四、五年寒窗苦读的莘莘学子，在拿到毕业证书后，却又遭遇了就业这一更大难题。其中，医学生也不例外，就业也同样是他们面临的严峻考验。

各层次的医学毕业生由原来的供不应求逐渐演变成"研究生供不应求，本科生供求基本平衡，专科生供过于求"，同所学校之中不同专业的就业率也存在差异，总体来说，医学生一次就业情况呈现逐年下降趋势，特别是在一些大城市难以插足。

3. 新增岗位不足，层次不断拉升

经过多年的不断培养和补充，城市的医疗人才状况得到了根本的改善，有的还出现了饱和或超编状态，很多医疗机构正进行人事制度改革和调整，因用人指标有限，难以大量接收毕业生。中国医科大学附属第一医院副院长李系仁介绍，大医院要硕士、博士，目前这种用人取向全国都如此，本科生多为麻醉、影像、检验等专业部门接收。其他学历的除非是特别优秀的，否则不予考虑。因为现有医疗人员数量已经饱和，招人，就是想提高质量。大多数二甲医院在引进博士研究生的时候才提供人才引进待遇，研究生拥有计划内指标，而本科生则是市场化用工，专科生基本不考虑。

4. 逃避就业现实，转而走考研之路

面对严峻的就业形势，一部分医学毕业生不愿就业，选择考研继续深造，这种选择既能在学校里继续享受单纯的校园生活，又能学习掌握更多的专业知识，还能有效地规避就业压力。但是，考研的人多了，落选的人也就增加了，因而出现了连续几年都在考研的群体，被称为"不就业族"。

（二）医学生就业难的原因

1. 经济因素

我国区域经济存在着巨大的差异，这种不平衡导致城市与农村、发达与落后地区在生活条件和医疗条件等方面出现差距。近年来，我国的农村经济取得了较为快速的发展，社会保障制度也开始逐步趋于完善，医疗保健工作的服务对象和分布区域不断变化，医疗卫生体系已经基本覆盖全民，需要大批的合格医务工作者下到基层医疗机构工作。但是，我国的基本医疗服务发展还较为滞后，基层医院的经济效益不高，医疗资源也不足，导致基层医疗机构对医学毕业生的吸引力并不强。更多的医学毕业生更愿意去经济发达的沿海城市或者是大中城市的医院工作，至少是条件较好的县级以上医院，最终导致这些用人单位就业竞争激烈，饱和的人员配置很难再接纳大批的医学毕业生。

2. 政策因素

医疗体制改革的推行让一大批的民营医院不断涌现，但是国家对于这些医院的相关政策与制度并不完善，这就导致其人事制度不明确，职称评定制度不健全，医务工作者应具备的社会保障体系也不正规，因而大批医学毕业生对于民营医院的就业持观望态度。与此同时，一些民营医院为了追求自身利益的最大化，存在着实用主义现象，往往是"即缺即招，即招即用"，通过人才租赁的形式去聘用一些离退休专家或者向大医院租借一些经验非常丰富的医务人员，面对没有经验的医学毕业生并没有什么兴趣，更不用说制定长远的培养计划。另外，国家虽然积极引导和鼓励医学毕业生去基层和边疆的医疗卫生机构就业，并为此出台了一系列的政策措施，但这些措施在落实的过程中存在着某些不配套、不到位的现象，这也导致医学毕业生很难到基层或是边疆的医疗卫生机构就业。

3. 教育因素

1）学生的教育培养与医学发展不适应

医学模式由传统的"生物"模式发展到"生物-心理-社会"模式，医院的服务理念也由传统的"单一解决临床问题"向"更加注重人文关怀"转变，这种发展趋势要求医务工作者不仅要具备扎实的专业知识和技能，同时还要具备良好的综合素质。医学人才的标准在不断发展变化，医学类院校的培养目标却存在着滞后现象，教学的侧重点仍然停留在理论教学上，实践能力训练并不充分，注重专业知识传授而忽略人文素养的培养。在教学的内容上，也是偏重于疾病的诊断和治疗，忽视了基本的医疗保健和疾病预防，这就导致了医学毕业生的知识结构和社会医疗服务机构的需求错位，尤其是基层医疗机构，更多的基本医疗保健服务需求没有得到满足，医学生很难在基层岗位发挥自己的价值。

2）学校专业类别培养落后于社会需求的变化

一般的医学院校都把临床医学和预防医学等传统的学科作为学校的发展重点，院校往往给予倾斜性的政策和资金支持，不断地扩大招生规模，但这类专业的人才在市场中已经基本处于饱和状态，人才市场供需基本平衡，甚至出现供过于求的现象。反之，社会一些起步较晚的新兴专业如麻醉、影像等需求旺盛，但许多院校的培养计划滞后，与社会需求不相协调。

3）社会对医学人才的高学历要求和医学院校培养层次存在矛盾

受到就业竞争压力的影响，社会对于医学人才的学历要求越来越高，但是按照国家教育发展的规划，医学院校必须满足社会各个层次人才对于医学教育的需求，因此，医学教育呈现以本科教育为主体、多层次学历共同发展的格局，就业率也必然会存在很大差异。

4. 家庭及个人因素

1）盲目选择专业导致学生缺乏学习的主动性

一般家庭对于医生这一职业缺乏了解，在选择医学专业的时候只是向学生片面地传递了社会地位高、工资收入高、职业稳定等信息，却没有考虑到医学专业人才培养的晚成性与渐进性，因而并没有对学生进行职业定位和职业生涯规划分析，只是盲目选择专业。学生自己学习之后发现与原本想象的不同，进而缺乏学习的主动性甚至是放弃学习。

2）家庭对医学毕业生就业选择起着至关重要的作用

有的家长认为只有进入国有单位才算是找到了好的单位，就对子女就业单位的选择横加干涉，甚至是凭借着自己雄厚的经济实力和各种社会关系为子女就业奔走牵线，"走后门"拉关系，这样不仅容易让子女错失就业的良机，不能选择自己理想的职业，还让子女产生了懒惰的心理，认为只要等着父母就可以解决工作，丧失了就业竞争意识。有的家长则是对子女的期望值过高，虚荣心强，认为孩子毕业之后一定能找到一份社会地位又高、收入又好、单位又稳定的工作，对于一般的用人单位不屑一顾，这样就导致了子女对于就业单位的选择通常是眼高手低，进不去心仪的单位也不愿意到一般的单位屈就，一等再等错过了就业的最好时机。还有一些家长因为自身家庭条件不好，没有经济基础，社会上也缺乏人际关系，便在子女就业的过程中产生自怨自艾的思想，不仅不鼓励子女去参加人才市场的就业竞争，还抱怨子女没有就业的能力，这就导致子女还没有参与竞争就存在了自卑心理，在丧失就业主动意识的同时甚至还会抱怨社会。

3）医学教育投入过高导致医学毕业生就业期望值居高不下

医学专业的生源主要出身于普通家庭，面对医学教育带来的经济负担，一部分学生申请了助学贷款，但助学贷款的覆盖面和扶持力度还不能完全使学生释放学医的经济压力，这就导致很多医学毕业生在就业选择的过程中出现过高的期望值且一直居高不下。相较于其他职业，医生的人力资本投入大、接受教育时间长、职业的劳动强度大且承担的风险高，所以医生普遍认为自己的付出与收益不对等。随着国际交流的日益频繁，国内的医生和医学院学生越来越多地了解到国外医学职业的待遇水平远超国内的待遇水准，因而对国内改善卫生医疗行业待遇的愿望就越来越迫切，这也使得医学院的毕业生对自己的就业期望值不断提高。

4）市场经济对大学生的就业观影响很大

市场经济的基本规律就是价值规律，它在无形之中就促使学生在就业的过程中形成了积极的就业观念，并逐步发展，例如，学生主动参与竞争，自主就业创业。同时也给学生带来了一些消极的就业观念，例如，强调利益的功利主义思想和拜金主义思想以及以自我为中心的个人主义思想，影响了学生的世界观、人生观与价值观，并使其体现在就业观中。

三、医学生就业的机遇与挑战

党的十八大指出："就业是民生之本。要贯彻劳动者自主就业、市场调节就业、政府促进就业和鼓励创业的方针，实施就业优先战略和更加积极的就业政策。引导劳动者转变就业观念，鼓励多渠道多形式就业，促进创业带动就业，做好以高校毕业生为重点的青年就业工作和农村转移劳动力、城镇困难人员、退役军人就业工作。"从报告中不难看出，从中央到地方各级政府都非常重视高校毕业生的就业问题，不仅制定一系列的政策措施，还积极调动一切社会力量和资源，推动大学生就业工作的进行，为大学生的就业和创业营造一种良好的政策氛围和社会环境。

（一）目前我国医疗卫生现状

1. 从医疗机构的设置来看，医药卫生类专业技术人员的需求量不断增加

我国医疗卫生机构主要包括医院、基层医疗卫生机构、专业卫生机构及其他类型的医疗机构等。

2023 年 2 月 28 日，国家统计局发布 2022 年国民经济和社会发展统计公报。公报显示，截至 2022 年末，全国共有医疗卫生机构 103.3 万个，其中医院 3.7 万个，在医院中有公立医院 1.2 万个，民营医院 2.5 万个。

基层医疗卫生机构 98.0 万个，其中乡镇卫生院 3.4 万个，社区卫生服务中心（站）3.6 万个，门诊部（所）32.1 万个，村卫生室 58.8 万个；专业公共卫生机构 1.3 万个，其中疾病预防控制中心 3385 个，卫生监督所（中心）2796 个。

卫生技术人员 1155 万人，其中执业医师和执业助理医师 440 万人，注册护士 520 万人。医疗卫生机构床位 975 万张，其中医院 766 万张，乡镇卫生院 145 万张。全年总诊疗人次 84.0 亿人次，出院人数 2.5 亿人。

医疗机构的设置随着社会需求的变化不断地调整，但总的来说，对卫生专业技术人员的需求量不断增加的趋势没有改变。

2. 从医学人才资源配置来看，卫生技术人员分布不合理、数量不足凸显

从患者异地就医情况看，患者流出比例最高的前 5 个省（自治区）分别为西藏、安徽、内蒙古、河北、甘肃，流出患者异地就医比例依次为 27.6%、18.8%、16.0%、14.3% 和 11.8%；而患者流入前 5 个省（直辖市）为上海、北京、江苏、浙江和广东，大家可以看到，异地就医流出患者的省（自治区）基本集中在中西部地区，而流入省（直辖市）基本上集中在东部地区。从患者就医流向上可以看到，我国医学人才资源配置不均衡。就区域分布来看，东部沿海经济发达地区，集聚了大量的高水平医学人才资源，中西部经济欠发达地区卫生技术力量明显不足；从医疗机构等级分类来看，县级医院、基层医疗机构和公共卫生机构，尤其是社区卫生服务机构的卫生技术人员非常短缺且不稳定。从医学专业来看，全国各地的医疗机构人员短缺的专业类型是妇产科学专业、儿科学专业、护理学专业、医学影像学专业和口腔医学专业。

3. 从我国医学人才专业水平来看，部分卫生技术人员专业技术水平有待提高

卫生医疗人力资源分布不均，偏远地区和基层医疗机构缺乏医学人才，社区卫生技术人员严重短缺，且存在着人才流失严重的现象，这些医务人员通常是在读了专升本之后就跳槽离职，高层次的人才引进不来，低层次的人才在获得发展之后又都离开了。

（二）医学毕业生现今就业面临的机遇

1.《中华人民共和国国民经济和社会发展第十四个五年规划和 2035 年远景目标纲要》（以下简称《纲要》）为医学毕业生提供了有力的政策支撑

在《纲要》中，涉及全面推进健康中国建设的内容，即把保障人民健康放在优先发展的战略位置，坚持预防为主的方针，深入实施健康中国行动，完善国民健康促进政策，织牢国家公共卫生防护网，为人民提供全方位全生命期健康服务。

改革疾病预防控制体系，强化监测预警、风险评估、流行病学调查、检验检测、应急处置等职能。建立稳定的公共卫生事业投入机制，改善疾控基础条件，强化基层公共卫生体系。落实医疗机构公共卫生责任，创新医防协同机制。加强公共卫生学院和人才队伍建设。完善公共卫生服务项目，扩大国家免疫规划，强化慢性病预防、早期筛查和综合干预。完善心理健康和精神卫生服务体系。

加快优质医疗资源扩容和区域均衡布局，建设国家医学中心和区域医疗中心。加强基层医疗卫生队伍建设，以城市社区和农村基层、边境口岸城市、县级医院为重点，完善城乡医疗服务网络。加快建设分级诊疗体系，积极发展医疗联合体。加强预防、治疗、护理、康复有机衔接。

提升医护人员培养质量与规模，扩大儿科、全科等短缺医师规模，每千人口拥有注册护士数提高到 3.8 人。实施医师区域注册，推动医师多机构执业。稳步扩大城乡家庭医生签约服务覆盖范围，提高签约服务质量。支持社会办医，鼓励有经验的执业医师开办诊所。

《纲要》中有关卫生事业发展的规划为医学类毕业生指明了就业方向，提供了有力的政策支撑。

2. 实施就业优先战略，为高校毕业生高质量就业保驾护航

党中央、国务院高度重视就业问题，实施就业优先战略。我国已转向高质量发展阶段，加快构建以国内大循环为主体、国内国际双循环相互促进的新发展格局，经济稳中向好、长期向好，为就业长期稳定创造了良好条件；新一轮科技革命和产业变革深入发展，新兴就业创业机会日益增多；新型城镇化、乡村振兴孕育巨大发展潜力，新的就业增长点不断涌现；劳动力市场协同性增强，劳动力整体受教育程度上升，社会性流动更加顺畅，为促进就业夯实了人力资源支撑。

面对错综复杂的国际形势和突如其来的新冠疫情的严重冲击，党中央、国务院始终坚持以人民为中心，将就业摆在经济社会发展的优先位置，创新实施就业优先政策，推动就业工作取得积极进展。2016 年到 2019 年，城镇新增就业每年都保持在 1300 万人以上，目前累计已超过 6000 万人。同时，全国城镇登记失业率和调查失业率均保持在较低水平。2020 年 10 月 28 日举行的国务院政策例行吹风会上，人力资源和社会保障部副部长李忠介绍了"十三五"时期我国在就业方面取得的成就。"面对严峻复杂的国内外形势和艰巨繁重的就业任务，我国坚持实施就业优先政策，推动就业工作取得重大进展，保持了就业形势总体稳定。"

3. 医学的高质量发展为广大的医学毕业生提供了更多的就业机会

医学随着信息技术、生命科学和新材料技术的飞速发展出现了一轮新兴的革命，这也为医学院的毕业生提供了更多、更好的就业机会。在国家实施科教兴国战略的过程中，医学研究人员的社会地位得到提升，经济收入也逐步增加，医学基础科学的研究也得到了重视，这也就使医学生的就业面在不断拓宽。经济社会在不断地发展和进步，人民的生活水平也在不断地上升，人民对生活质量和生命健康的重视程度也更为重视，这也使得社区服务、家庭护理、临终关怀等现代卫生医疗服务形式不断涌现，医学毕业生的就业平台也在不断拓宽。另外，随着医学专业的不断发展，与其他专业的交叉也越来越多，这就促使了许多交叉学科的兴起和发展，社会对于医学社会学、医学法学、医学经济学、医学伦理学、医学美学等学科的人才需求量不断增加，这也是医学毕业生就业的一方新天地。

4. 医学教育改革为提高医学生就业能力创造了条件

发展医学教育，提高我国医学科学水平，培养和造就一支适应社会需求、结构合理、德才兼备的专业卫生队伍，使卫生事业更好地为人民健康服务，为社会主义现代化建设服务，这既涉及每个家庭和个人的切身利益，又关系到社会主义精神文明建设和经济与社会的可持续发展。形成具有中国特色的医学普通专业教育与医学职业技术教育并举、分工明确、互相沟通、彼此衔接的医学人才培养体系，以及专科医师与全科医师同步发展的培训制度；继续深化医学教育改革，使医学教育质量有明显提高。构建"5+3"（五年医学院校教育加上三年住院医师规范化培训）为主体的临床医学人才培养体系，逐步优化医学教育学制学位体系。适应医药卫生体制改革的总体要求，逐步建立"5+3"为主体的院校教育、毕业后教育和继续教育有效衔接的临床医学人才培养体系，培养一大批高水平医师；适应国家医学创新和国际竞争对高水平医学人才的要求，深化长学制临床医学教育改革，培养少而精、国际化的医学拔尖创新人才；适应农村基本医疗卫生服务需求，按需办好三年制临床医学教育，培养农村实用型助理全科医生。基于我国城乡、区域间经济社会发展不平衡的现实国情，在相当长的过渡时期内，还要因地制宜、因校制宜地开展三年专科教育加两年助理全科医生培训。将以"3+2"模式作为"5+3"模式重要补充的初衷解读为培养"下得去""用得上""留得住"的医学毕业生。一方面，要紧密围绕基层医疗卫生服务的基本要求和工作特点，深化教育教学改革，强化到基层医疗卫生机构见习、实习实践中，着力提高医学生的基本诊疗能力和公共卫生服务能力；另一方面，要强化医学毕业生服务基层的政策保障。国家发展和改革委员会等部门印发的《关于开展农村订单定向医学生免费培养工作的实施意见》提出：从 2010 年起，连续三年在高等医学院校开展免费医学生培养工作，重点为乡镇卫生院及以下的医疗卫生机构培养从事全科医疗的卫生人才。这些举措不但可以进一步地提升医学院学生的专业知识和实践技能，符合医学教育和职业道德的要求，还可以缓解当前较为严峻的医学生就业形势。

5. 国家为鼓励医学院毕业生到基层医疗机构就业开辟了新途径

为了引导和鼓励高校毕业生到基层就业，国家相继推行了多种项目，例如，"大学生志愿服务西部""大学生进村、进社区计划""三支一扶"等。2023 年 2 月 23 日，中共中央办公厅、国务院办公厅印发《关于进一步深化改革促进乡村医疗卫生体系健康发展的意见》，意见指出：逐步扩大农村订单定向免费医学生培养规模，完善协议服务政策，地方可根据实际需求面向农村规范培养拟从事全科医疗的高等职业教育层次医学生。落实艰苦边远地区县乡医疗卫生机构公开招聘倾斜政策。医学专业高等学校毕业生到乡村两级医疗卫生机构工作，按规定享受基层就业学费补偿国家助学贷款代偿政策。落实医学专业高等学校毕业生免试申请乡村医生执业注册政策，免试注册的大学生乡村医生应限期考取执业（助理）医师资格。积极组织执业（助理）医师参加全科医生转岗培训。引导符合条件的乡村医生参加执业（助理）医师资格考试，依法取得执业（助理）医师资格。到 2025 年，乡村医生中具备执业（助理）医师资格的人员比例提高到 45%左右，逐步形成以执业（助理）医师为主体、全科专业为特色的乡村医疗卫生服务队伍。这一系列政策的颁布和实施，为医学院毕业生打开了面向基层工作的空间，使医学院毕业生资源进行了较为合理的调控和配置，为其就业开辟了新途径。

6. 医学院校完善实习就业联动机制为毕业生搭建了就业平台

医学院校为了培养学生的实践能力，拓展学生的就业渠道，可以引入用人单位参与机制，促进人才培养和社会经济发展的无缝对接。高校为充分调动用人单位的积极性，邀请用人单位或企业全方位参与高校人才培养工作，共同研究人才培养的目标和规格，设置专业的方向和模块，拟订每个方向和模块的培养人数和招生规模，同时在培养过程中引入企业资金和设备，在校内或企业内共同建立专业实习实训基地，加强实习和实践环节，以促进人才培养和社会经济发展的无缝对接。这样可以在更大的范围和更深的层次上加强医学院校与医药卫生机构的合作，为学生的就业建立较为稳定的平台，同时还可以为贫困生设立相应的见习补贴和生活补贴，缓解贫困生的经济压力。

第三节　树立正确的就业观念

高校毕业生就业困难问题的解决，关键还是要靠转变毕业生的就业观念。成功的人往往善于抓住机遇，把握住机遇，这不仅关系到个人的职业道路，还关系到个人的事业成就。但随着社会人才市场的复杂变化，高校毕业生的就业观念也趋于多样化，如何重新定位自身和更新就业观念的问题开始凸显，因而引导大学生树立正确的就业观念，就具有了重大的意义。

一、正确的就业观念

（一）适应市场经济形势，树立自主择业观念

在社会主义市场经济体制之下，人力资源是由市场机制来进行调节配置，而不是由国家来包办控制的。传统的大学生毕业包分配的"铁饭碗"已经转变为"不包分配、自主择业、双向选择"的新型就业体制。

高校毕业生要树立新型的就业择业观念，打破只去国有单位的传统思想，做到只要是国家政策允许的范围之内，能够发挥自己的能力，做对社会有益的事情，就可以自谋职业，寻求发展。大学生要结合自身的实际来准确定位，确立合理的就业目标。把"我想干什么"转变成"我能干什么"。不同的人有不同的职业适应范围，不同的职业对于从业者也有不同的要

求，求职者的个人能力和职业对从业者的要求能够相匹配，才是最佳的就业选择。医学院毕业生可以通过专业的职业生涯规划课程来探索自己是否能够从事医疗工作，能否适应医疗工作，是否具备从事医疗工作的能力等，从而对自己有一个完整的认识，学会不断调整自己的就业期望值，确定合理的就业目标。

（二）开拓就业渠道，树立多方位就业观念

大学生就业难有一个很大的原因就是就业方向单一，就业信息闭塞。有鉴于此，毕业生不妨主动出击，通过人才市场、人才洽谈会、职业介绍机构等了解社会就业信息，还要及时关注国家新出台的方针政策，积极利用国家的优惠政策选择自己的就业方向。针对医学院的毕业生，就业可以从以下几个方面入手。

1. 面向农村、中小城市的卫生医疗机构和非公有制卫生医疗机构就业

鉴于医学人才的晚成性和培养的高成本，医学毕业生应该尽可能地选择卫生医疗行业就业，哪怕是医院小一点，困难多一点，收入暂时低一些，只要是能够符合社会发展的需求，具有较好的发展前途，就可以选择从这些机构就业，把它作为实现自己职业理想的舞台。

2. 面向大中城市的社区医疗服务机构就业

发达地区的人群对于医疗卫生的需求不再是仅停留在治疗疾病的层面上，身心健康、保健、生活质量和就医环境以及方便的程度等方面也越来越受到百姓的关注，社区护理、家庭病房以及卫生保健等现代化的医疗卫生服务形式进入小区、进入家庭势必成为一种趋势。当前，各个大中城市中建立了许多社区卫生医疗机构，且都具备自己的独特优势。这些机构对医疗人才的需求非常大，且工作竞争压力不像大医院那样激烈，拥有更多的发展机会；另外只要是经营有道，这些机构的经济效益也是相当可观的，加之国家出台了很多鼓励的政策，这对医学毕业生有很大的吸引力。

3. 面向可以发挥自己特长的相关行业就业

随着国家的发展，医疗卫生事业也逐步趋于完善，一些和医学相关的行业也在蓬勃发展，如医疗保障部门、卫生执法监督部门、保险公司、药品生产与销售、医疗器械生产与销售等，这些行业对医学毕业生的需求也很大。经济发展带来的变革深入到社会各个领域，卫生事业更是勇敢当先。随着国家卫生医疗保障、农村合作医疗等政策的推出，需要一批具有医学专业知识的人才队伍。另外随着我国交通事业的发展，交通事故频繁发生，人们对于人身意外险的投保需求越来越大，保险公司在理赔过程中确定投保人受伤害的程度以及赔付金额的大小，都给医学毕业生的就业提供了机会。

4. 面向医学研究和相关领域就业

随着社会的发展，医学领域在不断扩大，涉及的方面也是越来越广，其中不乏一些新兴的领域，如医学伦理学、医学法律、医疗设备等新兴专业。这些新兴领域都需要不断地丰富知识理论，传统的医学领域也需要不断地深入研究，因而医学毕业生可以有目的地开阔自己的视野，及时把握好医学研究和相关领域的就业机会。

5. 选择合适的领域自主创业

当代大学生拥有先进的思想和丰富的知识，在竞争激烈的就业中，与其四处碰壁寻找就业岗位，不如自主创业，寻求自己的发展空间。研究国家推行的相关政策，靠自己打拼出一片新的天地。

6. 升学、出国留学深造也是一个好的就业发展方向

国家未来对于高层次的医疗卫生人才的需求量非常大，医学毕业生升学继续深造无疑是一个提升自身就业竞争力的好途径。同时，出国留学深造，学习、借鉴外国先进的知识经验，并回国为我所用，于国于己都是有益的事情。

7. 面向西部等边远地区就业

新时代我国社会主要矛盾是人民日益增长的美好生活需要和不平衡不充分的发展之间的矛盾，西部等边远地区因为医疗技术条件落后，非常缺乏医疗卫生人才，国家不断出台相关政策，补西部等边远地区发展不平衡不充分的短板，这不光为医学院毕业生到西部等边远地区就业提供了更多的机会，甚至还有可能是实现其自身创业梦想的平台，其发展前景是比较广阔的，因而去西部等边远地区发展也是医学毕业生的理想选择。

二、良好的就业心态

态度决定一切，高校毕业生一定要有一颗平常心，毕业生初入社会都是从零做起，万万不能缺乏的就是虚心的态度。高校毕业生不要盲目地认为自己什么都会，什么都能干，刚工作就想向领导要求担当重要职位，同时也不要盲目自卑，怀疑自身的能力，应具备良好的就业心态。

（一）要学会自信

德国哲学家黑格尔说过："人应尊重自己，并应自视能配得上最高尚的东西。"大学生要相信，天生我材必有用。正所谓：尺有所短，寸有所长，每个人的潜能都是无限的。自信是不可或缺的，高校毕业生不要总是盲目担心找不到工作，要树立就业的自信心，在寻找就业岗位的时候不能总是盯着自己的缺点和短处看，要多看自身的优势，学会欣赏自己，这样才能不断发掘自身的潜能。

（二）要学会宽容

胸怀宽广的人，会更加欣赏别人，宽容别人，同时也能保持乐观的心境；而心胸狭窄的人，只会关注自己，很容易生气，斤斤计较，闷闷不乐。宽广的胸怀是伟人的优良品质之一，蔺相如宽容了廉颇，才会出现"刎颈之交"，壮大了赵国的力量；诸葛亮宽容了周瑜，才有了赤壁鏖战，以少胜多，重创曹军的胜利；宽广的胸怀能开阔人的视野，在前行的道路上获得最大力量的支持，这样才能不断地挑战自我，不屈服于命运安排，执着进取，坚信用自己的能力让自己拥有美好的未来人生。

（三）要学会调整心态

就业遇到困难和挫折都是常见的，从而产生负面情绪也是正常的，大学生要勇于面对，迎难而上。在遇到就业困难和挫折时，要努力学会调节自己的心态，从容面对就业挫折，作出理智的选择。如果你在就业的过程中遇到了困扰，不妨试着从以下几个方面来调节。

1. 学会了解自我，主动捕捉机遇

高校毕业生要学会认识自我，了解自我，这也是调节就业心态的一种途径。高校毕业生可以结合自身的实际来准确定位，了解自己的兴趣爱好，同时还要认识到自己的能力以及现实的需求，进而确立合理的就业目标。当然高校毕业生除了要认识自己以外还要努力地接受

自己，不要一味地抱怨自己，与其怨天尤人，不如客观地承认现实，学会扬长避短，要知道有些缺点是可以在以后的工作岗位上不断改变完善的，它并不可怕。

另外，高校毕业生还要学会抓住机遇，多多收集相关的职业信息，多参加一些人才交流会，并根据自身择业标准选择就业的工作岗位，要知道机会不等人，这种转瞬即逝的机遇，就要求高校毕业生在发现就业机会时不要犹豫，主动出击。

2. 学会接受现实，调整就业期望值

高校毕业生要顺利实现就业，必须依据自身的实际情况和当今的就业形势来不断地调整自身的就业期望值。环顾整个就业市场，用人单位提供的就业岗位和毕业生具备的能力存在错位现象，也是受到毕业生就业期望值过高的影响。当然调整期望值不是说不选择，有就行，而是要在自己的职业生涯规划基础之上去重新规划，重新调整。

3. 提高心理承受能力

人才市场的竞争压力与日俱增，高校毕业生的就业压力也是在不断增长。在就业的过程中遇到了挫折，不断抱怨是没有任何用处的，更为重要的是努力调节自己的心态，提高自身的心理承受能力。客观冷静地分析失败的原因，调整策略，避免这次的失误重复出现。

4. 学会开拓进取，勇于创业

就业压力大，不妨转变思路，改就业为创业。高校毕业生创业已经成为社会的新趋势，这也是国家大力扶植和鼓励的，高校毕业生可以根据自身的合理规划定位，找准创业思路，联合有市场经验的人员，科学创业。

三、过硬的就业素质

面对当今越来越大的就业压力，过硬的素质是成功就业的通行证。

（一）提高专业素质

高校毕业生要就业，能否找到一份好的工作，专业技能素质很重要。毕业生必须具备的全面素质包括"软件"素质和"硬件"素质两个方面。"软件"素质指思想道德素质、文化素质、身体素质、审美素质、心理素质和创造素质等。"硬件"素质指从事职业生活的关键素质，即职业技能素质。职业技能主要包括动作技能和智力技能两个方面。动作技能亦称操作技能，是通过职业实践或反复练习而形成并巩固起来的合乎法则的操作能力。高职院校要突出自身的办学特点，把培养学生具有从事某种职业或生产劳动所需要的知识和技能作为头等大事，在传授学生一定知识和理论的基础上，重点进行实用性和操作技能的训练，通过开放的形式和形象的教学与训练手段，促进高职院校毕业生专业技能素质的养成。夯实专业理论根基，既要有厚实的基础，还要扩大就业口径；必须强化专业技能训练，发挥学校主导功能，还要突出学生的主体地位。学生要全面掌握专业知识，熟练掌握操作要领，做到全面练习，科学分配练习时间，不错过练习时机及场所，还要注意手脑并用，这样才能具备更好的专业技能素质。

作为医学类院校的大学生，要具备以下几种职业素养。

1. 坚定的政治信念

没有坚定的政治信念，就没有灵魂和方向，就不能做到讲政治、顾大局、爱国爱民、爱岗敬业。

2. 良好的职业道德

中国有"大医精诚"的古训，国外有希波克拉底誓言、南丁格尔誓词。医学生誓词是医务工作者的必修之课。

3. 广博的医学科学知识

医生必须凭借扎实的基本理论和基本功、过硬的医疗技术，才能在医疗实践中做好本职工作，掌握广博的医学科学知识是一个医生必备的素质。

4. 充沛的精力和较强的心理承受能力

多方面的协调和对患者全方位的照顾，需要医生必须有充沛的精力。同时，作为医生，要有应对突发事件的心理准备。

5. 出色的管理意识和服务意识

善于独立承担责任，控制局面，在集体环境中有自觉的协调意识、合作精神和足够的灵活性，有很好的服务意识，与各有关方面保持良好的关系。

6. 出色的沟通交流能力

医院里人员复杂，医生需要处理好与患者、同事、上下级之间的关系，这就需要医生具有较强的交流沟通意识，具备良好的沟通交流的技巧和能力。

（二）具备敬业精神

敬业就是指一个人对自己所从事的工作及学习负责、勤恳的态度。敬业精神是一种基于热爱，对工作、对事业全身心忘我投入的精神境界，其本质就是奉献的精神。具体地说，敬业精神就是在职业活动领域中，树立主人翁责任感、事业心，追求崇高的职业理想；培养认真踏实、恪尽职守、精益求精的工作态度；力求干一行、爱一行、专一行，努力成为本行业的行家里手；摆脱单纯追求个人和小集团利益的狭隘眼界，具有积极向上的劳动态度和艰苦奋斗精神；保持高昂的工作热情和务实苦干精神，把对社会的奉献和付出看作无上光荣；自觉抵制腐朽思想的侵蚀，以正确的世界观、人生观和价值观指导和调控职业行为。

敬业精神包括职业理想、立业意识、职业信念、从业态度、职业情感以及职业道德六方面的构成要素。要求就业人员有巩固的专业思想，热爱本职工作，忠于职守，持之以恒；有强烈的事业心，尽职尽责，全心全意为人民服务；有勤勉的工作态度，脚踏实地，无怨无悔；有旺盛的进取意识，不断创新，精益求精；有无私的奉献精神，公而忘私，忘我工作。

视野窗

"为医之道，德为先"

——吴孟超

吴孟超，中国肝胆外科主要创始人之一。这位国之大医，披肝沥胆，一辈子用自己的行动诠释着"当好医生，全心全意为人民服务"的铮铮从医誓言。一个好医生，眼里看的是病，心里装的是人。吴孟超正是这样一位好医生。冬天查房，他会先把听诊器焐热；做完检查，他会帮患者把衣服拉好、把腰带系好、把鞋子放好；每年大年初一，他都会穿着军装，带领值班医护人员，到病房里去给住院患者拜年。他往往会先搓搓双手，再将温暖的手伸向病床……

吴孟超说："从医这么多年，我时时记住老师裘法祖教授讲过的一句话'医术有高有低，医德最是要紧'。"从风华正茂到年至耄耋，他的初心始终未变——攻克肝癌，助推中国肝脏外科事业再一次腾飞。对于吴孟超而言，肝癌便是今生最大的敌人，手术室则是一辈子的战场，要"一直战斗下去"，就是凭着这股韧劲，从医70多年来，他将数万名患者从死亡线上拉了回来。

（三）具有良好的身心素质

身体是革命的本钱。然而很多高职院校的学生并没有坚持锻炼身体的好习惯，熬夜、偏食等不良的生活习惯影响着学生的身体健康，也不利于大学生心理状态的调整。只有坚持锻炼身体，采取合理作息、合理膳食的生活方式，才能拥有健康的身体，而健康正是生理、心理的完满状态。心理学家马斯洛曾说过，健康有三个标准，即足够的安全感，生活理想符合实际，保持良好的人际关系。大学生拥有健康的体魄，保持健康的心理状态，是适应当今社会就业现状的必要条件之一。

四、基层就业

2023年高校毕业生人数达到1158万人。为鼓励高校毕业生到基层就业，教育部明确，艰苦边远地区基层单位招录高校毕业生可适当放宽学历、专业等条件，降低开考比例；设置一定数量的职位面向具有本市、县户籍或在本市、县长期生活的高校毕业生；给予履行一定服务期限的毕业生学费补偿和国家助学贷款代偿：到中西部地区和艰苦边远地区基层单位就业的中央部门所属高校应届本专科生每人每年最高不超过12 000元，研究生每人每年最高不超过16 000元。

2022年4月，教育部发布《普通高校毕业生基层就业政策公告》，并在全国范围内组织开展高校毕业生就业创业政策宣传月活动，进一步加大就业创业政策宣传力度。宣传包含毕业生到基层就业的优惠政策、学费补偿等内容，明确高校毕业生参与中央基层就业项目服务期满后三年内报考硕士研究生初试总分可加10分，同等条件下优先录取。帮助更多高校毕业生知晓各项促就业政策，促进高校毕业生更加充分地更高质量就业。

（一）基层就业的含义

基层就业是指到城乡基层工作。"基层"包括农村、城市街道社区、社会团体、非公有制组织和中小企业、县级以下党政机关、企事业单位、自主创业、自谋职业等行业和岗位。

（二）基层就业项目

近年来，中央各有关部门主要组织实施了四个引导高校毕业生到基层就业的专门项目。

1. 大学生志愿服务西部计划

大学生志愿服务西部计划由共青团中央牵头，教育部、财政部、人力资源和社会保障部共同组织实施。从2003年开始，每年招募一定数量的普通高等学校应届毕业生，到西部贫困县的乡镇从事为期1~3年的教育、卫生、农技、扶贫以及青年中心建设和管理等方面的志愿服务工作。

2. "三支一扶"计划

三支一扶是支教、支医、支农、扶贫的简称。2006年，中共中央组织部、人事部、教育部等八部门下发《关于组织开展高校毕业生到农村基层从事支教、支农、支医和扶贫工作的通知》，以公开招募、自愿报名、组织选拔、统一派遣的方式，从 2006 年开始连续 5 年，每年招募 2 万名高校毕业生，主要安排到乡镇从事支教、支农、支医和扶贫工作。服务期限一般为 2～3 年。招募对象主要为全国普通高校应届毕业生。

3. 农村义务教育阶段学校教师特设岗位计划

2006 年，教育部、财政部、人事部、中央机构编制委员会办公室下发《关于实施农村义务教育阶段学校教师特设岗位计划的通知》，联合启动实施"特岗计划"，公开招聘高校毕业生到"两基"攻坚县农村义务教育阶段学校任教。特岗教师聘期为 3 年。2006～2008 年"特岗计划"的实施范围以国家西部地区"两基"攻坚县（含新疆生产建设兵团的部分团场）为主，包括纳入国家西部开发计划的部分中部省份的少数民族自治州，适当兼顾西部地区一些有特殊困难的边境县、少数民族自治县和少小民族县。2009 年，实施范围扩大到中西部地区国家扶贫开发工作重点县。

4. 选聘高校毕业生到村任职

2008 年，中共中央组织部、教育部、财政部、人力资源和社会保障部出台了《关于印发〈关于选聘高校毕业生到村任职工作的意见（试行）〉的通知》，用五年时间选聘 10 万名高校毕业生到农村担任村委会主任助理、村党支部书记助理或团支部书记、副书记等职务。选聘的高校毕业生在村工作期限一般为 2～3 年。

1）选聘到村任职的对象

选聘对象为 30 岁以下应届和往届毕业的全日制普通高校专科以上学历的毕业生，重点是应届毕业和毕业 1 至 2 年的本科生、研究生，原则上为中共党员（含预备党员），非中共党员的优秀团干部、优秀学生干部也可以选聘。参加人力资源和社会保障部、团中央等部门组织的到农村基层服务的"三支一扶""志愿服务西部计划"等活动期满的高校毕业生，本人自愿且具备选聘条件的，经组织推荐可作为选聘对象。对于各省（区、市）此前已经选聘到村任职的高校毕业生，本人自愿，通过组织考察推荐，可转为选聘对象。

2）选聘的基本条件

①思想政治素质好，作风踏实，吃苦耐劳，组织纪律观念强。②学习成绩良好，具备一定的组织协调能力。③自愿到农村基层工作。④身体健康。

3）选聘到村任职的程序

选聘工作一般通过个人报名、资格审查、组织考察、体检、公示、决定聘用、培训上岗等程序进行。

（三）基层就业享受的优惠政策

"选聘高校毕业生到村任职"、"'三支一扶'计划"、"大学生志愿服务西部计划"及"农村义务教育阶段学校教师特设岗位计划"项目服务期满的毕业生，享受以下优惠政策。

1. 公务员招录优惠

地（市）级以上党政机关录用公务员，要明确录用具有 2 年以上基层工作经历的人员比例；县及乡镇机关要拿出一定职位，专门招考到村任职等基层就业项目的大学生。

2. 事业单位招聘优惠

鼓励在项目结束后留在当地就业，参加各基层就业项目相对应的自然减员空岗，全部聘用服务期满的高校毕业生。从 2009 年起，到乡镇事业单位服务的高校毕业生服务满 1 年后，在现岗位空缺情况下，经考核合格，即可与所在单位签订不少于 3 年的聘用合同。同时，各省（区、市）县及县以上相关的事业单位公开招聘工作人员，应拿出不低于 40%的比例，聘用各基层就业项目服务期满考核合格的毕业生。

3. 考学升学优惠

服务期满后三年内报考硕士研究生初试总分加 10 分；同等条件下优先录取；高职（高专）学生可免试入读成人本科。

4. 国家补偿学费和代偿助学贷款政策

参加各基层就业项目的毕业生，符合规定条件的，可享受相应的学费补偿和助学贷款代偿政策。

5. 服务期满自主创业的政策

服务期满自主创业的，可享受行政事业性收费减免、小额贷款担保和贴息等有关政策。

6. 其他

各基层就业项目服务年限计算工龄。服务期满到企业就业的，按照规定转接社会保险关系。

目标检测

1. 简述医药卫生类院校毕业生就业总体状况。
2. 作为医学类院校的大学生，要具备哪几种职业素养？

第九章 就业准备

学习目标

1. 掌握就业信息材料的收集、选择和应用，谨防误入就业陷阱。
2. 掌握简历的制作方法。
3. 掌握影响毕业生求职心理的主要因素。
4. 了解求职中应有的心理准备，树立正确的就业观。
5. 了解毕业生就业求职中常见的心理问题以及应对方法。

卫生高职院校为我国医疗领域输送大量医学人才，但是随着我国教育改革的不断深化以及医疗领域的迅猛发展，现代高职医学生的就业形势越来越严峻，医学专业由于涉及人类的身体健康，因此对于医学生的要求也是十分之高的，很多医院都不愿意招收大专学历的学生，甚至有很大一部分医院连本科生都敲不开求职的"大门"。在这种情况下，高职医学院校毕业生要想选到理想的职业岗位，必须积极主动做好就业前的准备工作，为走向未来的职业岗位成功就业奠定基础。

第一节 信息准备

大学生求职，不可避免地要经历收集材料、制作简历等过程。了解就业信息，投出一份精致实用的简历是毕业生走入职场大门的"敲门砖"。

一、就业信息的含义

就业信息是指经过加工整理，能被择业者所接受并对其选择所从事的职业或职位有一定价值相关的消息、资料和情报。掌握相关的就业信息是一切职业活动开始前的先导。

二、就业信息的内容

就业信息的内容包括多层次和多领域，涉及范围非常广泛。一般来说，只要是对未来职业活动有用的信息，我们都可以理解为就业信息。主要内容包括：就业政策与法律法规信息；就业形势与行业信息；用人单位信息。就业信息的效用具有一定的期限，就业信息一经公开发布即为人们共享，就业信息总处于流动和传递状态。

（一）就业政策与法律法规信息

就业政策是指政府为了解决现实情况下劳动者的就业问题，所制定和推行的一系列方案及采取的相应措施，包括具体的就业体制、范围、时间、程序等。毕业生在就业过程中，如果对就业政策缺乏足够的认识，就很容易导致盲目就业和随意就业。对就业政策的漠视，还可能导致与发展机遇和就业机会失之交臂。因此，对就业政策的全面了解是毕业生不得不做的准备工作。在收集就业政策信息的时候，应该注意的是对国家政策和地方政策的双重把握，不要顾此失彼。

法律法规是指中华人民共和国现行有效的法律、行政法规、司法解释、地方法规、地方规章、部门规章及其他规范性文件以及对于现有法律法规的不定期的修改和补充，是国家调整社会关系、管理和规范组织与个人活动、解决组织间纠纷、制裁违法行为的依据。其中，与毕业生就业活动相关的法律法规，是我们需要进行收集和了解的内容。

（二）就业形势与行业信息

目前我国人口老龄化日趋严重、经济形势发展持续向好、人均收入稳步增长，医疗行业的完善与发展逐渐成为我国未来就业率快速增长的一个重要切入点。对于卫生职业类院校来说，未来在老年护理、儿童护理等细分护理领域，以及康复、营养、社区医疗等日常保健领域的市场需求会进一步扩大。收集相关信息不但可以帮助毕业生顺利就业，还可以促进学生尽早树立正确的求职目标。

（三）用人单位信息

收集用人单位的信息可以让毕业生更合理地选定就业单位，从而提升对未来职业活动的稳定性。

用人单位的就业信息包括：单位的性质、单位的发展前景、单位的福利待遇、单位的管理体制和组织架构、单位的工作氛围等。

三、就业信息的收集

（一）就业信息收集的原则

一般而言，要收集到适合自己且高质量的就业信息，必须把握以下四个原则。

1. 准确性、真实性原则

近年来，社会上出现了各种各样以营利为目的的中介——职业介绍机构。其中有个别的中介用一些过时的或虚假的信息吸引学生，致使毕业生为此徒劳奔波。在信息收集的过程中，辨别信息源的真假是学生们首先要学会的。对于来路不明、道听途说的小道消息要尽量慎重应对，加以警惕，尤其应当防止"陷阱"性信息导致毕业生误入传销圈套之类的恶性案例的发生。总之，一定要了解清楚信息来源的准确性和真实性。

2. 实用性、针对性原则

毕业生首先要充分认识自己，然后根据自己的专业、特长、能力和性格等方面的综合因素收集信息，避免范围过大且对自己无法利用的无效信息。避免盲目地应聘，浪费不必要的人力、物力和时间。

3. 系统性、连续性原则

将各种相关的信息积累起来，然后分析、加工、整理和分类，形成一种能客观、系统地反映当前就业市场、就业政策、就业动向的有效就业信息，为自己的择业提供可靠的依据。

4. 计划性、条理性原则

首先要明确收集信息的目的；其次应明确自己所需就业信息的范围，做到有的放矢。

（二）就业信息收集的途径

获得需求信息是毕业生就业的前提，及时掌握需求信息能使就业工作变被动为主动。因此，学校及毕业生都应当尽早地、全面地开展这项工作，其方法和途径主要有以下几种。

1. 通过本校的毕业生就业机构

学校的就业指导中心，就是为毕业生和用人单位提供信息交流、服务咨询的部门，它同上级主管部门、各部委、各省市的就业部门及用人单位保持着广泛而密切的联系，而且经过多年的工作实践，与有关部门长期合作，已形成网络或稳定的关系。从学校得到的需求信息可信度高，其针对性、准确性、可靠性都较强。他们提供的信息无论是数量还是质量都有明显的优势。这是主要信息渠道。学校的就业部门，也会在每年举办各种类型的"双向选择"、"供需见面"会和招聘会。无论是毕业生还是在校生都应该合理把握机会，到会场熟悉招聘流程和要求，收集第一手的就业信息和资料。因为是供需双方直接见面，通过招聘单位可以掌握更多的信息。

2. 通过实习和社会实践活动

对于毕业生来说，实习和社会实践通常是一次收集就业信息的重要机会。学生通过到某些单位实习、参加社会服务等社会实践活动，一方面将自己所学的知识直接应用于生产和社会服务；另一方面开阔了视野，了解到这些单位对人才的需求情况、素质要求，加深了对这些单位人才使用情况的认识。同时自己了解到的情况往往是很真实的。尤其实习单位一般都比较对口，通过实习可以直接掌握就业信息，全面了解用人单位情况，用人单位也全面了解学生的情况，这种信息具有全面性、准确性的特点。很多学生把握住了实习和社会实践的机会，深入体验到了职场的具体情况，树立了正确的职业目标，赢得了用人单位的青睐。他们用自己的亲身经历，不仅将就业信息的收集和应用融为一体，而且还是一次理论联系实践的完美的学习体验，更有一些学生还通过自己优秀的实习实践过程获得了工作岗位，实现了提前就业。

3. 通过各种新闻媒介和传播媒体获取就业信息

随着社会主义市场体系的形成与发展，各种单位通过新闻媒介如广播、电视、报纸、互联网、电话服务台发出大量招聘启事，不仅传播速度快，而且涉及面也很广，信息很及时。利用互联网，不但能迅速查获大量择业信息，了解就业岗位信息，而且还可以得到在线就业指导。但要注意，在面对这些信息时，要保持冷静，合理判断这些就业信息的真实成分，不要人云亦云，盲信盲从。

4. 通过走访用人单位获取就业信息

采取"走出去"的方式了解用人单位的需求情况。通过走访用人单位，实地观察单位的资质和规模，以获取最直接的外在信息也是信息收集的一种有效途径。在用人单位直接获取的就业信息，真实度非常高，而且细节把握也是十分精准和丰富的，是就业信息收集途径中效率最高，也是操作最为复杂的一个。还可以通过邮件或关注微信公众号等方式，获得公司简介，这也是了解公司的方法之一。

5. 通过社交关系获取就业信息

我们的亲戚、朋友、同学、老师，都可以成为毕业生收集就业信息的重要渠道。每一个人获取信息的渠道不同，如果我们能把身边这些信息汇聚到一起，就可以从其中筛选出大量对自己有用的就业信息。而且这些信息中还夹杂着大量的经验分析，经由亲戚、朋友等的审视后所传达过来的信息，本身可能就已经非常成熟了，所以在选用的时候可以省掉许多基本的考证工作。这样，就可以把更多的精力放在信息的选择和应用上了，对提升就业效率具有明显的增益作用。

四、就业信息的选择与应用

（一）信息的整理与分类

当我们获得了大量杂乱的信息以后，是很难找到头绪的。筛选收集到的信息是使用的前提，实践证明这是一套行之有效的程序。对信息不进行有针对性的分析、整理、排列工作，使用起来就会遇到麻烦，甚至失去很好的就业机会，择业就会出现事倍功半、得不偿失的情况。择业者应根据自身的实际情况，把信息分为重点、可行、一般、参考等类型。择业时，可根据这种分类，有章有序、有前有后、有条不紊地进行。这样就可以将主观愿望与客观现实条件有重点、有方向地加以衔接，从而使用起来能够获得满意的结果。

（二）信息的筛选

信息的筛选是根据对信息整理和分类的结果，将已有的信息进行选取。如何筛选信息同样是一个技巧问题。

（1）去伪存真。对信息要讲可信度和可行性。在筛选过程中，对信息要辨明真伪，去伪存真。要进行一番调查了解，将确实可行、真实可信的信息列入择业计划。

（2）重点选择。在得到的所有信息当中，找出最满意、最理想、最符合自身条件的信息，把它放在择业日程的前列。其他信息同样按个人意愿与实际情况先后排序，择业时按轻重缓急进行。

（3）重点了解。对于个人认为是重点的信息，务求全方位了解，也可请别人做参谋，听听他人意见，切不可一知半解就匆忙行事。

（4）求证信息。当你收集到一些需求信息后，为了弄清信息的可靠程度，应当通过各种办法，找有关人事部门去打听、澄清，以确定信息的可信程度。

（5）了解透彻。对于重要的信息要顺藤摸瓜，寻根究底，务求了解透彻，不能一知半解。要全面掌握情况，全面了解信息的中心内容。

（6）避免盲从。获取用人信息后，不能一味盲从，认为亲友告诉你的信息一定可靠，报刊上传播的信息肯定没问题。绝不要未经筛选就轻率作出选择，这样吃亏的只能是自己。

（7）适合自己。一切信息都要用来对照衡量一下，看是否适合自己。千万不要好高骛远地去挑选不适合自己的工作岗位。

（三）信息的应用

筛选信息必须严格认真，使用信息也要掌握原则。

就业信息的应用具有非常复杂的特性，是主客观结合的产物。所以在应用信息的时候，应该慎重地去参考筛选出来的信息，以此作为客观依据。

在运用求职信息时，无论个人的愿望如何，在实际操作时都要面对现实。不能图虚荣、爱面子，好高骛远，要量力而行，即把所有的求职信息都对照衡量，看是否适合自己，尤其要选择适合自己性格、气质和有利于发挥特长的单位和工作岗位。及时运用有价值的信息去选择适合自己的工作，这是收集和筛选就业信息的最终目的。

1. 在政策范围内择业

使用就业信息时，要把个人意愿和国家需要结合起来，并根据社会需要与自己的能力、愿望作出职业选择。每一个就业信息的运用都是经过求职者理解并进行加工后的一个转换过程，即依据信息进行择业的过程。毕业生要学会合理、充分地利用这些有效信息。

2. 发现不足，加强能力培养

根据筛选出来的就业信息，对照个人的情况，发现自身存在的不足，并据此及时调整个人的知识结构，加强个人能力的培养。如果发现自己哪方面的知识比较欠缺，基础不牢，应主动地加强学习，尽量较早、较快地弥补原来的不足。

3. 及时准备

就业信息有很强的时效性，又为众多求职者所共有，因此需求信息一旦选定，就要及时主动与用人单位的主管人员联系，不要犹豫不决，更不能守株待兔，否则"机不可失，失不再来"。应主动询问相关面试的方式、时间、地点要求，并做好一套自己完整的求职材料，使需求信息尽早变成供需双方深度沟通的重要桥梁。根据筛选出的需求信息的要求对照检查自己，及时调整自己的就业期望值。即使时间上有些仓促，也应尽量做好各项工作。

4. 信息共享

信息有很强的时效性，过期不用等于零。收集了大量的信息，经过整理、分类、筛选和应用以后，会有很多信息因为各种原因被淘汰。然而，这些信息仍然是具有一定价值的。在筛选时有些信息对自己不一定有用，可是对于他人来说也许十分有用，此时主动输出对他人有用的信息，不仅是对他人的帮助，也充分利用了那些可靠的信息，达到了千方百计搜集和筛选信息的目的。说不定你也会从别人手中获得对自己十分有益的信息。通过将剩余信息的相互交换和分享，扩展自己的信息范围，增加信息存量，不但可以互相帮助，也促进了信息的二次利用。

五、谨防就业陷阱

大学生就业陷阱是指招聘单位、其他机构或个人，利用大学生的弱势地位（如社会经验不足、自我保护意识差、就业竞争激烈等），以提供就业机会为诱因，采取违法悖德等手段，与大学生达成权利与义务不对等的各类就业意向（协议），侵害大学生合法权益的现象。

近年来，由于高校扩招、部分市场需求饱和等因素，大学生就业已不容乐观。诈骗分子利用毕业生缺乏社会经验、急于求职的心理，以设计套路的案件屡见不鲜。骗子们的手段如今越来越高明，所以要提醒毕业生求职时要注意鉴别，不要因为一时的疏忽大意，陷入圈套骗局，令个人前程毁于一旦。

现今大学生就业陷阱可谓五花八门，大致可以归类为以下几个方面。

（一）就业渠道陷阱

就业渠道陷阱主要是通过招聘网站、QQ 信息、微信、微博等渠道发布招聘信息，通过这类渠道发布招聘信息的单位或个人由于监控不严，信息的真实性难以核实，信息发布者往往利用这一点，发布具有很大诱惑力的虚假信息，吸引求职者。

毕业生应仔细鉴别招聘信息及招聘公司的合法性，尽量通过正规途径获取信息。通过网络求职或其他途径获取的招聘信息要注意甄别真伪，投递简历应提前了解用人单位的情况，必要时应向相关机构或者熟悉情况的亲朋好友进行咨询和调查。

（二）工资待遇陷阱

这类用人单位往往对求职的大学生许以高薪，但是不签订任何书面合同，等到应聘者领取工资时，不是不能如数兑现就是推脱，有的甚至以企业困难、倒闭为由拒发工资。

（三）合同陷阱

有的单位在招聘时提出的待遇很好，但却不签订就业协议书，也不签订就业合同；有的单位在招聘时作出了种种承诺，可合同里却不见只言片语；有的单位在合同里设置一些模棱两可或带有迷惑的字眼欺骗求职者；还有一些单位利用就业者粗心的毛病，在合同最不容易引起人注意的地方或用最小的字号列入对就业者不利的条款。

（四）保证金或押金陷阱

按照国家有关法律规定，严禁招聘单位向应聘大学生收取费用，包括资料费、培训费、保证金、押金等。可是在招聘中，求职者还是经常碰到索要巧立名目的费用。大学生一方面求职心切，另一方面缺乏相应的法律知识和保护意识，所以经常陷入此类陷阱。

（五）传销陷阱

毕业生还要警惕被卷入任何形式的传销组织。传销公司经常利用大学生社会阅历浅、易拉拢、好蒙骗的特点，打着同乡、同学、亲戚等幌子，以帮忙找工作为由，以高薪为诱饵，投其所好，骗求职者去进行非法传销活动。为此，毕业生对于一夜暴富、急于求成的消极思想要有所克制，对过分鼓吹团队精神、家庭温暖以及下线制度、高额回报的组织和个人，一定要提高警惕。

在防范各种陷阱的同时还要注意个人信息的保护，要注意加强个人信息的保密安全工作，提供的联系方式保证用人单位能第一时间通知到自己就可以了，提供太全和太详细可能会导致隐私泄露或者遭到不法分子的利用。身份证是一个居民非常重要的证件，其信息必须要妥善保管。《中华人民共和国居民身份证法》第十五条明确规定："任何组织或者个人不得扣押居民身份证。"因此，即便是复印件、证件号码也不要随意留用和到处发送，避免身份证信息外泄，给自己和家人带来不便，甚至利益损害。

毕业生要通过学习来提高辨别真假和防伪防骗的技巧，一旦发现利用求职牟利诈骗的非法活动，应立即向学校或当地公安部门举报。

视野窗

求职者如何防范求职陷阱

一、选择正规的渠道

对于毕业生来说，求职过程中，选择一个正规的求职渠道或者求职机构是非常重要的。因为这些合法的部门至少能保证信息的准确性，就算后续出现一些问题，毕业生也不至于申诉无门。通常各大城市都有一些正规合法的求职部门，每天都有岗位信息的发布，定期都会组织免费的招聘会，毕业生可以常到这样的机构去寻求合适的岗位和企业，保证信息的安全。

二、核实单位的资质

现在网络信息比较发达，而且科技也比较进步。毕业生只要留意一下，花点时间，通常都能够查询到想应聘单位的信息。要学会认真核实单位的各方面信息，如了解单位是否合法，运营是否正常等信息。

三、保护个人信息

有些求职者为了能够尽快就业，有时候接到陌生电话，只要人家一说工作的事，马上就非常激动，人家问什么都很轻易地就如实相告，也不认真核实对方身份的真实性。这样做很容易把自己真实信息全部透露给不法分子，给自己带来不必要的麻烦。

四、拒绝交中介费

一般正规的就业机构，其实是不会向求职者要求交钱的。反而一些不合法的中介，经常会用高薪、工作轻松等谎言来诱惑毕业生，让求职者先缴费后才介绍一些岗位给他们。其实，这都是骗局，一定要提高警惕，不要到时候竹篮打水一场空。

第二节 就业资料准备

就业资料是求职过程中的通行证和敲门砖，目的是获得下一轮的机会。就业资料是应聘者的个人广告，内容充实而又富有个性的简历将会在众多空洞而无特色的简历中脱颖而出，更早地吸引招聘者的眼球。

应届毕业生要更加重视自己人生的第一份求职资料，谁能未雨绸缪率先掌握简历和求职信的书写要领，并认真地准备好各种相关资料，谁就可能在今后的求职道路上走得顺畅，至少被埋没的概率会小一些。

简化后的就业资料，基本上已经被简历单项覆盖了。从简单的制式简历到全面的个人简历，甚至是在互联网上迅速传播的微简历，都拥有各自不同的用武之地。一份能吸引别人注意力的简历能创造面试的机会及增加录取的概率。所以毕业生要了解简历的类别、用途，掌握制作与填写要求。

一、制式简历

（一）制式简历的含义

制式简历是用人单位提供的一份固定格式的履历表，求职者需按照用人单位的要求填写履历表，然后返还给用人单位。

（二）制式简历模板

制式简历模板如表 9-1 所示。

表 9-1 制式简历模板

个人简历					
姓名		性别		出生年月	照片
民族		学历		政治面貌	
专业		身高		英语等级	
联系方式					
家庭住址					
个人荣誉					
教育经历					
时间		就读院校			职务
主干课程					
实践实习					
时间		实习单位		实习内容及科室	
自我评价					
特长爱好					

（三）制式简历填写注意事项

要突出自身特点，突出专业特长和能力特长；要严格按照用人单位的要求填写，特别是对时间、日期等信息的格式要求；明确求职目的，与工作无关的事情不要写；书写规范，避免超出表格。电脑录入时，避免改动简历格式；避免出现错别字或歧义字眼，要慎重检查后再提交；如实填写，不要弄虚作假；教育经历、学习经历应填写完整，中间不要有中断；填写个人荣誉时，应遵循时间就近原则。

（四）制式简历的使用

制式简历一般是用人单位为了简化招聘流程而提前准备好的，其内容和项目往往和用人单位想要了解的信息相关。在使用制式简历的时候，要特别注意用人单位的针对性，填写的内容要贴近用人单位感兴趣的方面和领域。返还给用人单位时应及时准确，避免延误了要求的时间。因为制式简历的便捷性，使用时还应该注意用人单位是否要求提供其他证明材料。

总之，制式简历的使用要认真理解用人单位的各项要求，并尽量与之相符，避免给用人单位留下缺乏诚意的印象。

二、个人简历

个人简历是区别于制式简历的更全面的一种简历形式，在用人单位不提供制式简历的时候，可以选取制作更全面和更具有个性化的个人简历。一般情况下，个人简历由封面、自荐信、履历表和佐证材料四个基本部分组成。大学生应该具备基本的 Word 软件操作水平，用以制作一份个性化的个人简历。

（一）简历制作的基本流程

在制作个人简历之前，毕业生先要清楚制作简历的基本流程和顺序。一般情况下，简历分为基本信息和佐证材料两大部分。基本信息部分包括封面、自荐信、履历表等。佐证材料部分包括学历证明、成绩单、技能证书、荣誉证书及其他证明自己能力的证件、证书的复印件，这一部分内容需要认真整理和选择，要有侧重、有突出，并不是越多越好。

（二）简历的制作

如何制作一份属于自己的个性化简历？其实很简单，只需要使用 Word 软件就可以轻松地完成下面的工作。

1. 封面

封面的制作一定要有特色，这是个很难判定的标准，因此以自己的观点为准，但是不要过分花哨。封面上要突出自己的专业背景、学历层次、姓名、联系方式，以便用人单位在收到简历的同时，就对求职者有一个最初的印象，也便于用人单位要联系的时候不用再翻开简历。

封面制作需完成下面几个步骤。

第一步寻找素材：打开百度搜索后，在百度图片搜索中键入"简历封面模板"，然后就会得到大量的图片信息。

第二步选定素材：在众多素材图片中，选择一张自己最为满意的，下载然后保存。一般情况下，应该选择便于修改、画面简洁庄重、能突出所学专业或者是具有积极向上意义的图样。

第三步添加文字信息：在图片显著位置，注明自己的姓名、专业、毕业学校、联系方式等相关信息，字体要醒目美观。

这样，通过三个步骤的简单设计，一张个人简历的封面就完成了。但在此还是要强调，一定要根据自己的需要，去选择丰富的素材，打造属于自己的个性化简历封面，切记不要过于花哨。

2. 自荐信

自荐信与个人简历在自我推荐的书面材料中起着不同的作用。自荐信就是以信件形式书写的一份推荐表，是求职者向用人单位介绍自己、推销自己，并申请某种具体职业岗位的书面材料，所以它的格式要求是和书信要求一致的。一份好的求职信能体现清晰的思路和良好的表达能力，体现出求职者的沟通交际能力和性格特征。书写自荐信基本的注意事项是：①符合书信格式。包括标题、称谓、正文、落款等四部分。②实事求是。书写内容要符合自己的实际状况，切莫弄虚作假。③简明扼要。自荐信一页为佳，切莫长篇大论。④突出重点。内容有限，时间就近、重点事件就前为原则。⑤书写工整。手写的字迹和电子文稿的排版都应该干净整齐、美观大方。

3. 履历表

履历表和制式简历差不多，不同的是，求职者可以根据自己的需要去改动表中的项目（表9-2）。

表9-2　履历表模板

履历表							
姓名		性别		出生年月		照片	
民族		学历		政治面貌			
专业		体重		籍贯			
联系方式							
家庭住址							
个人荣誉							
教育经历							
时间		就读院校				职务	
主干课程							
实践实习							
时间		实习单位		实习内容及科室			
自我评价							
特长爱好							

求职者可以通过编辑 Word 文稿，来设计属于自己的个性化履历表。大致上履历表可分为表格式、文本式和半文本式。编辑填写项目可以根据自己的喜好或者用人单位的需要来设置，但基本信息、教育经历、工作经历或实践实习是必须有的。

4. 佐证材料

佐证材料包括学历证明、成绩单、技能证书、荣誉证书及其他证明自己能力的证件、证书的复印件。①学历证明：毕业证书、学位证书，要求必须是真实的，编号印刷要清晰无误。②成绩单：要有学校的印章和学校教务处的印章，才能作为有效成绩单。③技能证书：各种专业技术资格、技能证书，语言、计算机的等级证书。④荣誉证书：个人获得的各种校内外奖项的证书，重要的在前，按时间就近原则。⑤其他：与工作有一定关联的其他方面的证书、证件、证明等。

需要注意的是，佐证材料都是复印件，所以要求清晰无误、页面整洁，切忌模糊不清、难辨真伪，容易对用人单位造成有隐瞒、弄虚作假等误会的情况。

（三）个人简历的作用

个人简历比制式简历多了封面、自荐信、佐证材料等内容，从这方面来看，个人简历显然更加全面，更能突出求职者的能力和诚意。所以，个人简历的使用在用人单位没有明确要求的情况下，相比制式简历要更合理、更优先。无论是电子邮寄，还是递交纸质打印版，保存一份电子版的个人简历对于刚刚毕业的求职者来说都是非常必要的。

此外，制作个人简历的过程也可以让求职者系统地了解一下自己，对自身的能力和素养有一个更加客观的认识。特别是对即将步入职场的毕业生，通过制作简历，总结自身的优势和不足，既可以完善自我，又能在求职过程中有所侧重，做到合理取舍。

三、微简历

随着社会的快速发展，在就业竞争日益激烈的背景下，微简历成为毕业生向招聘单位推荐自己，寻求自我发展空间和舞台的一种载体，是一种展示自我特色的较好方式。

微简历悄然流行的同时，作为一种新兴的求职方式已经成为求职者的新名片，与以往简历不尽相同的是，有些求职者懒得花太多工夫制作简历封面，写诸多烦琐的经历，取而代之的是用短短的100多个字，介绍自己，展示自己。微简历以短小精辟示人，如此精练的文字比正规的简历还要考究功力，通过言简意赅的方式，对自己的优势和特点进行介绍，表达方式新颖，内容特色鲜明，比较容易引起招聘单位的关注。

近些年，手机与互联网衔接，社交软件的飞速发展，对生活的方方面面都产生了巨大的影响。今天，每个人的手机上至少都会有一到两款社交软件，甚至更多，这为微简历的制作提供了便捷。

那么微简历是用什么制作和怎么制作的呢？这就需要了解几款可以制作微简历的应用软件。

（一）简秀才

简秀才是一款简易的专业简历制作工具软件，不用电脑，只需手机就能随时随地在线编辑个人简历，非常方便快捷。只需要微信公众号搜索"简秀才"，添加公众号，关注后就可以开始使用它了，既简单又快捷，可以说是非常便捷的微简历软件了。

（二）易企秀

易企秀是一款在电脑端和手机端都可以使用的软件，电脑端是网页版的，手机端是APP，使用者可以按照需求选用。两种版本是通用的，可以共享一个注册名，而且也支持常见的社交软件免注册登录。该软件提供了大量的模板，有免费的也有收费的，甚至有企业级的用户体验。建议先从免费模板入手，摸索这款软件的强大用途。易企秀的界面非常友好，简历模板比较精美，细节过渡得也非常自然，使用者只需要通过修改模板内容，就可以得到一份非常高端、大气的微简历。更重要的是，制作好的简历可以通过多种社交软件发布出去，也可以通过扫码浏览，满足了现代生活快捷方便的需求。

（三）互动吧

互动吧是一款手机端的 App，是专门制作微信上发布的活动、文章、培训等信息的软件，使用者可以在下载互动吧 App 后运行该软件。互动吧虽不是一款专门的简历制作软件，但可以根据需要去使用它。该软件可以使求职者的电子简历稍加修改，就成为一份时下流行的微简历，而制作的方法仅需编辑文字和插入图片。

这几款软件分别展示了不同类型的简历和制作方式，可以说是比较具有代表性的。同类的软件还有许多，有兴趣的求职者可以根据需求，挖掘更多有趣、有用的软件。

四、互联网时代的简历演变趋势

近年来，互联网的发展，颠覆了人类对各个领域的认知，就连一份小小的简历也不能逃脱互联网的冲击。个人简历从曾经的印刷纸张到今天的数码传播，内容虽依旧，但形式却完成了从有形到无形的转变。如今的简历可以扫码，也可以电子邮寄，还可以上传至互联网，传播方式变得更加简单，传播的范围也更加广泛。同时在互联网时代，个人简历也将呈现出不同以往的时代特色。

（一）个性化

未来的个人简历趋势，将会更加注重个性化的差异。在互联网中，人的差异化特性表现得非常明显。简历的发展也受此影响，个性化的元素将会越来越多。今天，可以看见种类繁多的简历，这就是个性化需要的一种体现。未来这个趋势会越来越显著，以至于更多种类的简历，包括电子简历、视频简历会更丰富多彩，甚至虚拟现实（virtual reality，VR）简历也会应运而生，许多能体现职业特色和特殊技能的简历也会更多地走进人们的视野。

（二）国际化

在互联网时代，国际交流变得很容易实现。个人简历发展的一大趋势，就是能适应不同国家、地区的需要。所以，未来个人简历的制作要具有国际化视野，即多种语言的简历，或者同声翻译简历等也会成为一种潮流。在制作简历的时候，也就可以考虑加入一些国际元素，来提升个人简历的档次和拓展用途范围。

（三）网络化

互联网的即时性已经彻底改变了简历的投递方式，未来简历的使用将更依赖网络的发展。今天，我们可以利用丰富的网络资源制作简历，可以使用网络模板去创建个性化简历，可以直接把简历信息保存在网络端。未来的发展趋势，则可能把简历、求职甚至工作完全网络化，简历将会变成人的一个网络标签，人的表现将会经由网络自动生成一份人生简历。

（四）定向化

具有针对性的定向化发展也是互联网下个人简历的一大发展趋势。利用互联网的资源和传播能力，指向某一特定单位或者特定行业而制作的简历，往往能够发挥奇效。因为这一特性更能体现职业能力、创意，所以更能受到用人单位的青睐，也就不足为奇了。甚至，有的求职者甘愿为用人单位制作免费广告，也成就了不错的简历典范。所以，个人简历的定向化趋势也是求职者应该把握的一个方向。

（五）模块化

简历的不断演变，让简历的制作方式越来越丰富，也越来越简单。在互联网的催化下，未来的简历制作可能会像积木一样，通过制作者的拼装，轻松地就可以组成一份充满个性化元素的简历。每一个模块的制作都可能是单独的，方便为不同单位组合成不同需求的简历。既体现了对用人单位的尊重，又节省了求职者重复劳动付出的时间成本。

第三节 求职心理准备

求职心理是个人对待职业的态度和信念，反映了个人的心理素质状况。大学生毕业后踏入纷繁复杂的社会，情况与学校完全不同了，因此，必须正确认识社会、正确地评估自己，在求职过程中做好充分的心理准备，以最佳的心理状态去参与择业、就业竞争。

一、影响求职心理的主要因素

毕业生求职心理是多种因素综合作用的结果。归纳起来可以分为：外部因素、内部因素、其他因素。

（一）外部因素

1. 政策因素

大学生就业摆脱不了政策的导向影响。根据近年来医学专业毕业生对就业政策情况了解度调查，对于"'三支一扶'计划""选调生""应征入伍"等政策，超过九成的毕业生均有所了解。很显然，毕业生对就业政策的了解情况，对其就业有积极的影响，只有充分了解就业政策的毕业生才能对就业做好更充分的准备。

2. 经济发展因素

经济发达地区对职业院校的毕业生需求是大的，前提是毕业生具备实际工作能力。反之，经济欠发达地区，本身需要大量人才，但自身条件对人才吸引的能力有限，人才供需的不均衡造成毕业生就业的困难。

3. 社会环境因素

社会环境的变化、社会潮流的变革都会直接影响求职者心理的变化。就以我国来说，从曾经的统一分配工作到双向选择、自主择业、自主创业，求职者的心理也在不断变化，危机感剧增的同时，机遇也随之而来。

4. 家庭因素

家庭成员，特别是父母的职业观念，对子女的求职心理会产生重要影响。特别是从事职业声望和地位较高的长辈，带来的职业影响就越大。父母的职业，更会直接影响子女的求职心理预期。

5. 社会文明认知因素

社会文明的发展以及法治的进步，反映了社会整体发展对职业的需求。在不同的社会文明时期和不同的法治背景下，社会对职业的要求是不同的，对求职者的求职心理的影响也不同。

6. 群体的求职心理因素

社会群体、同伴、朋友等的求职心理及对职业的评价，也会对周围的求职者产生重大影响。

（二）内部因素

1. 心理因素

求职者的兴趣、气质、性格、能力、观念等对其求职心理起着重要作用。个性差异，便是求职者心理差异的内在依据。例如，求职者仅根据兴趣这一项差异，其求职心理就会与其他个体产生重大差异。

2. 生理因素

求职者的性别、身高、年龄、相貌、体能等，也会对求职心理产生影响。根据不同的生理特性，求职者的心理动态也是不一样的。例如，男性和女性在职业类别的选择上会有比较明显的差异，这就是由求职者生理不同造成的。

（三）其他因素

1. 用人单位

随着国家对学历的要求更加严格，高职院校学生工作难找，用人单位择录标准的提升，也让许多高职学生戛然止步。好的企业与单位，对职业院校学生要求过高，高门槛之下毕业生择业竞争愈加激烈。

2. 薪资待遇

未就业毕业生对薪资待遇期待过高，这是影响大部分毕业生就业选择的重要因素。

3. 学历提升

未就业学生中大部分学生家长鼓励学生暂不就业，进一步提升学历。这一部分家庭大多经济条件较为优越，父母并不急于孩子迅速就业，而是希望他们有一个更好的学历和资历。

二、求职中应有的心理准备

1. 自信

自信是大学生选择职业前最应该充分准备的心理特性，在别人相信你之前，应该自己客观地看待自己，这样积极有效的自我评价也是最大的自我尊重，但是，自信不是盲信，只有表现出自己坚定的工作态度和足以胜任岗位的工作能力，才能赢得用人单位的称赞和信任。

2. 明确的职业目标

明确的职业目标是每个人明确人生信念的姿态，经历了十几年的学习历程，在丰富知识的过程中不断认清自我，规划未来的发展之路，到毕业时人生目标和职业目标已经在头脑中形成并稳定。在求职就业的道路上，要有一个良好的心态，不忘来时路，才能走好未来路，扬长避短，不抛弃、不放弃，为自己确定的职业目标奋力前行。

3. 坚强的意志力和强大的自我控制能力

这里的意志力是指大学生们为了达成既定的职业目标而努力的程度或坚强的意志品质，所谓自我控制能力，就是大学生控制自己的思想感情和行动的能力。坚强的意志力和强大的自我控制能力是大学生身心成熟的两个重要象征，现今社会诱惑太多，坑也不少，还没等你反应过来，自己就掉进去了。在选择职业之前，每个人都必须正确评价自己的意志力和自我控制能力，如果你禁不住热闹的诱惑，无法忍受寂寞，就自己努力训练，努力学会如何控制自己，要生活有目标，做事有底线，只有意志力顽强了，自我控制能力增强了，再加上自己不懈的努力，才会收获自己的人生梦想。

三、求职中常见的不良心理倾向

现今严峻的就业形势，对求职者的能力素质提出了更高要求，尤其是心理素质面临新的挑战。有相当一部分毕业生在就业过程中出现了种种心理误区，有的甚至产生了严重的就业心理障碍。下面列举几个常见的大学生求职心理误区，引以为戒。

（一）自负心理——盲目乐观、期望过高

盲目乐观包括两个方面：一是对就业市场的估计过于乐观，二是对个人能力的判断过高。虽然有的专业就业市场需求旺盛，但是现有的高等教育中专业很少具有唯一性，如果毕业生自己求职不积极不主动，就会把机会拱手让人，延误就业的最好时机；有些学生认为个人条件比较好，在择业中具备种种优势，因而在求职时盲目自信甚至过分挑剔，对岗位的期望过高，由于目标不切合实际，高不成低不就，在择业过程中屡屡碰壁，甚至是丧失自信心，导致迟迟不能落实工作单位。

（二）自卑畏怯心理——缺乏自信、依赖他人

自卑心理是一种轻视或低估自己能力的心理倾向，表现为缺乏自信和勇气，尽管具备了一定的实力和优势，但面对激烈的竞争却因为胆怯而退却逃避。明明是自己理想中的工作，可一看到求职者众多，就打起退堂鼓来，连试一下的勇气都没有，结果在竞争中不是因为能力而是因为心理而败下阵来。有的毕业生一到招聘者面前，就面红耳赤、手足无措，回答招聘者的询问也惊慌失措、语无伦次。凡此种种都是由缺乏自信，不能对自己进行正确、全面的认识导致的。自卑的人一旦受挫，便觉得自己确实不行，从而加重了自卑心理。还有的毕业生完全依赖家长，缺乏独立意识，往往不是凭借自己思考来决断，而是依赖亲朋好友替自己出主意找工作，把自己的命运完全交给他人来决定，或者依靠关系就业，缺乏主动参与意识和竞争意识。所以在此建议毕业生，要做到自信，要积极去接触不同的人和事，锻炼自己的交流能力并丰富自己的社会经验。

（三）急功近利心理——攀比从众、缺乏规划

每个人的性格、能力和机遇都不尽相同，因而在择业目标、职业选择上不具有可比性，但有的毕业生虚荣心较强，在选择就业单位时，就持有一种攀比心理。

求职过程中，一方面，忽视了自身特长，盲目攀比，往往通过与自己身边的同学寻找的就业单位进行比较，来定位自己的择业标准，从而忽略了自我特点。特别是看到感觉不如自己的同学找到了好的工作，那么自己的工作一定不能比他（她）的差，因而挑来选去，造成迟迟

不能签约，甚至到毕业离校时工作单位还没能落实。另一方面，不少同学缺少明晰的职业生涯规划，受社会环境和所谓潮流的影响，一味追捧热门，存在急功近利心理。表现在求职过程中，一些毕业生盲目向经济发达地区和大城市涌进，想留在大城市挣钱多、待遇好的单位，或者到合资企业、外企或沿海发达地区，为了功利不惜抛弃自己的专业和兴趣，往往在得到眼前利益和短暂满足的同时，忽视了长远的职业发展。况且，越是大城市、大机关或沿海发达地区，人才就越密集，竞争也就越激烈，离开自己的专业优势去竞争，使遭受挫折的概率激增。

（四）患得患失心理——犹豫观望、徘徊不前

成功的职业选择往往取决于对机遇的把握，错过机遇，将会与成功失之交臂。面对用人单位的招聘，有些毕业生总认为前面的是虾米，后面才有大鱼，盲目夸大机会成本。因此，在求职择业过程中这山望着那山高，该拍板的不敢拍板，患得患失，结果是到走出校门时，工作还没着落。有的是手握几家意向单位，却占着岗位持续观望，不但容易导致错失良职，还会耽误其他求职者。

（五）低就保守心理——怯于竞争、听天由命

还有部分毕业生缺乏竞争意识，存在"等、靠、要"的思想，不敢积极主动地迎接挑战。有的坐在家里，等待机会找上门来。有的毕业生总觉得自己技不如人，甘拜下风，"不战而退"，到了快毕业离校时草草找个"婆家"把自己"嫁"出去。对单位一点都不了解，甚至对有的用人单位开出的不平等协议也糊里糊涂签订，结果往往有上当受骗之感，后悔莫及。

此外，还有极少部分的毕业生，因为求职受挫导致灰心丧气，放松了警惕，在就业心切的情况下，被打着单位招聘旗号的传销团伙所骗，陷入传销魔窟，因此，不管求职遇到什么样的困难，一定要保持积极进取的良好心态和清醒的头脑，对非法传销等组织时刻保持警惕。

四、求职中心理问题的对策

（一）保持良好的自信心

拥有良好的自信心是职场活动事半功倍的一大助力，要做好树立良好的自信心的准备。首先，应注意不要过分谦虚，因为过分的谦虚可能会给人留下能力不足的印象，还可能让人误以为是在炫耀。其次，自大也不可取。盲目的乐观和自我吹捧，只会更快地暴露自己的短板，而实事求是则更能博得用人单位的信任。

遇到挫折和失败以后，也不要恐惧和顾虑，只需要认真总结经验、重整旗鼓再试一次就可以了。不气馁、不退却是职场求生的不二法宝，有道是："失败乃成功之母。"

（二）保持健康的竞争心理

求职过程中，竞争是无处不在的。如果具备的是一种良性竞争心理，那就可以增强自己在求职活动中的竞争力。良性的竞争让人满怀希望、充满朝气，是一种健康的心理状态。但是，一旦竞争心理失控，出现情绪紊乱、不择手段等情况，轻则影响职场活动，严重了甚至还会出现精神问题。所以，求职者应尽量保持健康的竞争心理，避免恶性竞争，害人害己。

（三）提高自我调节的能力

在求职过程中，难免会有一些挫折和失败。这时候，应该学会自我安慰。情绪低落的时候，可以通过游玩放松来舒缓身心，可以通过体育锻炼来宣泄压力，也可以听一些舒缓优美的音乐来愉悦身心，还可以自嘲解闷、自我娱乐。总之，适时地进行自我调节，缓解心理压力，也是解决求职中心理问题的一种绝佳对策。

（四）心理咨询

目前学校基本都建立了心理咨询室，目的是解决学生中出现的一些不良心理问题。如果出现了焦虑、烦恼、抑郁、烦躁等不良情绪，应该明确地去求助专业人士，而不是自己解决或者羞于启齿。这些不良情绪一旦转变为心理障碍，那么后果是相当严重的。所以要及时选择求助学校的心理咨询室的老师，或者寻求校外的专业心理治疗师来进行治疗。

求职择业是高校大学生人生道路上的一次重大选择，这将是成功就业、顺利走向社会的一个关口。因此，在求职择业过程中，应该树立良好的就业心态，正确地认识自我，认识社会，做好择业前的心理准备，排除心理干扰，以积极健康的心态主动迎接社会的挑战与竞争，促进顺利就业。

> **视野窗**
>
> ### 如何进行择业心理的调适
>
> （1）毕业生在求职择业中，不可避免会遇到因心理困惑和冲突而引起的一些心理问题，这既不利于择业，也不利于身体健康，所以就要及时改变原有的思考问题和解决问题的方式，能够认识到引起心理困惑的原因，有效地排除心理困惑，不致因情绪波动而灰心丧气，从而保持积极、乐观、自信的心态来面对求职和就业。
>
> （2）毕业生在择业过程中遇到困难和挫折的时候，要学会客观地进行自我分析，积极调节和控制自己的情绪和行为，从而解决新问题。
>
> （3）毕业生在求职心态出现不平衡时，要积极面对现实，保持良好心态，通过寻找最佳途径去实现自己的职业理想和人生目标。

目标检测

1. 求职前应做好哪些材料准备工作？
2. 如何收集和处理求职信息？
3. 如何制作一份漂亮的求职简历？
4. 影响求职心理的主要因素有哪些？

第十章　应聘礼仪与技巧

学习目标

1. 掌握笔试和面试的相关内容。
2. 了解医学生面试的注意事项。
3. 了解应聘礼仪。
4. 掌握求职技巧。

第一节　笔　　试

针对应试者，尤其是在应届生的校园招聘环节中，笔试是一种可以在同一时间大规模使用的考核特定素质能力的方式。这些能力通过面试等其他方式比较难考察，如特定的专业技能、公文阅读及理解能力、书写及书面表达能力等。

一、笔试的含义及目的

（一）笔试的含义

笔试是一种与面试对应的测试，是用以考核应试者特定的知识、专业技术水平和文字运用能力的一种书面考试形式。笔试所测试的能力在冰山模型（图 10-1）里是属于最易测试的表象胜任力。笔试方法的优点体现在，能高效地测量出应试者之间基本知识、专业知识、管理知识、综合分析能力和文字表达能力等素质及能力的差异。

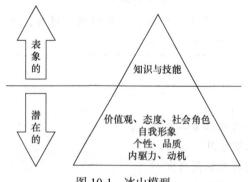

图 10-1　冰山模型

（二）笔试的目的

1. 笔试的目的

笔试相对于面试来说是比较初级的筛选方式，通过易被观察的表象胜任力来筛选人才。因此大多数企业将笔试应用于简历筛选之后、面试之前的筛选。主要目的就是筛选出具备职位要求的专业能力、符合公司企业文化，同时具有应聘公司需要的思维方式和个人能力的应试者。笔试防止任人唯亲等不正之风，也可以作为求职者的文字记录，笔试体现了竞争的平等和公平性。

2. 笔试的作用

笔试的结果是根据一定的答案标准评定出来的，它利于克服面试时根据个人爱好而感情用事的评分缺陷。笔试的试卷是决定求职者去留的科学的留档记录。

二、笔试的常见种类

（一）笔试的形式

笔试的形式主要有七种：多种选择题、是非题、匹配题、填空题、简答题、案例分析题、小论文。

每一种笔试形式都有它的优缺点。比如，论文笔试它以长篇的文章来表达，体现应试者分析问题与解决问题的能力。通过论述的方式，表达自己所具有的知识、才能和观念等。论文式的优点：相对于其他形式的试题，论文式题目更易编写。通过论文式题目更容易考查应试者的书面表达能力、推理能力、创造能力及材料概括能力。论文式的缺点：没有标准大答案，容易掺杂评判者的主观意愿。此种形式不能考查应试者的记忆力、专业能力等。

其他笔试形式的优点：有标准答案，避免出现模棱两可、取巧的情况，评分公正；考查内容丰富，可以测出应试者系统掌握知识的能力、敏锐的思考能力、理论联系实际等多方面的能力。但它们也有下列缺点：不能测出应试者的推理能力、创造力及文字组织能力，试题不易编制，答案可以猜测，有时甚至可以以掷骰子的方式来碰运气。

（二）笔试分类及内容

1. 按考查目标分类

1）辅助测试

辅助测试主要测试内容包括性格测试、职业能力倾向测试、心理测试等，通常是应试者在申请职位时同步进行的。它主要测试应试者的个性特征、性格、兴趣等是否符合职位需求，是否与公司的企业文化相匹配；职业生涯规划目标是否与公司发展目标相匹配，能否在企业平台上共同发展以达到共赢。

2）综合能力测试

综合能力测试就是应试者综合素质及能力的考查。这种考查通常是通过不同的笔试形式，组合成相应的笔试试卷。其中行政能力测试是极具代表性的综合能力测试，是国家公务员考试的一部分，是用来测试应试者与拟任职位相关的知识、技能和能力，是考查应试者从事公务员工作所必须具备的一种职业能力测试。考试题型一般为常识判断、言语理解、数量关系、判断推理、资料分析五大专项。常识判断测查基本知识运用的能力，言语理解测查运用语言文字进行思考和交流的能力，数量关系测查解决数量关系问题的能力，判断推理测查分析推理能力，资料分析测查综合理解与分析加工能力。

2. 按内容分类

1）技术性笔试

针对一些技术性强的岗位，如科研类和技术类的职位，这类职位对应试者相关岗位的专业知识与技术要求较高。因此采用的笔试内容主要是职位实际工作中会用到的相关技术性和专业性的题目。

　　不同行业对技术类职位要求的考查内容肯定会有所不同，但是对于应试者，所考查的专业技术知识基本都与在校期间学习的专业知识密切相关。因此，如果想在应聘过程中成功上岸，平时要学好专业知识，打好基础。

　　2）非技术性笔试

　　非技术性笔试对应试者的专业背景要求相对宽松，考查内容非常宽泛。此类笔试经常在校园招聘中使用，用以快速地筛选岗位需要的人才。常见的笔试题目类型包括：英文阅读、写作、逻辑思维、数理分析、案例分析。为了考察应试者知识掌握的宽度，有时还会涉及时事政治、生活常识、情景演绎，甚至智商测试等。

　　英文笔试是在非技术性笔试中占比最大的一类，其考查的重点主要是阅读理解能力和写作能力。案例分析及写作多为开放性题目，需要应试者在短时间内以"作文"形式体现自己的综合能力和良好的职业素养。逻辑推理能力类型题目是在行测考试中最常出现的，主要包括图形推理题、语言类推理题、解难推理题、数学推理题、智力推理题。数理分析类题目考查应试者对数字的处理能力，此类题目并不难，但考查了数字的综合处理能力及一定的数学素养。从非技术性考试类型及考查重点可以看到，非技术性笔试考查内容非常广泛，这就需要毕业生在日常学习过程中不断拓宽自己的知识面并进行深入的探讨，不断提升分析问题和解决问题的能力。

视野窗

笔试例题：

"医生是工匠，需要有匠心。"结合应聘岗位的工作内容谈谈你对"匠心"的理解。

参考答案：

1. 解释内涵

匠是业精于专的工匠理念，心是仁心仁术的工匠精神。医者既要具备高超的医技，更要具备高尚的品德，此为匠心。

2. 揭示道理，表明态度

在医学领域，没有一台万能的设备，也没有一个万能的医生，只有努力使自己成为某一领域的行家、专家，并把这一领域做到极致，具备匠心匠意，才算是合格的医生。

3. 围绕道理谈重要性

（1）工匠精神需要严谨细致、专注认真的职业态度。从医者关乎人的生死，只有具备专注认真的态度，才能更好地救死扶伤。

（2）工匠精神需要精益求精、精雕细琢的职业理念。医疗属于科学领域，从医者只有不断精进医技，透彻钻研本学科才能推动医学的发展。

（3）工匠精神需要悬壶济世、救死扶伤的职业精神。从医者其根本职责是消除病患的痛苦，只有具备崇高的敬业精神，才能真正消除病患的苦痛。

4. 分析现状及存在的问题

当前受社会浮躁风气的影响和物质利益的诱惑，部分医生疏于对医德医技的精进，缺乏对工匠精神的认识，医疗事故频发，医患纠纷不断，严重影响了医生"白衣天使"的形象，民众恶评如潮。

5. 结合工作谈落实

（1）专注于患者。不怕麻烦，认真接待每一位患者，耐心细致、全面透彻地了解病情，认真诊治每一位患者。

（2）专注于业务。在业务学习上不必求全，但一定要求精，对本学科领域透彻钻研，努力成为专业人才。

（3）专注于德行。在工作中学会严格自律，恪守职责，时刻把病患的利益放在第一位，注重品德素养的提升。

三、笔试应注意的问题

（一）笔试前准备

笔试一般适用于应聘人数多、费用少的初级筛选，应试者为了开好局，一定要做好笔试前准备。

1. 研究需求，熟悉考题

在确定参加笔试之后，要通过多种渠道研究笔试题型与内容。首先我们可以找历年笔试真题，确定考查题型与内容。如果通过各种渠道确实找不到的话，我们可以通过研究招聘岗位相关技能的要求说明，来间接地判断笔试考核的题型与内容。

真正参加笔试时，现场的紧张氛围及一些笔试中的限制会影响应试者答题的效果。如时间限制、禁止使用计算器等等，这些限制如果应试者不能提前掌握并做好准备，一定会影响到笔试时的发挥。因此在真正参加笔试前，应试者要提前了解笔试中的规定，并进行笔试模拟。通过模拟真正笔试时的状态，才能确定自己是否能在指定的时间内完成试题，正确率是多少，才能找出自己的薄弱点，总结经验，针对笔试中的弱项突击练习，不断提升应对笔试的综合能力，突出重围，赢得自己的第一轮比赛。

2. 复习专业知识

大学是分专业培养人才的，大学生在校期间主要学习的是专业知识，未来就业基本选择的也是与所学专业对口的岗位。企业在招聘人才时，更希望找到与岗位需求相匹配的专业人才。因此在笔试题目中肯定会出现一些和岗位相关的专业知识，因此提前复习学习过的专业知识，有助于我们从容地应对笔试。

3. 明确要求，准备工具

接到笔试通知后，一定要确认好笔试的时间、地点以及所带工具。如果怕迟到或者找不到，可以提前去"踩点"，并计算一下需要的时间（应把出行时的路况、路段、时间等因素计算在内），以免错过笔试。同时，根据笔试通知，确定好需要的工具（碳素笔、铅笔、橡皮、计算器等）及证件（身份证、准考证等），提前做好准备。

4. 做好身心准备

笔试一般都是初级筛选，是长征第一步，很多学生都比较紧张。在参加笔试的前一天晚上一定要休息好，否则影响第二天笔试时的状态。在面对重要的事件时紧张在所难免，应提前做好准备，做到心中有数，降低紧张程度。

（二）笔试时的注意事项

在笔试时要尽量做到以下四点。

1. 时间管理

在笔试过程中要遵循先易后难、先简后繁的原则来保障答题率和准确率。拿到试卷后，不要急着答题，首先应将试卷通览一遍，对题目的数量和难易有个初步了解，以便准确把握答题的速度。然后在做题过程中先攻简单的题，后攻难题，这样就不会因为攻难题而浪费太多时间，保证简单的题都能做完做对。遇到较大的综合题或论述题，则应先列出提纲，再逐条论述。最后将时间放到烦琐的、难的问题上，尽量提高笔试成绩。

2. 考试环境

在线下考试，一定要将手机静音关机。如果在网上考，给自己营造一个安静的不被打扰的环境，如手机静音、电话拔线、门口挂上"请勿打扰"、调节舒服的光线等来答题。

3. 考场纪律

遵守纪律和诚信是所有招聘企业所重视的优秀品质，因此在考试过程中一定要遵守考场纪律。按照监考人员的指令行动，如果不听取监考人员的指令很可能被取消笔试资格。笔试只是求职过程中的一个环节，尽管重要，也不要因小失大，更要时刻注意自己的素质修养，否则即使笔试过关，面试也不会走得长远。

4. 心理调节

笔试者可能会受到同考场内其他情况的影响，如别人早交卷等，这时不要紧张、慌张。掌握自己的答题节奏，相信自己一定能够做好题目，取得好的成绩。在答完试卷后，要进行一次全面复查，特别注意不要漏题、跑题，要纠正错别字、语法不通、词不达意等错误。同时值得特别注意的是卷面必须做到字迹端正、卷面整洁，因为那些字迹端正、答题一丝不苟的人，招聘单位会认为其态度认真、作风细致，对此类应试者会更加青睐。

（三）笔试后的注意事项

1. 心态调整

在笔试成绩出来之前，求职者很难达到完全放松的状态。为了更好地完成后续工作安排，求职者应该尽快恢复正常的作息时间，保持良好的心态及身体状态。

2. 资格复审

笔试完成后，应试者要提前做好资格复审的相关准备。资格复审过程主要是审核应试者的个人资料，如身份证、学历证书、报名单上的各类证书等相关资料。

3. 准备面试

在成绩出来之前，应试者要积极准备面试，了解面试的考核内容，尤其是当笔试和面试间隔时间较短时。

第二节　面　　试

面试是招聘单位选拔人才时常用的方式之一，一般安排在笔试之后。根据招聘单位要求不同，面试次数不同。在第一节中讲到，笔试考查的是冰山模型中的表象胜任力，而面试主要考查的是潜在胜任力，其中包括求职者的资质要求、工作经验、性格特质、价值取向、求职动机等。相对于笔试，面试对于应届生来说难度更大，缺乏面试的相关经验。因此要充分做好面试准备，熟悉掌握面试的技巧，在面试过程中充分展现自己，赢得职位。

一、面试的含义、作用及测评内容

（一）面试的含义

面试是招聘方与求职者之间采用面谈或者线上（视频、语音）交流的形式，以此获取求职者的求职动机、个人特质及其个人能力等信息，是用人单位挑选职工的一种重要方法。

面试给用人单位和应试者提供了进行双向交流的机会，使双方之间相互了解，从而彼此都可更准确地作出聘用与否、受聘与否的决定。

（二）面试的作用

面试很重要，且不是一件容易的事，尤其在短短的几十分钟内，深度挖掘潜在胜任力，做到人岗匹配。与笔试相比，面试主要的作用有以下三个方面。

1. 考察笔试难以考察到的内容

笔试只是以文字为媒介，主要考查的是应试者的知识水平、知识转化能力等，但是很多素质特征很难通过文字表现出来。在面试的过程中，面试官可以面对面地观察应试者的形体相貌、肢体语言、口语表达等素质。

2. 考察应试者的综合素质

面试是双向沟通的活动，但实际的面试权却掌握在主考官的手里。在面试的过程中，应试者回答的内容以主考官提问的问题为主。因此考官要专则专，要广则广，要深则深，要浅则浅，具有很大的弹性和灵活性。

面试时候的问题和内容可以多变，信息量利用也很高频。面试中可以引用结构化面试、无领导小组讨论、情景模拟等多种方式进行能力考察。可以实际考察出应试者的组织能力、领导能力等综合能力，在这方面面试要优于笔试。

3. 避免高分低能，冒名顶替等

笔试是专业知识的测试，但由于笔试形式的局限性，会出现应试能力强，或者因紧张发挥失常等情况，甚至有作弊情况存在等。为了更公平地全面考察应试者，一般都会采用面试的形式，充分考察应试者的综合能力，避免以上情况出现。例如，有些应试者笔试虽然不算很高，但是面试中对答如流，表现极佳，显示出很大的发展潜力，同样会成为企业的备选人才。

（三）面试的测评内容

从理论上讲，面试可以测评应试者的任何素质，但由于人员甄选方法都有其长处和短处，扬长避短综合运用，则事半功倍，否则就很可能事倍功半。因此，在人员甄选实践中，并不是以面试去测评一个人的所有素质，而是有选择地用面试去测评最想测评的内容。面试测评的主要内容如下。

1. 仪表风度

这是指应试者的体形、外貌、气色、衣着举止、精神状态等。像国家公务员、教师、公关人员、企业经理人员等职位，对仪表风度的要求较高，因此仪表风度是录用面试的一项重

要内容。研究表明仪表端庄、衣着整洁、举止文明的人一般做事有规律，注意自我约束，责任心强。

2. 专业知识

了解应试者掌握专业知识的深度和广度，其专业知识是否符合所要录用职位的要求，作为对专业知识笔试的补充。面试对专业知识的考察更具灵活性和深度，所提问题也更接近空缺岗位对专业知识的需求。

3. 工作实践经验

一般根据查阅应试者的个人简历或求职登记表的结果，作相关的提问以查询应试者有关背景及过去工作的情况，以补充、证实其所具有的实践经验。通过对工作经历与实践经验的了解，还可以考察应试者的责任感、主动性、思维能力、口头表达能力及遇事的理智状况等。

4. 口头表达能力

面试中应试者是否能够将自己的思想、观点、意见或建议顺畅地用语言表达出来。考察的具体内容包括：表达的逻辑性、准确性、感染力、音质、音色、音量、音调等。

5. 综合分析能力

面试中应试者是否能对主考官所提出的问题，通过分析抓住本质并且说理透彻、分析全面、条理清晰。

6. 反应能力与应变能力

主要看应试者对主考官所提的问题，理解是否准确，回答得是否迅速等；对于突发问题的反应是否机智敏捷、回答恰当；对于意外事情的处理是否得当等。

7. 人际交往能力

在面试中通过询问应试者经常参与哪些社团活动，喜欢同哪种类型的人打交道，在各种社交场合所扮演的角色，可以了解应试者的人际交往倾向和与人相处的技巧。

8. 自我控制能力与情绪稳定性

自我控制能力与情绪稳定性对于国家公务员及许多其他类型的工作人员（如企业的管理人员）来说显得尤为重要。一方面在遇到上级批评指责、工作有压力或是个人利益受到侵害时能够克制、容忍、理智地对待，不致因情绪波动而影响工作；另一方面工作要有耐心和韧劲。

9. 工作态度

一是了解应试者对过去学习、工作的态度；二是了解其对现报考职位的态度。在过去学习或工作中态度不认真，做什么、做好做坏都无所谓的人，在新的工作岗位也很难说能勤勤恳恳、认真负责。

10. 上进心、进取心

上进心、进取心强烈的人一般都有事业上的奋斗目标，并为之积极努力。表现在努力把现有工作做好，且不安于现状，在工作中常有创新。上进心、进取心不强的人一般都是安于现状，不求有功但求无过，因此对什么事都缺乏热情。

11. 求职动机

了解应试者为何希望来本单位工作，对哪类工作最感兴趣，在工作中追求什么，判断本单位所能提供的职位、工作条件等能否满足其工作要求和期望。

12. 业余兴趣与爱好

通过询问应试者休闲时间爱从事哪些运动，喜欢阅读哪些书籍，喜欢什么样的电视节目，以及有什么样的嗜好等，可以了解一个人的兴趣与爱好，这对录用后的工作安排非常有好处。

13. 其他

面试时主考官还会向应试者介绍本单位及拟聘职位的情况与要求，讨论有关工薪、福利等应试者关心的问题，以及回答应试者可能问到的其他一些问题等。

二、面试的常见种类

（一）面试的形式

面试的形式多样，依据面试的内容与要求可以大致分为以下六种。

1. 问题式

由主考官按照事先拟定的题目及要求，逐一对应试者发问。此种面试方式主要是获得招聘企业关心的问题信息，考核应试者知识与业务、解决问题的能力等，从而获得应试者的第一手资料。

2. 压力式

主考官有意识地对应试者施加压力，就某一问题或某一事件做一连串的发问，详细具体且追根问底直至无以对答。此种面试方式主要是考察应试者在特殊的高压环境下的反应、思维敏捷程度及应变能力。

3. 随意式

招聘者与应试者随意且漫无边际地交谈，面试氛围轻松活跃，招聘者与应试者各抒己见，自由讨论发言。此种面试方式目的为：希望看到应试者更真实的一面，在自然轻松的环境中考察应试者的谈吐、举止、知识、能力、气质和风度，对其做全方位的综合素质考察。

4. 情景式

主考官事先设定一个情景，提出一个问题或者一项计划，应试者被要求按照相关情景要求，模拟完成相关任务。此种面试方式主要考察应试者分析问题、解决问题的能力。

5. 综合式

招聘者通过多种方式考察应试者的综合能力和素质，如用外语与应试者交谈，要求即时作文或即兴演讲，或要求写一段文字甚至操作一下计算机等等，以考察其外语水平、文字能力、书法及口才表达等各方面的能力。

6. 线上面试

线上面试，作为面试形式之一，在防疫形势多变的阶段，发挥了重要作用。但线上面试相比于传统现场面试而言，存在诸如交互不足、感知缺失、信息传递延时等问题。随着信息技术的发展，线上面试必然会得到越来越多的认可和应用。未来将不断优化完善，形成线上、线下交互联动的综合面试体系，对今后的面试工作必将意义非凡。

在实际面试过程中，招聘者经常采用一种或者多种面试方式，对应试者进行更广、更深的考察，无论采用哪种方式其目的都是选拔出优秀的应试者。

（二）面试的分类

根据考察内容和需要，招聘单位会安排不同的面试类型，但是广大应试者应该清楚地知道，无论什么类型的面试，招聘单位的最终目的都是招募到和岗位最匹配的合适人才。

1. 根据面试标准化程度分类

根据面试标准化程度，面试可以分为：结构化面试、非结构化面试、半结构化面试。

1）结构化面试

在结构化面试中，面试的题目、面试的实施程序、面试评分、考官构成等方面都有统一明确的规定，整个面试过程需要按相关规定进行，如公务员、事业编、大型国企的面试。

2）非结构化面试

在这类面试中，对面试相关的因素不做限定。面试官可以根据自己的兴趣点或考察点，自由展开追踪式的提问。虽然应试者申请的是同一职位，但是被提问的问题可能不同，如企业聊天式的提问面试。

3）半结构化面试

将结构化面试和非结构化面试相结合，只对面试的部分因素做统一要求，如规定统一的程序和评价标准，但是对面试题目可以根据面试对象随意变化。这类面试可以避免上述两种面试的不足，如无领导小组讨论等。

2. 根据面试风格分类

根据面试风格，面试类型可以分为：压力面试、非压力面试。

1）压力面试

压力面试是将应试者置于一种人为的紧张气氛中，让应试者处于挑衅性的、非议性的、刁难性的情景中，以便考察应试者的应变能力、承压能力、情绪稳定性等。

2）非压力面试

非压力面试与压力面试是相对的，是在没有压力的情景下考察应试者的综合素质。

3. 根据面试内容设计的重点分类

根据面试内容设计的重点，面试类型可以分为：常规面试、情景面试、综合性面试。

1）常规面试

常规面试是主考官和应试者面对面以问答形式为主的面试形式。主考官提出问题，应试者根据主考官的提问作出回答，以展示自己的综合素质。在这种面试条件下，主考官处于主动提问的位置，根据应试者对问题的回答以及应试者的仪表仪态、身体语言、在面试过程中的情绪反应等对应试者的综合素质状况作出评价；应试者一般是以被动应答的姿态不断地被面试官观察、询问、剖析、评价。

2）情景面试

情景面试突破了常规面试中一问一答的模式，引入了无领导小组讨论、公文处理、角色扮演、演讲、答辩、案例分析等人员甄选中的情景模拟方法，是常规面试发展的新趋势。在这种面试形式下，面试的具体方法灵活多样，面试的模拟性、逼真性强，应试者的才华能得到更充分、更全面的展现。主考官对应试者的素质也能作出更全面、更深入、更准确的评价。在情景面试中应试者应落落大方自然和谐地进入情景，去除不安和焦灼的心理，只有这样才能发挥出最佳效果。

3）综合性面试

综合性面试兼有前两种面试的特点，而且是结构化的，内容主要集中在与工作职位相关的知识技能和其他素质上。

4. 根据面试对象分类

根据面试对象，面试类型可以分为：单独面试、小组面试。

1）单独面试

单独面试又称个人面试，指主考官与应试者单独面谈，是面试中最常见的一种形式。个人面试所要谋求的是尽可能地挖掘出应试者的真实内涵，通过交谈相互进行了解。应试者要牢记自己的目的是要让对方接纳自己，并且认为自己才是最适合岗位的人选。

根据面试考官的人数可以分为一对一面试和主试团面试（多对一）。一对一面试是指只有一个主考官负责整个面试的过程。这种面试大多在较小规模的单位录用较低职位人员时采用。多对一面试是指由多位主考官参加整个面试过程，但每次均只与一位应试者交谈。任何一个考官都可能向应试者提出各种各样的问题让应试者来回答，类似于毕业答辩。应试者的处境形同"众矢之的"。但面试与毕业答辩又有所不同，毕业答辩的内容是在你准备的范围内略有拓展，而面试时的问题会很广泛，属于"漫游"型问题；毕业答辩时面对的多数是熟悉的老师，而面试时全部是陌生的考官。面临这样的场面和这种气氛事先必须做好心理准备，面试时才能沉着冷静、应答自如。多对一面试一般在较大规模的面试中采用，需要现场打分，如考公务员。

2）小组面试

小组面试是指多位应试者同时面对面试考官的情况。小组面试主要用于考察应试者的人际沟通能力、洞察与把握环境的能力、组织领导能力等。在小组面试中通常要求应试者进行小组讨论，相互协作解决某一问题，或者让应试者轮流担任领导主持会议发表演说等，从而考察应试者的组织能力和领导能力。

无领导小组讨论是最常见的一种小组面试法。众考官坐于离应试者一定距离的地方，不参加小组的提问或讨论。通过观察、聆听应试者在整个讨论中的表现对应试者进行评分。应试者自由讨论主考官给定的讨论题目，题目一般取自拟任岗位的职务需要或是现实生活中的热点问题，问题一般具有很强的岗位特殊性、情景逼真性和典型性及可操作性。

5. 根据面试进程分类

根据面试进程，面试类型可分为：一次性面试、分阶段面试。

1）一次性面试

一次性面试是指用人单位对应试者的面试集中于一次进行。在一次性面试中面试考官的阵容一般都比较"强大"，通常由用人单位人事部门负责人、业务部门负责人及人事测评专家组成。在一次性面试情况下，应试者是否能面试过关甚至是否被最终录用就取决于这一次面试表现。面对这类面试应试者必须集中所长，认真准备，全力以赴。

2）分阶段面试

分阶段面试又可进一步分为"按序面试"和"分步面试"两种。"按序面试"一般分为初试、复试与综合评定三步。初试一般由用人单位的人事部门主持，将明显不合格者予以淘汰。初试合格者则进入复试，复试一般由用人部门主管领导主持，以考查应试者的专业知识和业务技能为主，衡量应试者与拟任岗位是否合适。复试结束后再由人事部门会同用人部门综合评定每位应试者的成绩，确定最终合格人选。"分步面试"一般是由用人单位的主管领导以及一般工作人员组成面试小组，按照小组成员的层次由低到高的顺序依次对应试者进行面试。面试的内容依层次各有侧重，低层一般以考查专业及业务知识为主；中层以考查能力为主；高层则实施全面考查与最终把关。实行逐层淘汰，筛选越来越严。应试者要对各层面试的要求，做到心中有数，力争在每个层次均留下好印象。在低层次面试时不可轻视、麻痹大意，在面对高层次面试时也不必过度紧张。

6. 根据面试途径分类

根据面试途径，面试类型可分为：电话面试、视频面试、现场面试。

1）电话面试

电话面试时间一般控制在 10～30 分钟，一般通过常规问题的询问，或者让应试者做自我介绍，并根据简历对应试者的教育及工作经历进行核实，从而判断应试者是否符合招聘职位所要求的素质能力，并根据电话面试的结果判断是否给予进一步面试的机会。

2）视频面试

视频面试是指应试者通过视频聊天的形式接受用人单位考核的面试。作为一种未来广泛应用的面试形式，应试者在面试过程中应该注意：首先要选择高清设备，确保网络流畅。面试前先检查一下网络设备，并进行几轮测试，确保网络稳定且通畅。其次要注重仪容仪表，营造正式感。最后就是日常中多多使用视频功能，适应视频通话。平时要让自己熟悉镜头，适应视频通话的形式，这样在视频面试的过程中才会表现得更为自然，不会被紧张的情绪所干扰。

3）现场面试

现场面试是指面试官与应试者面对面直接交流沟通，这是应试者们最熟悉的面试方式。

三、面试应注意的问题

（一）面试前准备

1. 面试的信息准备

1）用人单位的信息准备

应试者首先要了解用人单位历史、发展状况、主要业务、部门构成、产品品牌、企业文化、新闻动态、历年的招聘情况等。其次了解应聘职位，不同的职位类型在专业技能和个人素养方面都会有不同的侧重要求。这些在招聘信息中可能会被明确提及，应试者在面试前一定要自己研读，把握重点。最后要详细分析企业对应试者的需求和工作职责，包括学历、专业、工作经验、学习成绩、语言、特殊技能等。一位资深的人力资源专员说："面试时我们都会问求职者对我们公司了解多少，如果他能很详细地回答出我们公司的历史、现状、主要产品，我们会高兴地认为他很重视我们公司，对我们公司也有信心。"因此应试者对用人单位信息不仅要熟悉，而且要注意岗位发展与个人职业发展的一致性。

2）面试程序和方法的准备

面试过程中，单位的性质不同对求职者面试的侧重点不同，面试程序差别也比较大。比如，公务员面试的类型、内容、要求与企业公司相差很大。公务员面试一般采用的是结构化面试，内容侧重于时事、政治、经济、管理、服务意识等方面。企业面试会根据本公司的人才引进计划变化，差异比较大。建议应试者提前了解面试企业共安排几轮面试，每轮的面试方式、内容、语言等。应试者根据获得的"情报"，逐一做好面试前的熟悉、准备工作，对面试会有很大帮助。

3）主试人、其他应试者的信息准备

应试者在面试中面对的主要对象包括主试人和同为竞争的其他应试者，在面试之前一定要对相关对象进行了解并做好相关准备。应聘单位性质不同，主试人的组成差异也比较大。公务员面试的主试人一般是保密的，因此主试人的信息准备，主要指的是企业面试。主试人的信息，主要指面试考官的组成情况，不同职位的面试考官的专业知识和提问有所不同。

2. 面试的知识准备

企业在聘用人才的时候，会看重两个方面的素质，即职业技能和职业素养。职业技能，又有两方面的具体内容，包括专业理论知识水平和具体实践能力。职业素养，则是指工作作风、工作方法、人际关系处理能力、团队协作意识等等。作为应试者要提前做好相关知识的准备，参加面试时，通过展示对知识的掌握和理解，来表达希望进入这一行业工作的愿望。

3. 模拟应聘问题

多数的面试是以问答形式来完成的，虽然在实际面试的时候不能背诵答案，准备的问题也不一定是面试问题，但是应试者可以将面试官常问的问题列出来，逐一准备好答案。这项准备工作有助于理清自己的思路，从而在面试的现场能够清晰地进行自我表达。面试前不经过角色模拟便无法达到最佳的效果，一些负责招聘的人事主管会提出让求职者提问题，这样招聘者才能知道求职者的水平及关注的问题。因此建议从两个方面来准备：一是根据自己的简历内容来预测面试官的问题；二是准备一些常见的行为面试问题，以及与应聘职位相关的开放性问题等。

4. 面试资料准备

面试之前应试者还需要将所需面试资料准备齐全，主要包括：证书、简历、求职信、推荐表等面试的基本必要材料；论文、作品、荣誉证明等简历简介的佐证材料即非必需资料；笔、纸及问答资料等在笔试过程中使用到的物品。

5. 面试形象准备

面试形象准备主要包括：仪容、仪态、服饰三方面的内容。面试前要保证充足的睡眠和愉快的心情，以保持良好的精神状态。准备好面试穿的衣服，注意修饰自己的仪表，使穿着打扮等与年龄、身份、个性等相协调，并与应聘的职业岗位相一致，面试官的第一印象也是很重要的。

6. 面试心理准备

应试者要想成功面试，首先要充满信心。"海阔凭鱼跃，天高任鸟飞"，保持良好的状态、快乐的心情会大有好处。其次要抓住招聘者的心理。招聘者的切入点是多方面的，可能会先评价一个应试者的衣着、外表、仪态及行为举止；也可能会对应试者的专业知识、口才、谈话技巧做整体性的考核；还可能会从面谈中了解应试者的性格及人际关系，并从谈话过程中了解应试者的情绪状况、人格成熟度、工作理想、抱负及上进心。抓住招聘者的心理，就能变被动为主动。

7. 客观评价自己

"人贵有自知之明"，应试者在面试前，要认真分析自己，完成自我测评。应试者应当从以下几个角度进行自我评价：一是分析知识结构，主要分析所掌握的知识类别，各类知识相互影响而形成的知识框架以及各类知识的比重。二是分析能力结构，分析个人所具备的能力类型及各类能力的有机组合。三是分析个性心理特征，面试还是很注重个性评价的，所以应试者可以提前进行自测。四是分析职业适应性和职业价值观，此分析要考虑自己的兴趣、特长和价值观。但如果要得到一个比较科学的评价，最后还要借助职业能力倾向测验。面试很注重对职业适应性和职业价值观的考察，主考官会经常提出有关这方面的问题，应试者应当事先对此进行分析，以便使回答具有较强的针对性，能够证明自己具有适应该职位的特性。

（二）面试时的注意事项

1. 展现自信

自信是一种宝贵的职业品质，考官很喜欢有自信的应试者。自信可以给考官留下很好的印象，也可以帮助应试者建立重要的关系，为未来提供更多的就业机会。

2. 表现机智

要想机智地应对面试官提出的问题，那么应试者就应该提前思考可能被提问的问题，并提前思考相关的答案。

（1）团队合作。现在团队合作是工作中最看重的一种品质，因此此类题目也是最常见的。应试者要展现自己的合作能力，应多谈谈自己帮助团队成功的经历，而不是过多地强调个人成就。要尊重以前的团队人员，而不是一味地抱怨和批评。还要注意表述自己的相关能力和素质，如懂得倾听、可靠、尊重他人、做事及时等。问题如：请告诉我你如何面对团队合作时出现的矛盾？

（2）解决问题的能力。招聘人才是为了解决工作中的问题，因此面试官比较注重考察应试者解决问题的能力，旨在了解应试者是否可以胜任工作，顺利处理工作中的问题。对于这类问题，应试者需要证明自己可以用策略来解决问题，把着重点放到专业的问题上，来证明自己优秀的问题处理能力和批判性的思考能力，并向面试官表述每次解决问题后的成长。切忌过多强调自己的成就，应保持谦虚。问题如：请举例说说你曾经遇到的最具挑战性的工作，你是如何处理的？

（3）动机与价值观。主考官首先要明确应试者进入企业的动机，但是不会直接询问此类问题，一般都是比较随意隐晦地提出。应试者在面对此类问题时，建议不要随意回答，要认真思考。在没有想出答案时一定要对面试官保持从容微笑。"动机"类的问题，并没有固定的答案，只要热情清晰地回答面试官的问题就可以了。问题如谈谈你努力尝试培养新兴趣的经历等。

（4）失败。此类问题应该是最难回答的一类问题，面试官是想考验应试者是否能在不损害自己形象的情况下，说明自己的失败经历。面试官通过"失败"类问题，想了解应试者在工作中的表现如何，从失败中吸取了什么教训。所以应试者在回答此类问题的时候，首先要坦诚叙述失败的经历，注意保留经历中的积极部分。谦虚承认错误，避免一味地指责他人，更不能否定失败。要多谈谈自己处理"失败"问题的过程，并从中获得了哪些经验，以及对工作的影响。问题如谈谈你面临过的压力等。

（5）成就。面试官从应试者的成就中，主要了解其才能，更想了解应试者是如何看待成功的以及未来的目标是如何设定的等。作为应试者，要通过一到几个案例来证明自己的能力。在讲述过程中，避免过多地描述自己的成就，以免听起来像是吹嘘。问题如：你认为，你之前工作中取得的成就是什么？

3. 注意面试中的陷阱

面试官会不断地对应试者抛出各种难题，以探测应试者的智慧、性格、应变能力和心理承受能力。应试者在面试过程中要时刻保持警惕，注意面试官的语言陷阱，小心巧妙地绕开它，表现出自己的智慧。

1）用"激将法"遮蔽的语言陷阱

"激将法"是在淘汰应试者时，面试官的惯用手法。这种手法的表现如最开始面试官会用怀疑、尖锐、咄咄逼人的眼神逼视对方，先令对方心理防线步步溃退，等应试者心理防线溃败时，突然抛出一个明显不友好的发问来激怒对方。通过这种方式来考察应试者的应变能力，以及在情绪激动时的控制能力等。应试者一定要稳住心态，不急不躁，有理有据地叙述自己的观点。

如面试官说："我们需要名牌院校的毕业生，你并非毕业于名牌院校。"应试者可以幽默地回答："听说李嘉诚没有上过大学。"

如面试官说："你性格过于内向，这恐怕与我们的职业不匹配。"应试者可以自信地回答："据说内向的人具有专心致志、锲而不舍的品质，倾听是内向的人最大的优势。"

2）挑战式的语言陷阱

这类陷阱的特点是，提问的问题总是从应试者最薄弱的地方入手。

例如，对于女大学生，面试官会设问："女性常常会对自己的能力缺乏自信，你怎么看？"遇到此类问题，如果激动，应试者会不假思索地回答"不见得吧""你是歧视女性"，那显然应试者就掉到面试官的陷阱里了。应试者一定要冷静思考，不能简单生硬地反驳，此时要先以否定的说法表明自己的看法，即"这样的看法值得探讨""这样的说法有一定的道理，但是我恐怕不能完全接受"，然后婉转地表达自己的看法。

面试官有时还会专挑弱点入手，提出让应试者尴尬的问题。例如："你的学习成绩并不很优秀，这是怎么回事？"碰到这样的问题，有的应试者觉得不好意思，不知道如何接话。自我保护意识比较强的应试者会摆出防御姿态，甚至是进行激烈的反击。这样做只是掉进面试官的陷阱，给别人留下"狂妄自信"的印象。此时应试者要虚心接受不足，但同时要说明造成这种现象的原因。比如说，当对方提出你的学习成绩不很优秀时，你可以坦然地承认这点，然后以分析原因的方式带出你另外的优点。例如："在校期间学习成绩之所以不是很优秀，是因为我担任社团负责人，投入到社团活动上的精力太多。虽然我花在社团的心血也带给我不少的收获，但是学习成绩不是最优秀，这一点一直让我耿耿于怀。当意识到这一点后，我一直在设法纠正自己的偏差。"

3）诱导式的语言陷阱

在面试过程中，面试官会假设在特定背景条件下，诱导应试者作出错误的回答。此时应试者给出的答案，都很难让面试官满意。只需要用模糊语言来表示，将问题抛回给面试官。

例如："以你现在的水平，恐怕能找到比我们企业更好的公司吧？"此时应试者首先要表示不能赞同面试官的看法。回答"一切皆有可能，或许我能找到比贵公司更好的企业，但别的企业或许在人才培养方面不如贵公司重视，机会也不如贵公司多；或许我能找到更好的企业，我想，珍惜已有的最为重要。"将一个模糊的结果抛回给面试官。

还有给应试者的选择题，实为陷阱题。比如："你认为金钱、名誉和事业哪个重要？"对于刚进入社会的毕业生，这三者就不是一个选择题，是每个学生通过努力工作都想获得的。这个时候最怕应试者进入圈套，应试者必须先冷静分析，然后组织语言。可以这样回答："我认为这三者之间并不矛盾。作为一名受过高等教育的大学生，追求事业的成功当然是自己人生的主旋律。社会对我们事业的肯定方式，有时表现为金钱，有时表现为名誉，有时二者均有。因此，我认为，我们应该在追求事业的过程中去获取金钱和名誉，三者对我们都很重要。"

4）测试式语言陷阱

测试式语言陷阱以假设为前提，让应试者作出回答。这类问题应试者要仔细分析，从多方面考虑从而给出自己的见解。

如"今天参加面试的有近10位候选人，如何证明你是最优秀的？"这类问题往往是考察应聘者随机应变的能力。如果你想通过各种例子来证明自己的优秀，那你就落入面试官的陷阱里了。因为每个人的优点不同，别人总有你没有的优点，因此正面回答这样的问题毫无意义，应试者可以选择从侧面回答这个问题。可以回答说："对于这一点，可能要因具体情况而论，比如，贵公司现在所需要的是行政管理方面的人才，虽然前来应聘的都是这方面的对口人才，但我深信我在大学期间当学生干部和主持社团工作的经历已经为我打下了扎实的基础，这也是我自认为比较突出的一点。"这样的回答既抓住了企业岗位需要的能力，同时也表达了自己适合此岗位的原因。这样的答案可以说比较圆滑，很难让对方抓住把柄，再度反击。

5）"引君入瓮"式语言陷阱

在各类语言陷阱中，"引君入瓮"式是最难以提防、最危险的语言陷阱。比如，你跳槽到另一家公司面试，面试官提问"你们的老板是不是很难相处，你为什么跳槽？"作为应试者，不能顺着面试官的话说，更不能直接说出原企业老板的不好，这样会暴露应试者的苛刻、狭隘的缺点，对此要客观公正地给予评价，尊重事实。

面试中，面试官的陷阱还会五花八门，但无论大家以后面对怎样的问题，只要时刻保持清醒的头脑，控制好自己的情绪，就可以顺利通过面试，避免掉进各类语言陷阱。

4. 运用交谈技巧

1）应试者与面试官交谈过程中应把握的原则

（1）体现高度，在交谈中展示自己的水平。一方面是政治思想水平和强烈的敬业精神；另一方面是专业水平。对问题回答不能满足于"知其然"，还要答出"所以然"。

（2）增强信度，在交谈中展示自己的真诚。首先，态度要诚，交谈不要心不在焉；其次，表达要准，少用"可能""也许""大概"等模棱两可的词语；最后，内容要实，尤其对于自己的优缺点要一分为二，实事求是。

（3）表现风度，在交谈中展示自己的气质。一方面要体现自身的外在美，另一方面更要体现内在气质。言语是一个人内在气质、涵养的外在体现，要注意用语言的魅力来展示自己。

（4）保持热度，在交谈中展示自己的热情。要注意做到：主动问候，精神饱满，细心聆听。

2）谈话中的注意技巧

（1）谈话应顺其自然。不要误解话题，不要过于固执，不要独占话题，不要插话，不要说奉承话，不要浪费口舌。

（2）留意对方反应。交谈中很重要的一点是把握谈话的气氛和时机，这就需要随时注意观察对方的反应。如果对方的眼神或表情显示对你所涉及的某个话题已失去了兴趣，应该尽快找一两句话将话题收住。

（3）有良好的语言习惯。不仅是表达流利，用词得当，同样重要的还有说话方式，要做到发音清晰自然、语调得体、语速适宜等。此外还要警惕容易破坏语言意境的现象，如过分使用语气词、口头语，这不仅有碍于人的连贯理解，还容易让人生厌。

（三）面试后的注意事项

1. 面试结束时注意总结

当面试官发出面试结束的信号后，应试者可以用简短的话总结概括一下本人的情况以及对这次面试的认识。概括要简练，还要注意尽量保持客观。巧妙的结尾可以巩固应试者和面试官们在短时间内通过沟通建立起来的情感。

2. 面试结束后礼貌告别

面试结束时，应试者应保持微笑，自然站起，为占用面试官的宝贵时间而向对方致谢，并与面试官道别。离开时，应试者不应主动找面试官握手，除非面试官主动伸手。然后整理好考试物品，从容地向场外走去，走到门前，转身正面朝向面试官再次表示感谢和再见，之后开门，退出，并轻轻地关上门。

离去前也要记得面试考场中的其他工作人员，要记得对所有的工作人员表示感谢，显示出良好的个人素养，给面试的工作人员留下好的印象。面试不仅仅是考场上的事情，万一录取，这些工作人员将成为同事，礼貌将为自己工作提供良好的开端。

3. 要对面试负责人表示感谢

可以先用电话表示感谢。面试后的一两天之内，给招聘负责人打个电话表示感谢。感谢电话要简短，以不超过三分钟为宜。接着，写一封感谢邮件表示感谢。感谢信要简洁，最好不要超过 400 字。感谢信的开头一定标注个人姓名及简单情况，以及面试的时间，并对面试中的工作人员表示感谢。感谢信的中间部分要重申你对该企业、该职位的兴趣，或增加一些对求职成功有用的新的内容。感谢信结尾可以表达你对得到这份工作的迫切心情，以及为企业的发展壮大做贡献的决心。

4. 适当的时间内询问面试结果

在面试结束时，面试官也不能确定谁被录取，需要面试官们进行沟通商讨，将每位面试官的评定用科学的方法综合起来，之后面试官还需要权衡所有限制，最终作出录取人员决定。因此刚结束面试时，不要追着面试官询问结果，很容易引起面试官的抵触和反感。在面试后两星期之内没有得到任何回音，你可以给招聘负责人打个电话，问他："是否已经确定录用人员？"电话中要表示出你的热情和求得这份工作的愿望。还可以从对方的口气中听出你有没有希望得到这份工作的可能，打完电话后，还应该写一封电子邮件给他，哪怕是他已经暗示你可能落选了。

5. 如未被录用，请教一下原因

如果电话中企业招聘人员，明确告知未被录用，应试者要保持稳定情绪。同时，冷静地、不失热情地请教一下未被录用的原因，说："对不起，想请教一下我没有被录用的原因，好再努力。"谦虚有可能赢得对方的尊重，同时为你下一次的面试引以为鉴。

四、医学生面试应注意的问题

（一）医学生面试的注意事项

医学生作为未来的医护人员，因为工作的特殊性，在面试中注意的问题和其他职业又有所不同，医学生在面试中应注意的事项如下。

1. 特长与职位相匹配

医生是专业技术性极强的职业，对熟练操作程度要求很高，因此医疗机构很重视应试者的专业水平、工作能力等关键素质。所以医学生在面试的过程中一定要展示自己的特长和优势，并且表现出特长优势与职位所需要的关键素质相匹配。在应聘过程中，请注意不要一味地强调过去成功的经验和已取得的奖励、成就，面试官更希望通过自己的眼睛去判断应试者的素质，而不是让应试者自己陈述，在面试时要坚持实事求是，既不要过分自谦，也不能吹牛。

2. 对岗位的兴趣和渴望

在面试过程中，面试官更注重应试者对岗位的态度，因此医学生在面试的过程中要表现出对岗位的浓厚兴趣和渴望。医学生未来从事的工作强度很大，需要对工作拥有足够的兴趣、热爱，才能坚持走得更高、更远。因此医学生只有对岗位存在浓厚的兴趣和渴望，才能踏实认真地对待工作，才能得到面试官的认可。

3. 事先声明存在的不足

在面试过程中，应试者经常被要求解释自己过去发生的消极事情。因此应试者可以提前声明自己存在的不足，这体现了应试者实事求是的优秀品质，会给面试官留下较好的印象。在说明不足的时候应试者一定要注意，将不足归因于内部可控因素比归因于外部不可控因素，更能受到面试官的认可。

4. 看待问题的观点

心理学研究表明，人们倾向于喜欢那些喜欢自己，并且被自己认为能力比较强的人。医学生在面试过程中，恰当地运用夸赞迎合、意见遵从的行为可以增大面试的成功性。但同时要注意不能过分频繁地使用赞美之词，也要注意赞美时机不要与自己所期望的目标过近，否则过于明显的动机容易使面试官反感。在彼此尊重的前提下，对一些非原则性的问题，可以保持不一致的观点，来展示自己的自信和主见，但在重要的原则性问题上须跟面试官保持一致，增加面试官对应试者的喜欢度。

5. 非语言重要性

在医学生面试过程中，面试官认同度最高的是非语言行为，这说明行为举止在面试中具有不可忽视的重要作用。应试者在面试的过程中注意着装修饰、表情举止得体，这会给医疗单位的面试官留下很好的印象。应试者使用的非语言印象管理策略是一些无害的常规行为，这些细节反映着应试者的修养和素质，并借此塑造良好的个人形象并表现出对面试官的尊重。它在很大程度上引起首因效应，影响着用人单位对应试者的印象。医学毕业生应充分运用得体的非语言行为，尽可能地给用人单位留下良好的第一印象，实现自己的就业愿望。

（二）医疗机构常见问题

在医疗机构面试过程中，经常提到的题目及回答注意事项如下。

1. 个人介绍

（1）请做一个自我介绍。

（2）作为一名医务工作者，你认为你有哪些优势和不足？

（3）你在大学期间主修什么专业？经常参加哪些课外活动？

（4）在校期间，你参加过哪些社会实践活动？

（5）你在课余时间读哪些类型的书？为什么？有什么收获？

（6）你认为你在生活习惯上有哪些缺点？你准备如何改正？

（7）请谈谈你的上一份工作。

（8）你在工作中，认为做得最出色的是什么？认为做得最不满意的是什么？

（9）你在工作中获得了什么宝贵的经验？

（10）谈谈你对生活的态度。

此类问题注意事项如下：①这是面试的必考题目；②介绍内容要与个人简历相一致；

③表达方式上尽量口语化；④要切中要害，不谈无关、无用的内容；⑤条理要清晰，层次要分明；⑥事先最好以文字的形式写好背熟。

2. 求职动机与愿望

（1）请谈谈你对我们医院的了解。

（2）你对将要从事的工作有哪些认识？你想怎样实现你的理想和抱负？

（3）你对职位的近期目标和远期目标是什么？为了达到你的目标，你需要在哪些方面加强什么能力？

（4）如果你被录取了，你将如何发挥自己的优势做好这个岗位的工作？如果竞争不上，你将如何对待？

（5）你认为你的学习和工作经历对你应聘本职位有什么作用？

（6）你希望有什么样的工作环境？

此类面试问题回答时应注意以下几个方面：①面试官试图从中了解你求职的动机、愿望以及对此项工作的态度。②建议从行业、企业和岗位这三个角度来回答。③参考答案："我十分看好贵公司所在的行业，我认为贵公司十分重视人才，而且这项工作很适合我，相信自己一定能做好。"④也可以对该行业有个简单的横向分析。

3. 人际关系倾向

（1）在工作过程中，如果你的几个上级医生意见有分歧，你怎么办？

（2）当你在工作中被误解时，你怎么办？举例说明。

（3）你喜欢什么样的领导和同事？

（4）你处理人际关系的基本信条是什么？你认为科室内部人际关系与科室外部人际关系的处理有何区别？

（5）你认为与领导的关系和与同事的关系有什么区别？

（6）如何处理医患关系？

（7）你认为自己的社交能力如何？

回答以上问题的注意事项如下：①尊重领导，积极完成领导交给的各项任务；②如果涉及原则性问题，需要进行沟通反映问题；③与同事要注意沟通合作，因为我们是整体；④有问题、有分歧要积极地解决问题，沟通解决问题。

4. 思维与语言表达能力测试

（1）有人说"一个篱笆三个桩，一个好汉三个帮"，也有人说"一个和尚挑水吃，两个和尚抬水吃，三个和尚没水吃"。你如何看待这两种观点？

（2）有人认为，一个人要发展，必须靠机遇。但也有人说机遇可遇不可求，最终还是要靠自己货真价实的能力，没有能力，机遇只能擦肩而过。对此，请你谈谈你对机遇的看法。

（3）有人说"一把手绝对真理，二把手相对真理，三把手没有真理"。你如何评价这句话？

此类测试题回答注意事项如下：①思维和语言表达能力是面试测评要素，技巧使用的优劣，直接反映了应试者的知识和修养。②在总结性分析中，减少使用"我"，以免面试官认为你过度推销自己。③应试者一定注意听，抓住面试官提问的要点。④不要固执己见，要接受面试官提出的相反意见，并且虚心倾听，真诚请教。经过讨论得出结论，无论结果如何，都应尊重面试官的意见。⑤如果问题属于中性或不易引起争议时，可直接坦率地提出自己的观点。⑥解释自己的看法和观点时，要态度端正。

5. 责任感与进取心测试

（1）作为一个应试者，面试时往往会竭力向面试官展示自己的才能和长处，而尽可能掩饰自己的缺点和不足，你对此是怎么看的？你现在又是一种什么心态呢？

（2）从你的笔试成绩来看，与报考同一职位的其他应试者相比，你的优势并不明显。为了增强竞争力，你是怎么做的？

（3）作为一名领导干部，你认为应当如何创造性地开展工作？

关于缺点及失败类的问题回答注意事项如下：①不宜说自己没有缺点；②更不能将那些明显是优点的说成是缺点；③不宜说出严重影响所应聘工作的缺点；④可以说一些对于应聘工作"无关紧要"的缺点，甚至表面是缺点，实际从工作角度出发是优点的；⑤失败类的问题，经历应该是失败的；⑥宜说明失败之前自己曾信心百倍、尽心尽力；⑦失败后自己是如何总结经验、吸取教训的，又是如何振作、以更加饱满的热情投入到工作中的。

6. 个人性格品质测试

（1）你有没有座右铭或是比较喜欢的格言？

（2）你认为现代社会中一个人最重要的品质是什么？

（3）你业余时间干什么？最主要的消遣是什么？从中得到什么乐趣？

（4）你最喜欢的一本书是什么？

（5）请简要谈谈你的性格。

回答此类问题注意事项如下：①这类问题在一定程度上反映应试者的性格、观念、心态，这也是面试官想通过这类问题了解的内容；②要表现出自己爱好广泛，性格开朗，积极向上；③将自己崇拜的人，最好与现在应聘的工作"搭上"关系；④一定要表现出自己积极的一面，自己的爱好和兴趣，最好和目前面试岗位有一定的联系。

7. 总体印象测试

（1）请对你面试的情况做一个基本的评价，说明为什么得出这样的结果？

（2）为了实现自己的人生目标，你有什么计划？

回答这类总结性问题的注意事项如下：①首先明白面试官要考察的主要目的，是想确定应试者有没有一定程度的期望，对这份工作是否了解；②这类问题一定要全面考虑，合理归纳总结；③一般应试者都不会归纳自己的缺点，只是会重复自己的优点，这是不可取的，要客观公正地评价自己，并要阐明自己如何能扬长避短，做好工作。

视野窗

面试例题：

患者因为同事的失误而对你大发脾气，你如何应对？

首先要真诚地向患者道歉，医院是一个整体，每位医生都代表的是医院。同事间更要默契合作，要有团队精神，每位医生都要从大局着想，考虑医院的得失。

其次积极采取措施，使患者的损失降到最低。患者来医院是解决问题的，不能因为医务人员的粗心，使患者蒙受损失。

最后等安抚好患者以后，要和同事坦诚地交流，弄清楚事情的原委、产生这种结果的原因。无论是主观原因还是客观原因，都要改正，最终目的就是能为患者提供更好的服务。

第三节　礼仪与技巧

一、应聘礼仪

（一）礼仪含义

1. 礼仪的含义

"礼仪"中的"礼"是道德规范，"仪"是恰到好处地向他人表示尊重的具体形式。因此，礼仪可以解释为，在人际交往、社会交往和国际交往活动中，用于表示尊重、亲善和友好道德的行为规范和常见形式。

2. 礼仪的特点

礼仪有两个特点：首先，礼仪表现为一系列行为规范，规范就是规矩、章法、条条框框，是待人接物标准化的做法，是约定俗成的，不需要讨论。礼仪是非强制性的要求，但违反礼仪规范，就会使人产生反感和厌恶。其次，礼仪表现为一系列细节。礼仪专家金正昆曾说过："教养体现于细节，细节展现素质，细节决定成败。"一个良好的教养是在日常生活中养成的，我们可以从一个人的日常表现中窥到内在素质。

3. 礼仪的作用

第一，礼仪是每个人为人处世的基础素养、内在修养和素质的外在表现，因此面试中通过考察应试者的礼仪表现来挖掘深层次的修养和素质。第二，礼仪可以塑造良好的形象。第三，礼仪可以协调人际关系。

面试是为了选择有道德素养且职业能力过关的技术型人才，道德素养的外在表现可以通过礼仪来考察，因此大学生在求职面试中一定要注意面试礼仪，虽然礼仪做好了不一定成功，但是连礼仪都做不好的应试者一定不会成功。

（二）个人形象

在面试中应试者首先要在面试官面前塑造良好形象，因此应试者一定要注意个人形象。形象要符合应聘行业、职业和岗位特点，给面试官留下洁净利落、有专业精神的印象，一定要符合应聘岗位的身份。

1. 仪容

仪容不仅仅是整洁和打扮，更重要的是给面试官留下深刻的"第一印象"，美好的仪容总能令人敬慕和青睐，表现了求职者良好的精神面貌及对工作乐观主动的态度。个人仪容注意以下几点：干净、整洁、无杂物；修饰得体，不妨碍他人；不在公众场合处理个人业务；清洁、不油腻、无异味。

2. 化妆

化妆是美化自己的一种手段，同时是尊重别人的表现，是一种礼貌行为。所以在正式场所、正式活动中需要化妆。化妆要适度，要注意自然协调。一个好的妆容，确实让自己变漂亮，并没有化妆痕迹，达到妆而不露，化而不觉。

3. 着装

衣着一定要考虑到他人感受，总体要适合应聘单位的文化及岗位特点。一般着装原则要和时间、地点、场合及内容等协调。

男士着装要点：衣着要给人留下可靠、礼貌的印象。穿着是为了突出个人魅力，可选择低调稳重的颜色。一般会选择深色系，深蓝色表达最高的权威，灰色也是不错的选择。衬衫以白色或淡色为宜，因棉布容易起皱，所以最好选择天然纤维衣料，一定要保证整齐、平整、无褶皱，不容易打结。一般穿黑色皮鞋，必须要打好鞋油，保持干净。如果皮鞋帮比较低，就要特别注意一下袜子，袜筒长短合适，袜子的颜色要与西装的颜色相配，袜子可选择深色系、棉质的。

女士着装要点：女士可以选择套装，但不必是和男士一样的两件套，套裙也是不错的选择，以及单色的柔和大方的正式套装都是可以接受的。女士面试的时候也可以选择长袖衬衫，袖口要外露出 0.5～1cm，这样整体给人职业、利索、干练的感觉。女士选择颜色很广，但是被大众更广泛接受的颜色为白色和淡蓝色，也可选择浅蓝色或者深蓝色。女士着装要简洁大方，有质感，整体搭配即可。

4. 个人的肢体语言

人在交流过程中，肢体语言能表达出真实的情感，面试官可以通过肢体语言考察应试者的真实感受。

站姿：站姿是交际场所中最基本的姿势，站姿是一种静态美，是培养优美典雅仪态的起点。应试者在站立的时候一定要注意个人空间问题，不能和招聘人员站得太近。

坐姿：面试的时候一般都是坐到椅子上，因此一定要注意坐姿。坐姿要挺拔，不能完全坐进椅子里，一般以坐到椅子的 1/2 至 2/3 的位置为宜。身体要保持前倾，以显示你在认真倾听面试官的问题。不要有将手垫在腿下、摸脸、摆弄口袋等其他动作，坐立不安也是焦虑的一种表现。入座的时候要注意先后，尊者优先，注重谦让。入座、离座时，要注意观察。如身旁座位有人，须以语言或动作向其示意，方可坐下或站起，同时动作要轻缓。

走姿：走姿要保持正确而自然、优雅而有风度、轻快而有节奏，能反映出积极向上的精神状态。女士的走姿要轻捷优雅，步伐适中，展现出温柔的阴柔之美。男士要步履雄健有力，展现出雄姿英发的阳刚之美。

手势：应试者不应该害怕做手势，适当的手势可以显示出自己有激情并善于表达，手势使语言更加丰富，更容易被人理解，有助于输出更多的信息。手势是动态美，要适当地运用手势来表达应试者的真情实意，树立自己的良好形象。不得当的手势不仅不能丰富表达真情实意，甚至会破坏自己在面试官心中的形象。

因此大家要注意以下几点：①见面握手要坚定有力，但是不要用力过度，要做到自然，让手掌与手掌相接触，拇指紧扣。②不要交叉双臂，这样会使应试者看上去戒备心很强或者引发面试官的不认同感。③可以用双手做手势，那样让你看上去更有激情也更投入。容易造成误解的手势应避免，因为不同的文化对于手势的解读差异比较大，所以应试者在面试中要注意一些手势的使用。④避免摆弄头发、掏耳朵、抠鼻孔等比较随意的行为。⑤注意表情语的使用。表情是通过面部肌肉活动和眼睛活动传递出的信息。表情是内心的思想感情在脸部的外化。应试者的面部表情注意不要过多或者夸张，要保持微笑。

二、求职技巧

（一）交谈技巧

1. 谈话应顺其自然

要认真听面试官的讲话内容，互相交换意见，尊重不同意见。根据面试官提出的问题，随时准备回答，不说多余的、无意义的话。

2. 留意对方反应

交谈中一定要随时留意面试官的表情，把握好谈话的氛围和时机。随时关注面试官的表情及眼神，根据面试官的反应随时掌握话题进度。

3. 有良好的语言习惯

要想面试官听到舒服合适的回答，应试者就一定要注意说话方式和语言习惯。发音清晰、语言流畅、语调得体、抑扬顿挫不做作、声音自然。过分紧张会引起声音颤抖，应试者要做到音调不高不低，听起来真切自然而且有利于缓解紧张情绪。音量适中，音量以保持听者能听清为宜。语速适宜，要根据内容的重要程度、难易度及对方注意力的情况调节语速和节奏。此外还要警惕容易破坏语言意境的现象——过分使用语气词、口头语，这不仅有碍于人们的连贯理解，还容易令人生厌。

4. 禁忌小动作

对于求职过程中压力最大的一个环节——面试，应试者还要减少不经意间的小动作，如边说话边拽衣角、两手交叉于胸前、拨弄头发或不停地看表等。

（二）交谈心态

作为应届毕业生，参加招聘经验不足，面试中一定要摆正自己的心态，积累面试经验，要给面试官留下真诚待人、踏实做事的印象。

1. 展示真实的自己

面试时切忌伪装和掩饰，应试者只要展示真实的自己，就是最好的表现。有些毕业生在面试时故意把自己塑造一番，比如，明明很内向、不善言谈，面试时却拼命表现得很外向、健谈。这样的结果既不自然也很难逃过有经验的面试官的眼睛，同时也不利于自身发展。即便是通过了面试，人力资源部门往往会根据面试时的表现安排适合的职位，这对个人的职业生涯也是有害的。

2. 以平等的心态面对面试官

面试时应试者一定要以平等的心态对待面试官，这样也可以缓解紧张的情绪。尤其是在回答案例分析题时，一定要在平等、尊重的基础上进行沟通交流，而不是为了应付面试，一定要做一个精彩而与众不同的论述。

3. 态度要坦诚

诚实守信是最基本的道德素养，在面试中我们一定要做到坦诚，诚实回答问题。只有道德素质优秀的人，在工作中才能踏实做事，应试者的素质是企业更为看重的。

（三）交谈原则

应试者与面试官交谈回答问题时，应该把握以下六个原则。

1. 紧扣题目

在回答问题的时候，应试者要根据题目要求进行答辩，需要怎么答就怎么回答，不要答非所问，也不能随意地扩大或者是缩小问题的内容或者范围。回答时要做到知其然，更要做到知其所以然。

2. 实事求是

在回答面试官的提问时，应试者要从自己本身的实际情况出发，不夸大自己的优点，也不逃避自己的缺点，更不能推卸自己的责任，正面应对面试官提出的问题。要做到态度真诚，表达准确，内容真实，尤其对自己的优缺点要一分为二、实事求是。

3. 条理清晰

逻辑思维能力是面试测试中很重要的考察内容，这种能力一般通过答辩来进行考察。面试官很重视应试者如何回答问题，是否有逻辑性，条理是否清晰，能否保持前后一致。应试者在听到问题后，一定要进行认真思考后再作答，回答得要条理清晰，层次分明。

4. 推陈出新

面试过程中的问答环节，是展现自己内在涵养的时刻。言语是应试者内在气质、涵养的外在表现，不仅要注意自己的语言魅力，更要做到推陈出新、别出心裁，给面试官留下深刻印象，达到面试成功的目的。

5. 随机应变

在问答环节中，应试者随机应变的能力也是面试官看重的能力。此时首先应试者要做好充分的准备，才能做到心里有底，更自信。如果面试官不发问，应试者也可以提出自己的问题，以显示应试者的头脑灵活、反应敏捷。

6. 保持热情

在问答环节中，应试者要展示自己的热情。注意要做到主动问候，精神饱满，细心聆听，认真回答，让面试官看到应试者积极热情的一面。

（四）面试禁忌

1. 忌好高骛远、不切实际

每一位求职者，都想找到一份理想的岗位。但是求职者的愿望一定要和自己的能力和综合素质相匹配，人职匹配一直是人才招聘追求的目标。因此切忌好高骛远，眼高手低。

2. 忌妄自菲薄、患得患失

面试前我们要认真准备，面试中尽自己的努力去做好，努力过后就不要存有遗憾，更不要妄自菲薄。无论成功还是失败，我们都需要总结经验继续前行，相信自己未来会越做越好。

3. 忌盲目应试

去应聘之前一定要对企业和职位进行分析，不能只是从字面上理解。首先，要分清单位的性质和对求职者的要求，切不可以用应聘企业、公司的面试准备，去应聘公务员或者教育岗位的面试。其次，要对岗位职责分清，比如，"营业服务部"下属的商品企划室招人，不能简单地看到"服务"就认为是有关服务的岗位，这样的应试成功概率极低。

目标检测

1. 简述笔试的内容和类型。
2. 简述面试的内容和类型。
3. 面试过程中应该注意哪些问题？
4. 举例说一些求职技巧。

第十一章　大学生应征入伍

学习目标

1. 了解大学生应征入伍的政策。
2. 了解大学生应征入伍的基本条件。
3. 了解大学生应征入伍的基本流程。

　　我国征兵对象从 20 世纪的高中以上城镇待业青年和初中以上农村青年扩充为 2008 年以后的包括地方院校各级各类应届毕业生,这意味着对于大学生而言又多了一条可供选择的职业道路。空间广阔、收入稳定、光环围绕、报国雄心,强烈吸引着在校大学生。从职业生涯规划的角度讲,每一位大学生切记不要被一时的心潮澎湃所左右,要理性思考——应征入伍的职业道路是否适合自己?本章通过介绍大学生应征入伍的政策、基本条件、基本流程,以期能够成为每一位新生在思考过程中的支点。

第一节　大学生应征入伍的政策

　　《中华人民共和国宪法》规定:"保卫祖国、抵抗侵略是中华人民共和国每一个公民的神圣职责。依照法律服兵役和参加民兵组织是中华人民共和国公民的光荣义务。"一方面,作为青年学生成长成才的大学校,部队能够砥砺品格、增强意志,能够为青年学生提供施展才华、成就事业的广阔舞台。另一方面,面对国防和军队现代化、信息化浪潮,部队迫切需要有担当、有责任感、怀抱远大志向的青年投笔从戎、报效国家。

一、国家有关大学生应征入伍的法律法规

　　（一）《中华人民共和国兵役法》

　　2021 年 8 月 20 日,中华人民共和国第十三届全国人民代表大会常务委员会第三十次会议修订通过《中华人民共和国兵役法》,自 2021 年 10 月 1 日起施行。《中华人民共和国兵役法》总则规定"中华人民共和国实行以志愿兵役为主体的志愿兵役与义务兵役相结合的兵役制度"。"中华人民共和国公民,不分民族、种族、职业、家庭出身、宗教信仰和教育程度,都有义务依照本法的规定服兵役。有严重生理缺陷或者严重残疾不适合服兵役的公民,免服兵役。依照法律被剥夺政治权利的公民,不得服兵役。"

1. 兵役登记制度

　　在我国,国家实行兵役登记制度。兵役登记包括初次兵役登记和预备役登记。即"每年十二月三十一日以前年满十八周岁的男性公民,都应当按照兵役机关的安排在当年进行初次兵役登记。"初次兵役登记可以采取网络登记的方式进行,也可以到兵役登记站（点）现场登记。

经过初次兵役登记的未服现役的公民,符合预备役条件的,县、自治县、不设区的市、市辖区人民政府兵役机关可以根据需要,对其进行预备役登记。

2. 兵役征集年龄

根据《中华人民共和国兵役法》规定,年满十八周岁的男性公民,应当被征集服现役;当年未被征集的,在二十二周岁以前仍可以被征集服现役。普通高等学校毕业生的征集年龄可以放宽至二十四周岁,研究生的征集年龄可以放宽至二十六周岁。根据军队需要,可以按照前款规定征集女性公民服现役。另外,根据军队需要和本人自愿,可以征集年满十七周岁未满十八周岁的公民服现役。

3. 现役和预备役

《中华人民共和国兵役法》规定:兵役分为现役和预备役。在中国人民解放军服现役的称军人;预编到现役部队或者编入预备役部队服预备役的,称预备役人员。军人和预备役人员,必须遵守宪法和法律,履行公民的义务,同时享有公民的权利;由于服兵役而产生的权利和义务,由本法和其他相关法律法规规定。

军人必须遵守军队的条令和条例,忠于职守,随时为保卫祖国而战斗。预备役人员必须按照规定参加军事训练、担负战备勤务、执行非战争军事行动任务,随时准备应召参战,保卫祖国。军人和预备役人员入役时应当依法进行服役宣誓。

(1)士兵的现役和预备役

现役士兵包括义务兵役制士兵和志愿兵役制士兵,义务兵役制士兵称义务兵,志愿兵役制士兵称军士。义务兵服现役的期限为二年。

义务兵服现役期满,根据军队需要和本人自愿,经批准可以选改为军士;服现役期间表现特别优秀的,经批准可以提前选改为军士。根据军队需要,可以直接从非军事部门具有专业技能的公民中招收军士。

军士实行分级服现役制度。军士服现役的期限一般不超过三十年,年龄不超过五十五周岁。

经过预备役登记的退出现役的士兵,由部队会同兵役机关根据军队需要,遴选确定服士兵预备役;经过考核,适合担任预备役军官职务的,服军官预备役。

经过预备役登记的公民,符合士兵预备役条件的,由部队会同兵役机关根据军队需要,遴选确定服士兵预备役。

(2)军官的现役和预备役

根据《中华人民共和国兵役法》规定,现役军官从下列人员中选拔、招收:军队院校毕业学员;普通高等学校应届毕业生;表现优秀的现役士兵;军队需要的专业技术人员和其他人员。战时根据需要,可以从现役士兵、军队院校学员、征召的预备役军官和其他人员中直接任命军官。

《中华人民共和国兵役法》规定,预备役军官从下列人员中选拔、招收:确定服军官预备役的退出现役的军官;确定服军官预备役的退出现役的士兵;确定服军官预备役的专业技术人员和其他人员。

军官服现役和服预备役的最高年龄由《中华人民共和国现役军官法》和《中华人民共和国预备役军官法》规定。现役军官按照规定服现役已满最高年龄或者衔级最高年限的,退出现役;需要延长服现役或者暂缓退出现役的,依照有关法律规定执行。现役军官按照规定服现役未满最高年龄或者衔级最高年限,因特殊情况需要退出现役的,经批准可以退出现役。

预备役军官按照规定服预备役已满最高年龄的，退出预备役。

4. 军队院校从青年学生中招收的学员

根据军队建设的需要，军队院校可以从青年学生中招收学员。招收学员的年龄，不受征集服现役年龄的限制。学员完成学业达到军队培养目标的，由院校发给毕业证书；按照规定任命为现役军官或者军士。

5. 现役军人待遇

国家保障军人享有符合军事职业特点、与其履行职责相适应的工资、津贴、住房、医疗、保险、休假、疗养等待遇。军人的待遇应当与国民经济发展相协调，与社会进步相适应。女军人的合法权益受法律保护。军队应当根据女军人的特点，合理安排女军人的工作任务和休息休假，在生育、健康等方面为女军人提供特别保护。

预备役人员参战、参加军事训练、担负战备勤务、执行非战争军事行动任务，享受国家规定的伙食、交通等补助。预备役人员是机关、团体、企业事业组织工作人员的，参战、参加军事训练、担负战备勤务、执行非战争军事行动任务期间，所在单位应当保持其原有的工资、奖金和福利待遇。预备役人员的其他待遇保障依照有关法律法规和国家有关规定执行。

军人按照国家有关规定，在医疗、金融、交通、参观游览、法律服务、文化体育设施服务、邮政服务等方面享受优待政策。公民入伍时保留户籍。国家建立义务兵家庭优待金制度。义务兵家庭优待金标准由地方人民政府制定，中央财政给予定额补助。具体补助办法由国务院退役军人工作主管部门、财政部门会同中央军事委员会机关有关部门制定。

6. 退役军人安置

（1）义务兵退役

对退出现役的义务兵，国家采取自主就业、安排工作、供养等方式妥善安置。

义务兵退出现役自主就业的，按照国家规定发给一次性退役金，由安置地的县级以上地方人民政府接收，根据当地的实际情况，可以发给经济补助。国家根据经济社会发展，适时调整退役金的标准。

服现役期间平时获得二等功以上荣誉或者战时获得三等功以上荣誉以及属于烈士子女的义务兵退出现役，由安置地的县级以上地方人民政府安排工作；待安排工作期间由当地人民政府按照国家有关规定发给生活补助费；根据本人自愿，也可以选择自主就业。

因战、因公、因病致残的义务兵退出现役，按照国家规定的评定残疾等级采取安排工作、供养等方式予以妥善安置；符合安排工作条件的，根据本人自愿，也可以选择自主就业。

（2）军士退役

对退出现役的军士，国家采取逐月领取退役金、自主就业、安排工作、退休、供养等方式妥善安置。军士退出现役，服现役满规定年限的，采取逐月领取退役金方式予以妥善安置。

军士退出现役，服现役满十二年或者符合国家规定的其他条件的，由安置地的县级以上地方人民政府安排工作；待安排工作期间由当地人民政府按照国家有关规定发给生活补助费；根据本人自愿，也可以选择自主就业。

军士服现役满三十年或者年满五十五周岁或者符合国家规定的其他条件的，作退休安置。

因战、因公、因病致残的军士退出现役，按照国家规定的评定残疾等级采取安排工作、退休、供养等方式予以妥善安置；符合安排工作条件的，根据本人自愿，也可以选择自主就业。

（二）《中华人民共和国国防法》

《中华人民共和国国防法》是为了建设和巩固国防，保障改革开放和社会主义现代化建设的顺利进行，实现中华民族伟大复兴，根据宪法，制定的法律。2020年12月26日，中华人民共和国第十三届全国人民代表大会常务委员会第二十四次会议修订通过《中华人民共和国国防法》，自2021年1月1日起施行。

依照法律服兵役和参加民兵组织是中华人民共和国公民的光荣义务。各级兵役机关和基层人民武装机构应当依法办理兵役工作，按照国务院和中央军事委员会的命令完成征兵任务，保证兵员质量。有关国家机关、人民团体、企业事业组织、社会组织和其他组织，应当依法完成民兵和预备役工作，协助完成征兵任务。

公民应当接受国防教育。学校的国防教育是全民国防教育的基础。各级各类学校应当设置适当的国防教育课程，或者在有关课程中增加国防教育的内容。普通高等学校和高中阶段学校应当按照规定组织学生军事训练。公民和组织应当保护国防设施，不得破坏、危害国防设施。公民和组织应当遵守保密规定，不得泄露国防方面的国家秘密，不得非法持有国防方面的秘密文件、资料和其他秘密物品。公民和组织应当支持国防建设，为武装力量的军事训练、战备勤务、防卫作战、非战争军事行动等活动提供便利条件或者其他协助。

公民和组织有对国防建设提出建议的权利，有对危害国防利益的行为进行制止或者检举的权利。民兵、预备役人员和其他公民依法参加军事训练，担负战备勤务、防卫作战、非战争军事行动等任务时，应当履行自己的职责和义务；国家和社会保障其享有相应的待遇，按照有关规定对其实行抚恤优待。公民和组织因国防建设和军事活动在经济上受到直接损失的，可以依照国家有关规定获得补偿。

（三）《中华人民共和国军人地位和权益保障法》

《中华人民共和国军人地位和权益保障法》是为了保障军人地位和合法权益，激励军人履行职责使命，让军人成为全社会尊崇的职业，促进国防和军队现代化建设，根据宪法，制定的法律。2021年6月10日，第十三届全国人民代表大会常务委员会第二十九次会议通过《中华人民共和国军人地位和权益保障法》，自2021年8月1日起施行。

1. 军人地位

军人是中国共产党领导的国家武装力量基本成员，必须忠于祖国，忠于中国共产党，听党指挥，坚决服从命令，认真履行巩固中国共产党的领导和社会主义制度的重要职责使命。

军人是人民子弟兵，应当热爱人民，全心全意为人民服务，保卫人民生命财产安全，当遇到人民群众生命财产受到严重威胁时，挺身而出、积极救助。

军人是捍卫国家主权、统一、领土完整的坚强力量，应当具备巩固国防、抵抗侵略、保卫祖国所需的战斗精神和能力素质，按照实战要求始终保持戒备状态，苦练杀敌本领，不怕牺牲，能打胜仗，坚决完成任务。

军人是中国特色社会主义现代化建设的重要力量，应当积极投身全面建设社会主义现代化国家的事业，依法参加突发事件的应急救援和处置工作。

军人必须模范遵守宪法和法律，认真履行宪法和法律规定的公民义务，严格遵守军事法规、军队纪律，作风优良，带头践行社会主义核心价值观。

国家为军人履行职责提供保障，军人依法履行职责的行为受法律保护。军人因执行任务给公民、法人或者其他组织的合法权益造成损害的，按照有关规定由国家予以赔偿或者补偿。公民、法人和其他组织应当为军人依法履行职责提供必要的支持和协助。

2. 荣誉维护

军人荣誉是国家、社会对军人献身国防和军队建设、社会主义现代化建设的褒扬和激励，是鼓舞军人士气、提升军队战斗力的精神力量。国家维护军人荣誉，激励军人崇尚和珍惜荣誉。

任何组织和个人不得以任何方式诋毁、贬损军人的荣誉，侮辱、诽谤军人的名誉，不得故意毁损、玷污军人的荣誉标识。

3. 军人待遇保障

国家建立军人待遇保障制度，保证军人履行职责使命，保障军人及其家庭的生活水平。对执行作战任务和重大非战争军事行动任务的军人，以及在艰苦边远地区、特殊岗位工作的军人，待遇保障从优。

国家建立相对独立、特色鲜明、具有比较优势的军人工资待遇制度。军官和军士实行工资制度，义务兵实行供给制生活待遇制度。军人享受个人所得税优惠政策。国家建立军人工资待遇正常增长机制。国家采取军队保障、政府保障与市场配置相结合，实物保障与货币补贴相结合的方式，保障军人住房待遇。国家保障军人按照规定享受免费医疗和疾病预防、疗养、康复等待遇。国家实行体现军人职业特点、与社会保险制度相衔接的军人保险制度，适时补充军人保险项目，保障军人的保险待遇。军人享有年休假、探亲假等休息休假的权利。对确因工作需要未休假或者未休满假的，给予经济补偿。国家建立健全军人教育培训体系，保障军人的受教育权利，组织和支持军人参加专业和文化学习培训，提高军人履行职责的能力和退出现役后的就业创业能力。

（四）《中华人民共和国退役军人保障法》

《中华人民共和国退役军人保障法》由中华人民共和国第十三届全国人民代表大会常务委员会第二十三次会议于 2020 年 11 月 11 日通过，自 2021 年 1 月 1 日起施行。

1. 退役安置

对退役的义务兵，国家采取自主就业、安排工作、供养等方式妥善安置。以自主就业方式安置的，领取一次性退役金。以安排工作方式安置的，由安置地人民政府根据其服现役期间所做贡献、专长等安排工作岗位。以供养方式安置的，由国家供养终身。

对退役的军士，国家采取逐月领取退役金、自主就业、安排工作、退休、供养等方式妥善安置。服现役满规定年限，以逐月领取退役金方式安置的，按照国家有关规定逐月领取退役金。服现役不满规定年限，以自主就业方式安置的，领取一次性退役金。以安排工作方式安置的，由安置地人民政府根据其服现役期间所做贡献、专长等安排工作岗位。以退休方式安置的，由安置地人民政府按照国家保障与社会化服务相结合的方式，做好服务管理工作，保障其待遇。以供养方式安置的，由国家供养终身。

2. 教育培训

退役军人的教育培训应当以提高就业质量为导向，紧密围绕社会需求，为退役军人提供有特色、精细化、针对性强的培训服务。国家采取措施加强对退役军人的教育培训，帮助退役军人完善知识结构，提高思想政治水平、职业技能水平和综合职业素养，提升就业创业能力。

军人退役前，所在部队在保证完成军事任务的前提下，可以根据部队特点和条件提供职业技能储备培训，组织参加高等教育自学考试和各类高等学校举办的高等学历继续教育，以及知识拓展、技能培训等非学历继续教育。

退役军人在接受学历教育时，按照国家有关规定享受学费和助学金资助等国家教育资助政策。高等学校根据国家统筹安排，可以通过单列计划、单独招生等方式招考退役军人。

现役军人入伍前已被普通高等学校录取或者是正在普通高等学校就学的学生，服现役期间保留入学资格或者学籍，退役后两年内允许入学或者复学，可以按照国家有关规定转入本校其他专业学习。达到报考研究生条件的，按照国家有关规定享受优惠政策。

教育资源，为退役军人提供职业技能培训。退役军人未达到法定退休年龄需要就业创业的，可以享受职业技能培训补贴等相应扶持政策。

3. 就业创业

公共人力资源服务机构应当免费为退役军人提供职业介绍、创业指导等服务。国家鼓励经营性人力资源服务机构和社会组织为退役军人就业创业提供免费或者优惠服务。退役军人未能及时就业的，在人力资源和社会保障部门办理求职登记后，可以按照规定享受失业保险待遇。

机关、群团组织、事业单位和国有企业在招录或者招聘人员时，对退役军人的年龄和学历条件可以适当放宽，同等条件下优先招录、招聘退役军人。退役的军士和义务兵服现役经历视为基层工作经历。退役的军士和义务兵入伍前是机关、群团组织、事业单位或者国有企业人员的，退役后可以选择复职复工。

各地应当设置一定数量的基层公务员职位，面向服现役满五年的高校毕业生退役军人招考。服现役满五年的高校毕业生退役军人可以报考面向服务基层项目人员定向考录的职位，同服务基层项目人员共享公务员定向考录计划。各地应当注重从优秀退役军人中选聘党的基层组织、社区和村专职工作人员。军队文职人员岗位、国防教育机构岗位等，应当优先选用符合条件的退役军人。国家鼓励退役军人参加稳边固边等边疆建设工作。退役军人服现役年限计算为工龄，退役后与所在单位工作年限累计计算。

县级以上地方人民政府投资建设或者与社会共建的创业孵化基地和创业园区，应当优先为退役军人创业提供服务。有条件的地区可以建立退役军人创业孵化基地和创业园区，为退役军人提供经营场地、投资融资等方面的优惠服务。退役军人创办小微企业，可以按照国家有关规定申请创业担保贷款，并享受贷款贴息等融资优惠政策。退役军人从事个体经营，依法享受税收优惠政策。用人单位招用退役军人符合国家规定的，依法享受税收优惠等政策。

二、大学生应征入伍的优惠政策

国家鼓励高校新生、在校生和应往届毕业生应征入伍服义务兵役。被普通高校录取的新生，可以按照高中应届毕业生的标准条件应征入伍，入伍后享受在校大学生的相关优惠政策。以河北省为例。

（一）服役期间享受的优惠政策

1. 享受优先政策

大学生入伍享受优先报名应征、优先体检政审、优先审批定兵、优先安排使用政策以及体检绿色通道，大学文化程度青年未批准入伍前不得批准高中以下文化程度青年入伍。

2. 享受优待政策

优待金由批准入伍地发放，其家庭享受军属待遇，由户籍所在地负责落实相关优待。

3. 大学毕业生可选拔为军官

普通高等学校全日制毕业生应征入伍的士兵可被选拔为军官，所称选拔军官包括：大学毕业生士兵提干、报考军队院校和保送入学。

大学毕业生士兵提干：符合本科以上学历，截至当年 6 月 30 日，入伍 1 年半以上（服役期间取得学历和学位的应当入伍 2 年以上），且在推荐的旅（团）级单位工作半年以上等基本条件的，可以列为提干对象；根据规定符合一定条件的，优先列为提干对象。

报考军队院校：参加全国普通高等学校招生统一考试，经省招生办公室专科统一录取且取得全日制专科学历的毕业生士兵，可以参加全军统一组织的本科层次招生考试，录取的入有关军队院校学习，学制 2 年，毕业合格的列入年度生长干部毕业学员分配计划。报考条件、考试组织、录取办法等另行规定。

保送入学：大学毕业生士兵参加优秀士兵保送入学对象选拔，年龄放宽 1 岁，同等条件下优先列为优秀士兵保送入学推荐对象，选拔办法按照优秀士兵保送入学有关规定执行。大学毕业生士兵保送入学对象具有本科以上学历的，安排 6 个月的任职培训；具有专科学历的，安排 2 年本科层次学历的培训。

4. 优先选取为士官

对于符合士官选取条件的士兵，同等条件下具有全日制大专以上学历的要优先选取；师（旅）级单位范围内相同专业岗位的士兵，在任职能力相当的情况下，应优先选取高学历士兵。

（二）退役后享受的优惠政策

1. 设立"退役大学生士兵"专项硕士研究生招生计划

根据实际需求，每年安排一定数量专项计划，专门面向退役大学生士兵招生。专项计划规模控制在 5000 人以内，在全国研究生招生总规模内单列下达，不得挪用。

2. 将高校在校生（含高校新生）服兵役情况纳入推免生遴选指标体系

鼓励开展推荐优秀应届本科毕业生免试攻读研究生工作的高校在制定本校推免生遴选办法时，结合本校具体情况，将在校期间服兵役情况纳入推免生遴选指标体系。在部队荣立二等功及以上的退役人员，符合研究生报名条件的可免试（指初试）攻读硕士研究生。

3. 将考研加分范围扩大至高校在校生（含高校新生）

退役人员在继续实行普通高校应届毕业生退役后按规定享受加分政策的基础上，允许普通高校在校生（含高校新生）应征入伍服义务兵役退役，在完成本科学业后 3 年内参加全国硕士研究生招生考试，初试总分加 10 分，同等条件下优先录取。

4. 退役大学生士兵专升本实行招生计划单列

高职（专科）学生应征入伍服义务兵役退役，在完成高职学业后参加普通本科专升本考试，实行计划单列，录取比例在现行 30% 的基础上适度扩大，具体比例由各省份根据本地实际和报名情况确定。

5. 高校新生录取通知书中附寄应征入伍优惠政策

高校向新生寄送《录取通知书》时，附寄应征入伍宣传单，宣传单主要内容包括优惠政策概要、报名流程指南、学籍注册要求等。高校新生在"全国征兵网"登记报名时，填写打印《应征入伍普通高等学校录取新生保留入学资格申请表》（以下简称《保留入学资格申请表》，一式两份），或到入伍地县级征兵办领取并填写《保留入学资格申请表》。县级征兵办将《保留入学资格申请表》加盖县级征兵办公章后，连同相关材料寄送到高校招生部门。高校审核录取资格，办理保留入学资格手续，出具《保留入学资格通知书》。《保留入学资格申请表》审核加盖学校公章后，连同《保留入学资格通知书》寄送至县级征兵办。县级征兵办留存备案《保留入学资格申请表》，将《保留入学资格通知书》送交入伍高校新生。入伍高校新生在退役后 2 年内，持《保留入学资格通知书》和高校录取通知书，到录取高校办理入学手续。

6. 放宽退役大学生士兵复学转专业限制

大学生士兵退役后复学，经学校同意并履行相关程序后，可转入本校其他专业学习。

7. 复学（入学）政策

应征入伍服义务兵役前正在高校就读的学生（含高校新生），服役期间按国家有关规定保留学籍或入学资格，退役后 2 年内允许复学或入学。

8. 国家资助学费

国家对应征入伍服义务兵役的高校学生，在入伍时对其在校期间缴纳的学费实行一次性补偿或获得的国家助学贷款实行代偿；应征入伍服义务兵役前正在高校就读的学生（含高校新生），服役期间按国家有关规定保留学籍或入学资格、退役后自愿复学或入学的，国家实行学费减免；学费补偿、国家助学贷款代偿和学费减免标准，本专科学生每人每年最高不超过 8000 元，研究生每人每年最高不超过 12 000 元。

9. 考试升学加分

普通高校应届毕业生应征入伍服义务兵役退役后 3 年内参加全国硕士研究生招生考试，初试总分加 10 分，同等条件下优先录取；在部队荣立二等功及以上的，符合研究生报名条件的可免试（指初试）攻读硕士研究生。

10. 高职（专科）升学

高职（专科）在校生（含高校新生）入伍经历可作为毕业实习经历；具有高职（专科）学历的毕业生，退役后免试入读成人本科；2022 年开始实施免试专升本（免于参加公共文化考试），但须参加全省统一组织的专业综合（职业适应性）考查，依据考查结果，结合考生志愿、在校期间成绩、服役期间表现等情况，综合评价、单独录取；荣立三等功以上奖励的高职（专科）在校生（含高校新生），在完成高职（专科）学业后，免试入读普通本科。

11. 免修军事技能

高校在校生（含高校新生）参军入伍退役后复学或入学，免修军事技能训练，直接获得学分。

12. 退役就业服务

高校毕业生士兵退役后一年内，可视同当年的应届毕业生，凭用人单位录（聘）用手续，向原就读高校再次申请办理就业报到手续，户档随迁（直辖市按照有关规定执行）；退役高校毕业生士兵可参加户籍所在地省级毕业生就业指导机构、原毕业高校就业招聘会，享受就业信息、重点推荐、就业指导等就业服务。

具有专科以上学历的大学生退役士兵与服务基层项目人员，共享每年考录公务员 10% 左右的定向招录名额。

事业单位定向招聘数量不低于当年列入人员范围的全日制本科大学生退役士兵人数的 10%。

拿出政法干警招录培养体制改革试点招录培养计划的 20% 左右，用于招录大学生退役士兵，不再实行加分政策。

大学生退役士兵优先录用为基层专职人民武装干部，各地每年按照不低于当年招录计划30%的比例录用大学生退役士兵。

符合当年选聘条件的大学生退役士兵，参加大学生村官招聘，在笔试成绩中加 5 分，同等条件下优先录用；参加"特岗教师"招聘，在笔试成绩中加 5 分，面试环节同等条件下优先聘用；参加"三支一扶"志愿者招募的，在笔试成绩中加 5 分，同等条件下优先录用；大学生西部计划志愿者选拔对大学生退役士兵实行单独招录，比例不超过全省总名额的20%。

自主就业退役士兵优先竞聘国有企业职位，省国有企业每年按照新聘用职工总数的5%用于招录自主就业退役士兵。

退役后可以免费参加安置地县级以上地方人民政府组织的职业教育、技能培训，经考试考核合格的，发给相应的学历证书、职业资格证书并推荐就业。

服现役满12年、荣立二等功以上奖励或者战时三等功以上奖励的，退役后由人民政府安排工作。

对从事个体经营的退役士兵，按照国家规定给予税收优惠，给予小额担保贷款扶持，从事微利项目的给予财政贴息。除国家限制行业外，自其在工商行政管理部门首次注册登记之日起 3 年内，免收管理类、登记类和证照类的行政事业性费用。

（三）福利待遇

服义务兵役期间发放生活津贴，第一年为每月 1000 元，第二年为每月 1100 元。选取士官后发放工资，下士月工资最低为 5645 元，中士最低为 7040 元，上士最低为 8135 元（以上工资未计算如骨干津贴、特殊岗位津贴、防暑降温费等其他补助）。

服义务兵役期间，大学生士兵家庭由批准入伍地发放优待金，具体标准为按河北省年平均最低工资标准的150%计发；进藏和到新疆艰苦地区服役的大学生义务兵家庭优待金，按河北省年平均最低工资标准的200%计发。

义务兵和服役不满12年的士官退出现役，国家按照每人每年 4500 元的标准发放退役金。

义务兵退出现役后当地人民政府发给一次性经济补助。具体标准为：自主就业退役义务兵一次性经济补助金与部队发放的退役金之和，应不低于上年度当地城镇居民人均可支配收入的 1.2 倍；自主就业退役士官一次性经济补助在 2 年兵役发放标准的基础上，从服现役第 3 年（含）起每多服役 1 年按义务兵 1 年发放标准的 20% 增发。

高校在校生或毕业生义务兵享受学费补偿和国家助学贷款代偿政策。具体标准为：本专科生每人每年最高不超过 8000 元，研究生每人每年最高不超过 12 000 元。

根据服役地区的不同，还可享受特区补助、地区津贴和伙食补助等。

视野窗

高校大学生入伍后享受相关经济待遇

以 2021 年毕业的 3 年专科为例，服役 2 年，可以拿到约 22 万元，具体如下。

1. 部队发放

服役期间，按照第一年每月 1000 元、第二年每月 1100 元的标准发放津贴，共计25 200 元；退役后，按照每人每年 4500 元的标准发放退役金，按照每人 2000 元的标准发放退伍费，共计 11 000 元；退役后，军人职业年金补助为 21 165.44 元；退役后，按照每人 840 元的标准发放军人退役医疗保险，一次性发放退役养老保险 34 967.95 元，共计约 35 808 元。

2. 政府发放

服役期间，大学生义务兵家庭由当地人民政府发放优待金，具体标准按照全省平均最低工资标准的 1.5 倍确定，两年共计 58 950 元；退役后，当地人民政府发给一次性经济补助，具体标准为：一次性经济补助金与部队发放的退役金之和，不低于上年度当地城镇居民人均可支配收入的 1.2 倍，共计 35 743.2；专科毕业生一次性奖励金 8000 元，补偿代偿学费约 24 000 元。（以上数据按照全省平均水平计算，具体标准以各级政府最新文件规定、数据为准。）

第二节 大学生应征入伍的基本条件

大学生应征入伍的基本条件是指在校大学生的政治条件、年龄条件、身体条件、文化条件是否符合当兵标准，应征公民必须有强健的体魄。经国务院、中央军委批准，自 2020 年起，将义务兵征集由一年一次征兵一次退役，调整为一年两次征兵两次退役。

一、征集对象

（一）男兵征集

高中（含中专、职高、技校）毕业生及以上文化程度的青年（含高校在校生），年满 18 至 22 周岁；普通高等学校本专科毕业生、上半年符合毕业条件的毕业班学生，年满 18 至 24 周岁；研究生毕业生及在校生放宽至 26 周岁；初中毕业文化程度男青年，年满 18 至 20 周岁。

（二）女兵征集

上半年应征报名：普通高等学校和科研机构全日制应届毕业生及在校生，年满 18 至 22 周岁，全日制研究生应届毕业生及在校生放宽至 26 周岁；2022 年普通高等学校全日制本专科应届毕业生可以报名参加 2023 年上半年女兵征集，年龄放宽至 23 周岁。

下半年应征报名：普通高中应届毕业生、普通高等学校和科研机构全日制应届毕业生及在校生，年满 18 至 22 周岁，全日制研究生应届毕业生及在校生放宽至 26 周岁。

二、大学生应征入伍政治考核

根据《中华人民共和国兵役法》《征兵工作条例》等法律法规规定，每一位应征入伍的大学生都要经过征兵政治考核环节。征兵政治考核工作，是征兵工作的重要环节，是加强军队思想政治建设的重要内容，是确保部队绝对忠诚、绝对纯洁、绝对可靠的重要措施。大学生征兵政治考核，主要遵循三原则：坚持实事求是，做到客观公正；坚持依法考核，严格标准程序；坚持全面衡量，实行择优征集。

（一）大学生应征入伍政治考核内容

大学生应征入伍政治考核主要内容是应征大学生的个人基本信息、政治面貌、宗教信仰、婚姻状况、毕业（就读）学校、文化程度、主要经历、出国（境）情况、现实表现、奖惩情况，以及家庭成员、主要社会关系成员的政治情况等。

个人基本信息，指姓名、性别、出生日期、民族、公民身份号码、户籍所在地等信息。个人基本信息应当与居民户口簿、居民身份证或者居住证相一致。

家庭成员，指本人配偶、父母（监护人、直接抚养人）、未婚兄弟姐妹。主要社会关系成员，指已婚兄弟姐妹、祖父母、外祖父母；其中，父母指共同生活的生父母、养父母和有扶养关系的继父母，兄弟姐妹指有共同生活经历的同父母的兄弟姐妹、同父异母或者同母异父的兄弟姐妹、养兄弟姐妹、有扶养关系的继兄弟姐妹。

（二）大学生应征入伍政治条件

应征入伍的大学生必须热爱中国共产党，热爱社会主义祖国，热爱人民军队，遵纪守法，品德优良，决心为抵抗侵略、保卫祖国、保卫人民的和平劳动而英勇奋斗。《征兵政治审查工作规定》中详细列举了不得应征入伍的情形，同时强调由于部分单位对于征集新兵的政治条件有特别要求，所以在应征入伍之前，每一位应征公民都要对照各项条目进行仔细自检。

具备下列情形之一者，不得应征入伍：散布带有政治性错误的言论，撰写、编著、发表、出版带有政治性错误的文章、著作的；曾被刑事处罚、劳动教养、收容教育、行政拘留的；年满14周岁不满16周岁犯罪，依法不予刑事处罚的，或者年满16周岁不满18周岁有严重违法行为尚不够刑事处罚的；因涉嫌违纪、违法正在被调查处理，或者正在被侦查、起诉或者审判的；因犯严重错误被开除公职、勒令辞职、开除学籍或者被开除党籍、留党察看、开除团籍的；有黑社会性质组织或者犯罪团伙标志、有损国家形象、有损社会公德文身的；与国外、境外政治背景复杂的人员关系密切，政治上可疑的；参加过邪教组织或者进行过活动的，参加过有害功法组织或者积极进行过活动的；家庭主要成员、直接抚养人、主要社会关系成员或者对本人影响较大的其他亲属是邪教或者有害功法组织骨干分子的；本人或者家庭主要成员、直接抚养人参加民族分裂、暴力恐怖、宗教极端等非法组织、带有黑社会性质犯罪团伙或者进行过活动的；主要社会关系成员或者对本人影响较大的其他亲属是上述非法组织骨干分子的；家庭主要成员、直接抚养人、主要社会关系成员或者对本人影响较大的其他亲属，有被刑事处罚、开除党籍、开除公职或者有严重违法问题尚未查清，本人有包庇、报复言行的；家庭主要成员有危害国家安全犯罪行为或者严重政治性问题，本人不能划清界限的；其他不符合征集服现役政治条件情形的。

对政治条件有特别要求的单位征集的新兵除执行上述规定外，对具有以下情形之一的，也不得征集：在言行上同情或者支持非法组织或者非法活动的；收听、收看境外反动广播、电视等传媒，传看过反动宣传品、淫秽物品，思想受影响，是非界限不清的；有偷窃、打架斗殴、酗酒滋事等不良行为的；参加各种宗教组织或者进行过迷信活动的；文身的；长期在外地，现实表现不易查清的；家庭主要成员、直接抚养人、主要社会关系成员或者对本人影响较大的其他亲属对党和国家的路线、方针、政策和社会主义制度有不满言行的；家庭主要成员、直接抚养人、主要社会关系成员或者对本人影响较大的其他亲属被刑事处罚或者开除党籍、开除公职的；家庭主要成员、直接抚养人、主要社会关系成员或者对本人影响较大的其他亲属因涉嫌违法犯罪正在被调查处理，或者正在被侦查、起诉或者审判的；家庭主要成员、直接抚养人、主要社会关系成员或者对本人影响较大的其他亲属参加民族分裂、暴力恐怖、宗教极端等非法组织、带有黑社会性质犯罪团伙或者进行过活动的；家庭主要成员、直接抚养人、主要社会关系成员或者对本人影响较大的其他亲属是邪教、有害功法组织骨干分子或者顽固不化人员的；家庭主要成员、直接抚养人、主要社会关系成员或者对本人影响较大的其他亲属危害国家安全行为或者严重政治性问题的；其他不符合对政治条件有特别要求情形的。

（三）大学生应征入伍政治考核的实施

大学生应征入伍政治考核工作实行逐级考核和区域联审，严格落实谁考核、谁签字、谁负责的责任制。

已经被普通高等学校录取的新生或者正在普通高等学校就读的学生，以及普通高等学校应届毕业生可以在就读学校所在地的县（市、区）应征入伍。考核工作由其学校所在地的县（市、区）人民政府征兵办公室政治考核组统一组织，辖区公安派出所会同学校负责政治考核工作的机构或者人员办理。

其中，已被普通高等学校录取的新生在学校所在地应征的，由入学前户籍所在地或者经常居住地的县（市、区）人民政府征兵办公室负责对其进行政治考核；16周岁以后有出国（境）经历并且连续在国（境）外驻留6个月以上的应征公民，应当由国家驻外机构或者派出单位对其出国（境）期间的现实表现出具证明材料，县（市、区）人民政府征兵办公室政治考核组会同有关部门进行核查。

1. 大学生应征入伍政治考核的四个阶段

1）初步考核

初步考核实际就是推荐、确定哪一位预征对象能够上站体检。具体是，基层单位结合兵役登记组织本单位、本区域的预征对象填写《应征公民政治考核表》，并对其进行初步考核，跟踪掌握预征对象政治情况，从而推荐、确定上站体检的预征对象。

2）联合考核

联合考核实际就是多部门联合对上站体检的预征对象进行考核。具体操作是由县（市、区）人民政府征兵办公室政治考核组会同有关部门进行，并将最终考核情况报县（市、区）人民政府征兵办公室。此过程中若发现疑点，要进一步审查核实，可以在必要时派人或发函调查，有关县（市、区）人民政府征兵办公室应当予以积极配合。

3）走访调查

按规定，走访调查应当在10个工作日内完成。具体流程为：首先，县（市、区）人民政府征兵办公室应当将联合考核和体检合格的人员名单，及时通报所属基层单位；其次，基层单位应当会同辖区公安派出所，组织村（居）委会、学校、村（社区）警务室或者片区民警等有关人员组成若干走访调查组，对联合考核和体检合格的人员进行走访调查，由走访调查组成员在走访对象《应征公民政治考核表》"走访调查情况"栏签署意见；最后，辖区公安派出所根据走访调查情况以及掌握的其他有关情况，作进一步考核后签署意见并加盖单位公章，报送县（市、区）人民政府征兵办公室。

需要注意的是，县（市、区）人民政府征兵办公室应当安排部队接兵人员参加走访调查，在《应征公民政治考核表》相应栏签署意见。未经接兵部队走访调查签署意见的，不得批准入伍。接兵部队不再附加其他政治考核材料。

4）综合结论

县（市、区）人民政府征兵办公室政治考核组综合相关职能部门联合考核情况和基层单位意见，签署政治考核结论。

2. 大学生应征入伍政治考核条件认定

大学生应征入伍政治考核条件认定大体包括文化程度认定、组织关系认定和职业技能认定。

1）文化程度认定

文化程度认定分三种情况：一是高中以下学历以学校颁发的毕业证书为准，二是大学以上学历以毕业证书和中国高等教育学生信息网（学信网）毕业证信息为准，三是国外学习取得的学历要按照教育部制定的标准和规定认定。

2）组织关系认定

应征公民的党籍、团籍认定，以档案中《入党志愿书》《入团志愿书》以及其所在单位的党、团组织关系为准。

3）职业技能认定

应征公民的职业技能认定，以国家颁发的职业资格证书为准。

对已批准入伍的新兵，县（市、区）人民政府征兵办公室发现有不符合征集公民服现役政治条件的，应当及时向部队通报情况，并按照规定办理退兵手续。

（四）大学生应征入伍政治考核复查

新兵到达部队后，应当由团级以上单位政治机关及时对新兵组织政治考核复查。政治考核复查重点是审核新兵档案，主要查看材料是否齐全、内容有无涂改、信息有无疑点、程序是否规范等，并采取个别谈话、座谈了解、问卷调查等形式，进一步核实个人经历、掌握思想底数。

经部队政治考核复查不合格的，应当作退兵处理。

三、大学生应征入伍身体条件

2020年7月，中央军委后勤保障部、国防动员部联合下发文件，对征兵体检标准做了部分调整优化。

（一）大学生应征入伍身高、体重标准

1. 大学生应征入伍身高标准

男性身高160cm以上，女性身高158cm以上，合格。其中，坦克乘员：身高160～178cm；水面舰艇、潜艇人员：男性身高160～182cm，女性身高158～182cm；潜水员：身高168～185cm；空降兵：身高168cm以上；空军专机女乘务员：身高164～172cm；特种作战部队、中央警卫团、公安警卫部队条件兵：男性身高170cm以上（体格条件优秀的165cm以上），女性身高165cm以上；驻香港澳门部队条件兵：男性身高170cm以上，女性身高160cm以上；北京卫戍区仪仗队队员：男性身高180cm以上，女性身高173cm以上。

2. 大学生应征入伍体重标准

体重符合下列条件且空腹血糖<7.0mmol/L的，合格。

男性：17.5≤BMI＜30，其中，17.5≤男性身体条件兵 BMI＜27；女性：17≤BMI＜24。BMI≥28 须加查血液糖化血红蛋白检查项目，糖化血红蛋白百分比＜6.5%，合格。

[BMI=体重（kg）除以身高（m）的平方，BMI 为身体质量指数]

（二）大学生应征入伍视力标准

任何一眼裸眼视力低于 4.5，不合格。任何一眼裸眼视力低于 4.8，需进行矫正视力检查，任何一眼矫正视力低于 4.8 或矫正度数超过 600 度，不合格。

屈光不正经准分子激光手术（不含有晶体眼人工晶体植入术等其他术式）后半年以上，无并发症，任何一眼裸眼视力达到 4.8，眼底检查正常，除潜艇人员、潜水员、空降兵外合格。

其中：坦克乘员、水面舰艇人员、潜艇人员、空军专机女乘务员、中央警卫团条件兵、公安警卫部队条件兵、北京卫戍区仪仗队队员，任何一眼裸眼视力不低于 4.8；潜水员、空降兵、特种作战部队条件兵任何一眼裸眼视力不低于 5.0。

色弱，色盲，不合格。

（三）士兵职业基本适应性检测

士兵职业基本适应性检测是根据军事职业的特殊需要，运用心理学方法，由心理学专家对报考参军的候选者进行心理素质检测与评定，从而选拔那些心理素质适应军事活动要求的候选者进入部队的一项工作。只有人的特点和工作岗位特点相匹配，才能相得益彰，人的能力才能最大限度地发挥，在部队的工作满意度和幸福感才高，部队如能招到都是适合的人，训练管理效率才高，部队战斗力才强。各军兵种对人的心理特点还有更具体的不同的要求，因此入伍之后还需要进行进一步的职业基本适应性检测和兵员分配，达到人和岗位的匹配，实现人力资源效率的最大化。

士兵职业基本适应性检测包括计算机检测、纸笔测验和心理访谈三部分。

1. 计算机检测

采用士兵职业基本适应性检测专用软件和专用试卷进行智力检测，有下列情况之一的，不合格。

数学能力：专用数学能力计算机检测标准分数小于 70 分，且专用数学能力试卷成绩小于 60 分。

言语能力：专用言语能力计算机检测标准分数小于 70 分，且专用言语能力试卷成绩小于 60 分。

采用士兵职业基本适应性检测专用软件、结构访谈或专用情境判断测验软件进行人格检测，有下列情况之一的，不合格。

专用人格计算机测验四项效度指标与"分离特质""神经特质""敏感特质"三项指标中任何一项大于等于 70 分，且结构访谈"精神障碍家族史""精神障碍病史""幻觉体验症状""妄想、被动体验""情感障碍""应激障碍""情感、行为协调性"七项中任何一项评为 2 分或累计大于等于 2 分，或专业情境判断测验（Ⅰ）的分数大于等于 8 分。

专用人格计算机测验四项效度指标"偏离特质""冲动特质""悖逆特质"三项指标中任何一项大于等于 70 分，且结构访谈"偏离性""冲动性""悖逆性"三项中任何一项评为 2 分或累计大于等于 2 分，或专业情境判断测验（Ⅱ）的分数大于等于 8 分。

2. 纸笔测验

考官会对计算机检测不合格的应征青年安排同样的题目，用纸笔测验的形式再测验一次，如果通过仍算合格。这样可以避免应征青年因计算机操作不熟练而错失应征机会，保证检测公平。

3. 心理访谈

性格检测是通过询问一些个人生活经历，以及通常情况下的想法和做法，来对应征青年的性格是否符合军营文化和部队的工作生活进行评估。一般情况下，计算机检测可以对大部分应征青年的性格是否与部队要求相符合进行判断，但如果某个应征青年的性格比较有特点，是计算机无法识别的，就需要加做心理访谈。也就是通过心理专家的人工判断，来对应征青年的基本适应性进行评价。

需要强调的是，如果某个应征青年的检测不合格，不代表其一定有心理问题，只是表示其能力和性格特点不适合入伍。

士兵职业基本适应性检测是一个职业指导测验，不受文化背景知识的影响，因此不用刻意准备，用平常心去迎接检测，如实回答问题就好。应征青年刚好可以利用这个机会检测自己是否适合参军入伍。

第三节　大学生应征入伍的基本流程

自 2020 年起，将义务兵征集由一年一次征兵一次退役，调整为一年两次征兵两次退役。实行一年两次征兵两次退役后，征兵时间区分为上半年和下半年两次，上半年征兵从 2 月中旬开始，3 月底结束，新兵批准入伍时间为 3 月 1 日；下半年征兵从 8 月中旬开始，9 月底结束，新兵批准入伍时间为 9 月 1 日。

2023 年征兵时间为上半年应征报名：2022 年 12 月 1 日至 2023 年 2 月 10 日 18 时；下半年应征报名：2022 年 12 月 1 日至 2023 年 8 月 10 日 18 时。

一、大学新生应征入伍的基本流程

（一）男兵应征入伍基本流程

1. 网上报名

有应征意向的男性青年可登录"全国征兵网"，填写个人基本信息，报名成功后，自行下载打印《男性公民兵役登记/应征报名表》（非大学生）或《大学生预征对象登记表》（大学生），大学生符合国家学费资助条件的，同时还应下载打印《高校学生应征入伍学费补偿国家助学贷款代偿申请表》（以下分别简称《登记表》《申请表》），分别交应征地乡镇街道武装部或高校武装部。

2. 初审初检

乡镇街道武装部或高校武装部根据应征用户信息以及应征用户本人进行初审初检。

3. 体检政考

应征地兵役机关会将具体上站体检时间、地点通知应征者，应征者本人携带身份证（户口簿）、毕业证书（高校在校生持学生证）以及盖章后的《登记表》《申请表》参加应征地县级征兵办组织的体格检查，由当地公安、教育等部门同步展开政治联审工作。

4. 走访调查

政治联审和体检初步合格者，将由县级征兵办公室通知应征者所在乡（镇、街道）基层人武部，安排走访调查。

5. 预定新兵

县级征兵办公室对体检和政考双合格者进行全面衡量，确定预定批准入伍对象，同等条件下，优先确定学历高的应届毕业生为预定新兵。

6. 张榜公示

对预定新兵名单将在县（市、区）、乡（镇、街道）张榜公示，接受群众监督，公示时间不少于 5 天。

7. 批准入伍

体检、政考合格并经公示的，由县级征兵办公室正式批准入伍，发放《入伍通知书》。大学生凭《入伍通知书》办理户口注销、享受义务兵优待，等待交接起运，统一输送至部队服役。申请学费资助的，还要将加盖有县级征兵办公室公章的《申请表》原件和《入伍通知书》复印件，寄送至原就读高校学生资助管理部门。

（二）女兵应征入伍基本流程

1. 网上报名

符合当年征集基本条件的女青年，可登录"全国征兵网"，填写报名信息。报名截止后，网上报名系统将自动依据报名人员当年高考相对分数进行排序，择优选择初选预征对象。被确定为初选预征对象的女青年，系统初审初检后，登录"全国征兵网"，下载打印《应征女青年网上报名审核表》。符合国家学费资助条件的，同时还应下载打印《高校学生应征入伍学费补偿国家助学贷款代偿申请表》（以下分别简称《审核表》《申请表》）并交学校学生资助管理部门审核。

2. 初审初检

女青年持《审核表》、本人身份证（户口簿）、毕业证书（高校在校生持学生证）等相关证件，按兵役机关通知要求参加地市级征兵办公室组织的初审初检，合格者确定为送检对象。

3. 体检考评

征兵开始后，送检对象根据兵役机关通知，携带本人身份证（户口簿）、毕业证书（高校在校生持学生证）等相关证件，到指定的体检站参加体格检查和综合素质考评。

4. 政治考核

体格检查和综合素质考评后，由县级兵役机关会同当地公安、教育等部门，对其进行政治联审和走访调查。

5. 预定新兵

省级或地市级征兵办公室对学历、年龄、体检和政治考核全部合格的应征女青年，按照综合素质考评分数由高到低的顺序，依次确定为预定新兵。预定新兵名单（包括姓名、户籍地、学历、高考原始总分数、综合素质考评分数）同时在省、地市、县三级征兵办公室营院外张榜公示，接受群众监督，公示时间不少于 5 天。

6. 批准入伍

经公示未被举报和反映有问题的，确定为批准入伍对象，由县级征兵办公室办理批准入伍手续，发放《入伍通知书》。大学生凭《入伍通知书》办理户口注销、享受义务兵优待，等待交接起运，统一输送至部队服役。申请学费资助的，还要将加盖有县级征兵办公室公章的《申请表》原件和《入伍通知书》复印件，寄送至原就读高校学生资助管理部门。

（三）招收军士报名流程

1. 申请报名

符合招收条件的招收对象，在其户籍所在地的县（市、区）征兵办公室[应届毕业生也可以在其毕业学校所在地县（市、区）征兵办公室]报名，登录"全国征兵网"（网址：http://www.gfbzb.gov.cn），填写相关表格和信息。

2. 体检政考

根据县（市、区）征兵办公室的通知，参加统一组织的体格检查，同时由县（市、区）征兵办公室安排政治考核。

3. 专业审定

对体检、政考合格人员，县级以上征兵办公室会同有关部门或者学校对其进行专业审定或专业考核，作出综合评定，填写《招收军士学历专业审定表》或者《招收军士专业技能考核评定表》。

4. 定兵公示

对体格检查、政治考核、专业审定或者专业考核合格者，县级以上征兵办公室在全面衡量的基础上，择优定兵，定兵名单向社会公示。

5. 批准入伍

通过公示的，由县级以上征兵办公室批准服现役，签订《招收军士协议书》，办理入伍手续，发给《入伍通知书》。

6. 交接运输

按照县级以上征兵办公室安排组织实施。

7. 检疫复查

到达部队后，由部队对招收军士的政治、身体、学历、职业资格等进行检疫和复查，不符合招收条件的，按规定退回原征集地征兵办公室。

8. 训练使用

招收军士入伍后，进行入伍训练和岗前专业培训。训练结束后，分配到部队专业技术军士岗位。

二、申请学费减免的基本流程

国家对应征入伍服义务兵役的高校学生在校期间缴纳的学费实行一次性补偿，对获得的国家助学贷款实行代偿，退役后复学或入学的，实行学费减免。按照国家招生规定录取的高校新生，服役期间保留入学资格，退役后入学的，国家实行学费减免。

（一）提供材料

1. 参军入伍学生学费补偿申请所需材料

应征入伍学生的《入伍通知书》复印件，1式2份；登录全国征兵网下载《高校学生入伍学费补偿国家助学贷款代偿申请表》并双面打印，1式2份（表第2页需加盖征集地区县武装部印章）；本人身份证复印件1份；在学校财务系统预留的银行卡复印件1份（大部分学生银行卡，为学校发的银行卡）。

2. 退役复学学生学费减免申请所需材料

退役证书复印件，1式2份；登录全国征兵网下载《高校学生退役复学学费减免申请表》，1式2份（此表只有1页，需加盖区县武装部印章）；本人身份证复印件1份。

3. 直招士官学生学费补偿申请所需材料

应征入伍学生的《应征入伍通知书》复印件，1式2份；登录全国征兵网下载《直接招收为士官的高校学生学费补偿国家助学贷款代偿申请表》双面打印，1式2份（表第2页需加盖征集地区县武装部印章）；本人身份证复印件1份；在学校财务系统预留的银行卡复印件1份。

（二）大学生退役后学费减免的标准

本专科生每人每年最高不超过6000元，硕士研究生每人每年最高不超过8000元，博士研究生每人每年最高不超过10 000元。

学费补偿或国家助学贷款代偿金额，按学生实际缴纳的学费或获得的国家助学贷款（包括本金及其全部偿还之前产生的利息）两者金额较高者执行，据实补偿或者代偿。退役复学后学费减免金额，按学校实际收取学费金额执行。超出标准部分不予补偿、代偿或减免。

获学费补偿学生在校期间获得国家助学贷款的，补偿资金必须首先用于偿还国家助学贷款。如补偿金额高于国家助学贷款金额，高出部分退还学生。

获得国家助学贷款的高校在校生应征入伍后，国家助学贷款停止发放。

（三）学费补偿、国家助学贷款代偿和学费减免的年限

按照国家对本科、专科（高职）、研究生和第二学士学位规定的相应修业年限据实计算。以入伍时间为准，入伍前已达到的修业规定年限，即为学费补偿或国家助学贷款代偿的年限；退役复学后应完成的国家规定的修业年限的剩余期限，即为学费减免的年限；复学后攻读更高层次学历不在减免学费范围之内。

专升本、本硕连读、中职高职连读、第二学士学位毕业生补偿学费或代偿国家助学贷款的年限，分别按照完成本科、硕士、高职和第二学士学位阶段学习任务规定的学习时间计算。

专升本、本硕连读学制在校生，在专科或本科学习阶段应征入伍的，以实际学习时间实行学费补偿或国家助学贷款代偿；在本科或硕士学习阶段应征入伍的，以本科已学习时间或硕士已学习时间计算，实行学费补偿或国家助学贷款代偿，其以前专科学习时间或本科学习时间不计入学费补偿或国家助学贷款代偿。中职高职连读学生学费补偿或国家助学贷款代偿的年限，按照高职阶段实际学习时间计算。

目标检测

1. 优秀大学生士兵退伍就业有什么优势？
2. 退役士兵有什么优惠政策？
3. 哪些大学生应征入伍服义务兵役不享受国家资助？
4. 大学生应征入伍如何实施政治考核？
5. 大学生应征入伍的基本流程是什么？

第十二章　树立终身学习的理念

学习目标

1. 了解终身学习与职业人生的关系。
2. 了解我国的继续教育政策。
3. 熟悉取得高一级学历的主要途径。

第一节　终身学习与职业人生

党的十九届四中全会首次将终身教育体系构建目标纳入国家治理体系和治理能力现代化的总体框架内，提出"构建服务全民终身学习的教育体系""加快发展面向每个人、适合每个人、更加开放灵活的教育体系，建设学习型社会"。这是对《中国教育现代化2035》首次提出的服务全民终身学习的现代教育体系目标的再推进和再明确，进一步指明了面向"十四五"规划和第二个百年奋斗目标的我国教育现代化的前进方向。新形势、新的历史起点亟待以新理论、新思维来迎接即将到来的教育现代化大发展的新阶段。

一、终身学习的理念

（一）终身学习理念的概念

终身学习作为一种教育理念，最早是由联合国教科文组织和保罗·朗格朗等专家提出的。1965年在联合国教科文组织召开的第三届促进成人教育国际委员会议上，朗格朗以"Education Permanente"为题作了学术报告，后来联合国教科文组织将education permanente改为lifelong education，即"终身教育"，1970年朗格朗出版了《终身教育引论》。埃德加·富尔于1972年在《学会生存》中对"终身教育"这一概念加以确定，并提出未来社会是"学习化社会"。1994年11月，意大利罗马举行的首届世界终身学习会议对终身学习的内涵作出权威的界定："终身学习是21世纪的生存概念，是通过一个不断的支持过程来发挥人类的潜能，它激励并使人们有权利去获取他们终身所需要的全部知识、价值、技能和理解，并在任何任务、情况和环境中有信心、有创造性地、愉快地应用它们。"因此，具备终身学习的能力成为个人发展和社会发展的关键因素。

（二）终身学习理念的价值

终身学习的价值主要包含以下四点：第一，当人类不得不面对来自自然、社会等各方面的不确定性的挑战时，终身学习则成为应对挑战的关键，终身学习可以提高人们应对变化和谋划未来的能力。第二，终身学习可以培养公民的思维力和知情力，清楚地分辨真理与谬误，不被假消息所蒙蔽和欺骗。第三，终身学习有助于提高人们的就业能力，帮助人们在学习中面对未知的就业市场。第四，终身学习有助于构建终身学习型社会，进而使得人人都成为积极主动的学习者，并将学习贯穿于生命的始终。

二、大学生树立终身学习理念的必要性

（一）大学的教学内容与快速发展的经济社会相比具有滞后性

苏联著名教育家赞科夫在他的著作《教学论与生活》中曾经说过，无论学校的教学大纲编得多么完善，学生在毕业后必然会遇到他们所不熟悉的科学上的新发现和新技术。只有具备一定的品质、有较高发展水平的人，才能更好地应对这种情况。尽管学生已经接受了大学教育，获取了一定的专业知识，但这种教育并不能为个人提供享用一生的"一劳永逸"式的知识，特别在以信息为基础的知识经济时代，知识老化的速度大大加快，要适应社会飞速发展的趋势，就必须具备自主学习的能力，学会在未来社会中主动创造而不是被动追随。管理大师彼得·圣吉博士在《第五项修炼：学习型组织的艺术和实务》中提出，未来唯一持久的优势是有能力比你的竞争对手学习得更快。因此，拥有不断学习的能力，比有经验和丰富的知识更重要。

（二）高校培养的人才必须适应和引领经济社会的发展

终身学习，即强调人的知识不断自主更新，而当学生离开学校后，没有精力和时间接受学校的专门教育，因此，绝大部分的学习需要依靠自主学习。R. 巴尔顿和 R. 凯普勒把知识老化现象比喻为放射性物质衰变的"半衰期"，这意味着学生在大学毕业后的几年或十几年内，所学知识就将老化。并且在知识更新速度日益加快的当今社会，传统的一次性学校教育已无法应对现实的挑战，因此，高校不能仅仅给学生传授知识，而更应该使学生具备自主学习的能力，树立终身学习的理念。当学生离开学校后，面对日新月异的科学技术的发展，若缺少自主学习的能力，不能敏锐地面对迅速变化的世界而有效地学习，将很难成为一个合格的人才，有的甚至被迅速发展的时代所淘汰，更谈不上自身的可持续发展。自主学习能力是保证人终身学习的必备素养。

第二节　中国职业教育现代化的发展

中华人民共和国成立以来，我国教育事业为国家经济建设培养了大批人才，逐步进入现代化发展的快轨。特别是改革开放 40 多年来，伴随着我国经济社会迅猛发展，技术技能型人才需求持续增长，职业教育事业发展取得了空前的进步。2019 年伊始，为顺应人力资源强国和人才强国的新时代人才需求，中共中央办公厅、国务院办公厅密集印发了《国家职业教育改革实施方案》《中国教育现代化 2035》等文件，这标志着我国教育现代化发展进入了攻坚期，同时也宣示了我国职业教育发展进入了高速奋进时代。

一、中国特色的职业教育现代化

职业教育从适应经济社会发展到支撑中国梦的实现。改革开放以来，党中央、国务院对职业教育高度重视，始终强调要大力发展职业教育，不断确立职业教育的战略地位，职业教育成为实现中华民族伟大复兴中国梦的强大支撑。

（一）恢复和大力发展职业教育

改革开放步伐启动之时职业教育得到了恢复发展，国家提出要推动构建与社会主义经济和发展需求相适应的现代职业教育，强调职业教育对于培育支撑经济和社会发展的优质技术技能人力资源，具有不可替代的重要作用。从改革开放到 21 世纪初期，国务院先后召开或批准召开 6 次全国职业教育工作会议，并分别于 1991 年、2002 年和 2005 年 3 次以国务院的名义正式发布关于大力发展职业教育的决定。历次会议和上述决定都从建设社会主义现代化强国、推动经济社会和人的全面发展出发，确立职业教育在我国经济社会发展和教育工作格局中的战略地位，明确提出建立和完善具有中国特色的现代职业教育体系，加强职业教育治理体系和治理能力现代化，逐步探索并走出具有中国特色、世界水平的现代职业教育发展之路。

随着时代的变化，发展职业教育的政策出发点持续"转话语"。20 世纪八九十年代出台的政策，更多地强调职业教育在促进经济社会发展方面的重要作用。进入 21 世纪，职业教育的重大政策越来越视职业教育为现代国民教育体系不可或缺的部分，其推进社会公平和谐发展的重要性得以肯定，不断承认其面向人人、事关民生的价值所在。通过发展公平、优质的职业教育来培养水平技术技能型人才，为经济社会的可持续发展夯实人力资源基础。

（二）将加快发展现代职业教育摆在更加突出的位置

党的十八大召开之后，党中央更加重视职业教育的改革与发展。习近平总书记站在中华民族伟大复兴的历史和现实高度，多次就职业教育作出全面、系统的重要指示，就加快发展现代职业教育提出明确要求，将职业教育摆在更加突出的位置，加速了我国职业教育现代化进程。

国务院于 2014 年 6 月召开的全国职业教育工作会议是落实职业教育实现中国梦使命的里程碑，为我国新形势下推进现代职业教育的改革发展指明了路径和提出了要求。此次会议，国务院颁布了《关于加快发展现代职业教育的决定》，进一步明确推进现代职业教育发展的战略思路、工作方针、发展目标、办学方向、培养目标、发展方式、办学机制和保障措施。并对现代职业教育体系的建设目标和内容进行了全面系统的规划，由教育部等六部门共同编制发布了我国首个《现代职业教育体系建设规划（2014—2020 年）》。党的十八大以来，始终坚持将加快发展现代职业教育和推动经济转型升级同部署、同推进，通过加快构建现代职业教育体系，提高国家技术技能型人才培育能力，提升产业人力资源水平和质量，职业教育不断为中国梦的实现，提供高素质技术技能型人才支撑。

（三）开启新时代职业教育支撑中国梦的新征程

党的十九大提出建设教育强国是中华民族伟大复兴的基础工程，职业教育是实现教育强国、推进教育现代化的重要根基。至此，开启了新时代职业教育发展的新征程。2018 年 11 月 14 日，中央全面深化改革委员会第五次会议审议通过了《国家职业教育改革实施方案》，该方案于 2019 年 1 月 4 日由国务院正式印发，该方案是新时代职业教育深化改革发展的纲领和蓝图。新时代历史的起点上，面临新的矛盾和挑战，同时具备了大力发展职业教育的基础与条件。通过全力贯彻落实《国家职业教育改革实施方案》，构建现代职业教育的类型体系，补足在职业教育本科层次、研究生层次的发展短板，培养和培育高水平的师资队伍，持续筑牢职业教育质量根基，深化产教融合、校企合作命运共同体的构建，不断提升职业教育服务国家战略的能力，为广大青年人提供更多人生出彩的机会，实现人的全面发展和社会的全面进步。

（四）职业教育从单一学历教育到面向人人的终身教育

中国特色职业教育适应经济社会发展和人的全面发展需求，建立中等和高等职业教育学历体系，实现技术技能型人才的系统培养。同时，体现终身教育理念，推动职业教育与普通教育、继续教育相互沟通，建立技术技能型人才成长"立交桥"。

1. 职业学校在国民教育体系中发挥重要作用

改革开放以来，经过大力恢复、新建和发展中等和高等职业院校，持续发挥中等职业教育在现代职业教育中的基础性作用和高等职业教育在优化高等教育结构中的重要作用，使中等和高等职业教育紧密衔接，我国构建起中职、高职、本科层次职业教育的招生和学历体系。职业教育作为国民教育体系的重要组成部分，为初高中毕业生提供了接受高中阶段教育和高等教育的机会。目前，全国共有中等职业学校 7201 所、高职（专科）学校 1489 所，年招生总规模将近 1000 万，在校生近 3000 万人，具备了满足广大青年接受良好教育需求的能力。与此同时，按照加快发展现代职业教育体系的要求，推进中等和高等职业教育的协调发展，构建技术技能型人才积累体系，以满足经济社会发展对技术技能型特别是高端技术技能型人才的需求。

2. 实行学历教育与培训并重并举

随着经济发展方式和产业结构调整，党中央、国务院破除职业教育封闭办学的局面，强调面向社会、面向人人办学，实现学历教育与职业培训、全日制与部分时间制、职前与职后教育的相结合，职业教育日益成为真正的全民教育、终身教育，其服务社会和受教育者发展的功能更加健全。近年来，职业教育不断深化招生制度改革、拓宽招生范围，持续扩大服务人群，不仅面向适龄学生，还把未升学的初高中毕业生、农民、新生代农民工、退役军人、失业人员均纳入到职业教育的服务体系，扩大招生范围和规模；同时，重点关注弱势群体，如家庭经济困难人群、残障人士以及服刑期满释放人员等等。职业教育的服务区域覆盖了东中西部、城市农村。21 世纪初开始，更是着重强调面向农村、面向西部重点招生。据统计，全国职业院校广泛开展面向农民、农村转移劳动力、在职职工、失业人员、残疾人、退役士兵等的各类培训，每年培训上亿人次。为了确保职业教育的公益普惠得以落实，国家全面推行贫困家庭学生助学金、奖学金、学费减免、助学贷款或延期支付学费等制度，不断扩大资助政策覆盖范围和提高资助标准。改革开放以来，职业教育同步推进学历教育、非学历教育和培训的发展，直接面向经济建设第一线，服务于人民群众的多种需求，支撑人人皆可成才、人人尽展其才，让每个人都有人生出彩的机会。

3. 搭建技术技能型人才成长"立交桥"

长期以来，发展职业教育、推进终身学习得到不断强化，打通"立交桥"，突破"断头路"，取消"天花板"始终是职业教育的发展目标。2014 年颁布的《国务院关于加快发展现代职业教育的决定》明确以终身教育为指导，要求职业教育"服务经济社会发展和人的全面发展，推动专业设置与产业需求对接，课程内容与职业标准对接，教学过程与生产过程对接，毕业证书与职业资格证书对接，职业教育与终身学习对接""加强职业教育与普通教育沟通，为学生多样化选择、多路径成才搭建'立交桥'"。通过构建现代职业教育体系，从纵向来说，持续推进两个方面，即学历教育的纵向贯通和职业资格培训与鉴定体系的纵向贯通；从横向来说，持续实现基础教育、普通高等教育和职业培训与鉴定体系的横向融通，以及全日制和非全日制教育学历和非学历教育的结合，逐步为受教育者打通从中职、高职、本科到专业学位研究生的人才成长通道；搭建起普教与职教间共联、互通的"立交桥"；拓宽劳动者接受继续教育、参与培训鉴定、持续实现终身学习的成长空间。

二、新时代中国职业教育发展政策体系

（一）《中国教育现代化2035》

职业教育2035远景目标将构建产业人才培养新体系，完善学历教育与培训并重的现代职业教育体系，推动教育教学改革与产业转型升级衔接配套。新体系构建是促进职业教育产教深度融合的重要保证，职业院校以"应知+应会"教学为主，知识学习与技能训练"两张皮"的教育方式将被改革，取而代之的是以产业现场工作岗位实际需求为导向，以社会职业标准为参照，以融合知识传授与能力养成为目标，坚持面向市场、服务发展、促进就业的办学方向。在职业教育现代化发展进程中，国家一系列新制度将逐步发挥其促进职业教育现代化发展的重要作用。强化党对教育工作的全面领导，将根本保障学校培养社会主义事业接班人的使命得以传承；健全学校办学法律支持体系，将有力促进学校办学法治化、健康发展；财政教育投入持续稳定增长的长效机制，将确保财政一般公共预算教育支出、按在校学生人数平均的一般公共预算教育支出逐年递增；教育发展监测评价机制和督导问责机制，将有力地促进全社会关心、支持和主动参与教育现代化建设良好氛围的形成；依托国务院职业教育工作联席会议制度，职业教育现代化发展进程成效将得到有效保障。

（二）《国家职业教育改革实施方案》

党的十九大报告中提出的"完善职业教育与培训体系，深化产教融合、校企合作"为推进新时期职业教育改革与发展指明了方向。2017年底，《国务院办公厅关于深化产教融合的若干意见》（以下简称《意见》）颁布，为重点推动职业教育与高等教育综合发展规划了蓝图。2019年2月13日，国务院办公厅颁布了《国家职业教育改革实施方案》（以下简称《方案》），是继《意见》出台之后影响职业教育改革发展大局的又一重磅文件。与以往相比，《方案》的创新力度可谓罕见，同时也是不乏引领职业教育发展方向的行动指南，显示出党中央、国务院对推进职业教育创新发展、培养高端技术技能型人才的重视与决心。《方案》聚焦职业教育改革的重点、难点、热点问题，作出了有针对性的部署。其创新亮点在于，集中力量打造升级版现代职业教育体系，首次提出启动1+X证书制度试点工作，破除制约职业教育发展的关键制度障碍。它要求政府转变自身角色定位，提供优质管理服务；企业抓住时代发展机遇，履行办学责任义务；学校扩大教育对象范围，拓展职业培训功能。

（三）《关于推动现代职业教育高质量发展的意见》

《关于推动现代职业教育高质量发展的意见》提出，职业教育是国民教育体系和人力资源开发的重要组成部分，肩负着培养多样化人才、传承技术技能、促进就业创业的重要职责。在全面建设社会主义现代化国家新征程中，职业教育前途广阔、大有可为。要坚持党的领导，坚持正确办学方向，坚持立德树人，优化类型定位，深入推进育人方式、办学模式、管理体制、保障机制改革，切实增强职业教育适应性，加快构建现代职业教育体系，建设技能型社

会，弘扬工匠精神，培养更多高素质技术技能型人才、能工巧匠、大国工匠，为全面建设社会主义现代化国家提供有力人才和技能支撑。主要目标是：到 2025 年，职业教育类型特色更加鲜明，现代职业教育体系基本建成，技能型社会建设全面推进。办学格局更加优化，办学条件大幅改善，职业本科教育招生规模不低于高等职业教育招生规模的 10%，职业教育吸引力和培养质量显著提高。到 2035 年，职业教育整体水平进入世界前列，技能型社会基本建成。技术技能型人才社会地位大幅提升，职业教育供给与经济社会发展需求高度匹配，在全面建设社会主义现代化国家中的作用显著增强。

（四）《关于深化现代职业教育体系建设改革的意见》

《关于深化现代职业教育体系建设改革的意见》是党的二十大后，党中央、国务院部署教育改革工作的首个指导性文件。党的二十大对职业教育重视程度之高前所未有，职业教育在整个教育体系中的分量之重前所未有，以一体推进教育、科技和人才三大强国建设的宏阔视野，深化现代职业教育体系建设改革的任务之艰巨也前所未有，对职业教育的战略定位越来越突出、实践要求越来越明确、规律认识越来越深入。《关于深化现代职业教育体系建设改革的意见》是在系统总结党的十八大以来职业教育改革发展成就的基础上，对职业教育体系建设改革的进一步深化，是全面贯彻党的二十大精神、着力破解职业教育改革发展突出矛盾和问题的重大改革，是统筹职业教育、高等教育、继续教育协同创新的重要抓手，是推进职普融通、产教融合、科教融汇的关键步骤，集中体现了党中央、国务院部署职业教育改革的新主张、新举措、新机制。

视野窗

《关于深化现代职业教育体系建设改革的意见》
对职业教育发展重点工作作出部署

为深入贯彻落实党中央关于职业教育工作的决策部署和习近平总书记有关重要指示批示精神，持续推进现代职业教育体系建设改革，优化职业教育类型定位，对职业教育发展重点工作作出部署。

1. 提升职业学校关键办学能力。优先在现代制造业、现代服务业、现代农业等专业领域，组织知名专家、业界精英和优秀教师，打造一批核心课程、优质教材、教师团队、实践项目，及时把新方法、新技术、新工艺、新标准引入教育教学实践。做大做强国家职业教育智慧教育平台，建设职业教育专业教学资源库、精品在线开放课程、虚拟仿真实训基地等重点项目，扩大优质资源共享，推动教育教学与评价方式变革。面向新业态、新职业、新岗位，广泛开展技术技能培训，服务全民终身学习和技能型社会建设。

2. 加强"双师型"教师队伍建设。加强师德师风建设，切实提升教师思想政治素质和职业道德水平。依托龙头企业和高水平高等学校建设一批国家级职业教育"双师型"教师培养培训基地，开发职业教育师资培养课程体系，开展定制化、个性化培养培训。实施职业学校教师学历提升行动，开展职业学校教师专业学位研究生定向培养。实施职业学校名师（名匠）名校长培养计划。设置灵活的用人机制，采取固定岗与流动岗相结合的方式，支持职业学校公开招聘行业企业业务骨干、优秀技术和管理人才任教；设立一批产业导师特聘岗，按规定聘请企业工程技术人员、高技能人才、管理人员、能工巧匠等，采取兼职任教、合作研究、参与项目等方式到校工作。

3. 建设开放型区域产教融合实践中心。对标产业发展前沿，建设集实践教学、社会培训、真实生产和技术服务功能为一体的开放型区域产教融合实践中心。以政府主导、多渠道筹措资金的方式，新建一批公共实践中心；通过政府购买服务、金融支持等方式，推动企业特别是中小企业、园区提高生产实践资源整合能力，支持一批企业实践中心；鼓励学校、企业以"校中厂"、"厂中校"的方式共建一批实践中心，服务职业学校学生实习实训、企业员工培训、产品中试、工艺改进、技术研发等。政府投入的保持公益属性，建在企业的按规定享受教育用地、公用事业费等优惠。

4. 拓宽学生成长成才通道。以中等职业学校为基础、高职专科为主体、职业本科为牵引，建设一批符合经济社会发展和技术技能型人才培养需要的高水平职业学校和专业；探索发展综合高中，支持技工学校教育改革发展。支持优质中等职业学校与高等职业学校联合开展五年一贯制办学，开展中等职业教育与职业本科教育衔接培养。完善职教高考制度，健全"文化素质+职业技能"考试招生办法，扩大应用型本科学校在职教高考中的招生规模，招生计划由各地在国家核定的年度招生规模中统筹安排。完善本科学校招收具有工作经历的职业学校毕业生的办法。根据职业学校学生特点，完善专升本考试办法和培养方式，支持高水平本科学校参与职业教育改革，推进职普融通、协调发展。

5. 创新国际交流与合作机制。持续办好世界职业技术教育发展大会和世界职业院校技能大赛，推动成立世界职业技术教育发展联盟。立足区域优势、发展战略、支柱产业和人才需求，打造职业教育国际合作平台。教随产出、产教同行，建设一批高水平国际化的职业学校，推出一批具有国际影响力的专业标准、课程标准，开发一批教学资源、教学设备。打造职业教育国际品牌，推进专业化、模块化发展，健全标准规范、创新运维机制；推广"中文+职业技能"项目，服务国际产能合作和中国企业走出去，培养国际化人才和中资企业急需的本土技术技能型人才，提升中国职业教育的国际影响力。

第三节　继续教育与学历提升

党的十九大报告中明确指出："办好继续教育，加快建设学习型社会，大力提高国民素质。"这为继续教育事业的发展指明了方向，充分说明了继续教育的重要意义。

继续教育是面向学校教育之后所有社会成员特别是成人的教育活动，是终身学习体系的重要组成部分。由于社会进步对继续教育提出了更高的要求，继续教育实践领域不断发展，研究范畴也在不断地扩大和深入，特别是终身教育理念已经为越来越多的人所接受，人们对继续教育在社会中的地位、作用、方法等都有一定的初步认识，继续教育科学研究也有了重大发展。

一、继续教育

（一）加快发展继续教育的基本原则

1. 坚持以人为本，服务社会

人力资源是我国经济社会发展的第一资源，继续教育是持续开发人力资源的主要途径。要把满足经济社会发展和广大人民群众多样化学习需求作为继续教育的根本出发点和落脚点，主动服务更高水平的小康社会建设和满足广大社会成员更新知识、拓展技能、提高素质的需求，促进人的全面发展，促进社会公平，促进人力资源强国建设。

2. 坚持终身教育，构建体系

树立终身教育理念，推进继续教育改革发展和各类学习型组织建设，开展全民终身学习活动，建设终身学习公共服务体系，建立适应终身学习的体制机制和法律法规，搭建终身学习"立交桥"，构建灵活开放的终身教育体系。

3. 坚持政府统筹，分类管理

强化政府责任和统筹规划。建立健全分级分类管理体制，明确各级政府、行业部门、有关社会机构的管理职责，加强统筹协调和规范管理。加大各级政府对继续教育经费和政策的支持力度，推动全社会积极参与继续教育，促进行业、区域和城乡之间继续教育的协调发展。

4. 坚持优化结构，提高质量

创新办学和服务体系，优化专业、项目和课程设置，进一步提高继续教育的针对性和实效性。坚持科学的质量观，着力加强质量标准和评价体系建设，促进规模、结构、质量、效益协调发展，职前教育和职后教育有效衔接，学历继续教育和非学历继续教育协调发展。

5. 坚持改革创新，扩大开放

以体制机制改革为重点，改革人才培养、办学和管理体制，改革质量评价和考试招生制度，改革教学内容、方法、手段，建立学习成果认证、积累和转换制度。坚持开放办学，建立资源开放与共享服务机制。坚持对外开放，加强对外交流与合作。2022 年 5 月，国家开放大学终身教育平台（le.ouchn.cn）正式上线，面向社会免费开放。该平台汇聚国家开放大学自建学习资源、338 所知名高校课程资源免费开放、10 个头部平台的特色课程等共计 50 万门，致力于满足社会大众多元化、个性化的学习需求。

（二）加快继续教育发展的任务

1. 新时代继续教育发展的基本任务

新时代继续教育工作的基本任务是：面向从业人员，以及有创业、择业、转岗需求的人员和就业困难、失业人员开展相应的职业教育培训，使他们在职业道德、文化知识、专业技术和实践能力等方面满足相应岗位的要求；面向有接受中等或高等教育意愿的社会成员开展相应的学历继续教育；面向各类社会成员开展形式多样的道德规范、科技文化、文明生活、休闲文化和健康教育，满足人们日益增长的精神文化生活和幸福生活的需求；建设各类学习型组织，推动全民终身学习。

2. 新时代继续教育发展的具体任务

1）大力发展职业导向的非学历继续教育

以加强人力资源能力建设为核心，大力发展职业导向的非学历继续教育。根据创新型国家建设和人才规划纲要的要求，以提高岗位适应能力和创新能力为核心，有计划、分领域、分层次大力加强对党政管理、企业经营管理、专业技术、高技能、农村实用、社会工作等各类人才的继续教育培训活动，特别是加强重点领域急需紧缺专门人才和高层次创新人才的培训。

2）稳步发展学历继续教育

以提高教育内容和教育方式的针对性为重点，稳步发展各级各类学历继续教育。改革发展成人中等学历继续教育，加强技能型人才培养；稳步发展高等学历继续教育，加强应用型、复合型和创新型高层次人才培养。积极推进高等学校网络教育和远程开放教育改革发展，改革完善高等教育自学考试制度，加快成人高等教育综合改革。

3）充分发挥学校资源优势开展继续教育

引导推动各级各类学校特别是普通高校和职业院校面向社会积极开展继续教育，大力推进学校的教学资源向社会开放。重视发挥普通高校在高等学历和非学历继续教育中的引领、示范作用；充分发挥成人高校在社区教育、行业企业继续教育中的积极作用。鼓励中、高等职业学校实行职前与职后教育、学历与非学历教育、全日制与非全日制教育并举，面向行业企业、社区开展继续教育。统筹农村职业学校、成人学校和中小学等教育资源，坚持"农科教结合"，实行基础教育、职业教育、继续教育"三教统筹"，面向农村地区开展多样化的继续教育活动。

4）加快推进各类学习型组织建设

引导全民树立终身学习理念，促进全民终身学习的文化建设，营造终身学习的良好氛围。加快推进学习型企业、学习型机关、学习型社区等各类学习型组织建设。分类研究制定各类学习型组织的建设标准，建立各类学习型组织评价制度和推广机制，组织建设学习型城市和各类学习型组织示范工作，继续推进"全民终身学习活动周"活动，倡导全民阅读，推动全民学习。

（三）加强继续教育质量建设

1. 全面提高学历继续教育质量

实施本专科继续教育质量提升计划，探索多样化人才培养模式的改革与创新。注重发挥社会主义核心价值观的教育引领作用，引导学习者形成良好的职业观、事业观，树立报效祖国、奉献社会的责任感、使命感。优化学科专业和人才培养结构，建立专业管理和课程建设的新机制。开展高等学历继续教育的专业和课程体系综合改革试点，根据现代产业体系建设的要求，重点建设一批专科、本科示范性专业点和精品课程。创新教育教学方法，倡导参与式、探究式、讨论式、启发式教学。搭建公共服务平台，加强对学习过程的支持服务，为学习者提供便捷、灵活、个性化的学习环境。加强实践环节，与行业企业等方面合作建设继续教育实训基地和产学研基地。建立健全宽进严出的学习制度和灵活开放的教学管理制度。完善业余学习、个性化学习、自主化学习模式。探索建立课程证书、结业证书、毕业证书、学位证书等多证书衔接的管理运行框架。逐步统一各类学历继续教育政策和基本要求，改革高等学历继续教育招生录取办法，统一学历证书式样和内容要求。

2. 增强非学历继续教育的实效性

继续教育是面向学校教育之后所有社会成员特别是成人的教育活动，是终身学习体系的重要组成部分，特别是终身教育理念已经为越来越多的人所接受，人们对继续教育在经济、社会中的地位、作用、方法等都有了深入的认识和实践，继续教育科学研究也有了重大发展。支持各类继续教育机构充分运用现代信息技术，根据现代产业体系建设、行业企业发展需要和学习者需求，开展灵活多样的非学历继续教育。优化项目和课程体系设计，建立继续教育品牌项目和课程资源的评价、公示制度。推进非学历继续教育资源的共建共享，加强优质课程和资源建设，注重教学内容的实用性、时效性和先进性。

3. 建立学习成果认证、学分积累和转换制度

成立国家继续教育学习成果认证委员会，研究建立各类继续教育学习成果认证、学分积累和转换的"学分银行"制度，有计划、分步骤地推进不同类型继续教育间的学分积累与转换工作。高等学校和职业院校要探索建立学历和非学历继续教育沟通与衔接的制度。选择有条件的高等学校开展校与校之间继续教育沟通衔接的研究与试点。选择有条件的区域开展面向各类学习者的学习成果认证和转换的研究与试点。

（四）开展继续医学教育的必要性

继续医学教育是卫生专业技术人员知识更新和能力建设的重要组成部分。对于卫生专业技术人员来说，医学院校教育和毕业后教育只是一个良好的起点和基础，要实现职业生涯不断发展，必须依靠继续医学教育。继续医学教育制度的建立，对于构建中国现代医学教育完整体系、推动中国卫生健康事业可持续发展、建设创新型社会具有重大意义。同时，参加继续医学教育也是卫生专业技术人员的权利和义务。为更好地适应医药卫生体制改革对卫生专业技术人员提出的新要求以及人民日益增长的美好生活需要对卫生服务水平提出的新需求，卫生专业技术人员对继续医学教育的需求也日益迫切。

继续医学教育是对那些高等医学院校学生毕业后，或非高等医学院校毕业，具有中级或中级以上专业技术职务的正在从事专业技术工作的卫生技术人员，通过规范或非规范的专业培训，实现知识更新、补充、拓展和提高的追加教育，其主要任务是使医学人员结合本职工作不断学习新理论、新知识、新技术、新信息，改善知识结构，目的是提高医学人员自主创新的能力，建设高素质创新型的专业医学人才队伍，这也是一种终身必需性医学教育。

二、学历提高

（一）普通高校专升本

1. 普通高校专升本概述

普通高校专升本，又称统招专升本，是普通高等院校的专科学生结束专科阶段的课程学习之后，根据当年教育部与国家发展和改革委员会编报的《全国普通高校招生计划》和《全国普通高校分学校分专业招生计划》（招生计划人数控制在各省当年普通全日制专科应届毕业生总人数的 5%），各省普通高等院校公布招生人数，选拔优秀普通专科应届毕业生在毕业之前三年级第二学期参加由省教育考试院组织的统一考试（部分省份为本科校方出卷），按原专业或相关专业升入本科院校继续进行正规本科教育的制度。

2. 普通高校专升本考试

普通专升本选拔考试属于省级统一招生标准选拔性考试，由各省教育厅领导，省教育考试院统一组织管理，各设区市招考机构具体组织实施，考试选拔对象为应届普通全日制（统招入学）的高职高专（专科）毕业生。实质是大学专科阶段教育与本科阶段的专业教育的衔接，实行的是 3+2 模式，即在普通专科全日制学习三年，再考入普通本科全日制学习二年的模式（三年制医学类除外）。

3. 教育部相关法规政策

普通专升本教育始于 2001 年，根据《中共中央　国务院关于深化教育改革全面推进素质教育的决定》、教育部有关本年度普通高等学校招生计划的通知以及教育工作会议精神，为了构建与社会主义市场经济体制和高等教育内在规律相适应、不同类型普通高等教育相互衔接的教育体制，使部分优秀高职高专（大学专科）毕业生能够进入普通本科阶段学习，学生在本科学习期满并达到普通本科毕业所需学分后颁发普通本科毕业证书，符合学位授予条件的授予学士学位。

普通高校"专升本"考试一年一次，学费按升入学校同届学生收费标准执行。普通专升本纳入当年教育部全国普通高校招生计划，被录取的学生享受与普通高等学校招生全国统一考试（普通高考）统招四年制本科生同等待遇，同为国家计划内统招培养的本科生，本科为第一学历。有别于自考专升本、成人高考（函授、业余）专升本、远程教育（网络教育）专升本、广播电视大学开放式专升本等非统招学历。

根据教育部办公厅《普通高职（专科）毕业生服义务兵役退役后接受普通本科教育招生办法（试行）》精神，普通高等学校高职（专科）应届毕业生应征入伍的，在退役后一年内，可凭身份证、普通高职（专科）毕业证和士兵退役证，到其户籍所在地的市级考试机构办理报名和确认手续。市级考试机构需协同当地民政部门，认真审核确认考生士兵退役身份证明。其余事项与普通考生相同。具体政策由各省教育主管部门制定。

4. 办学院校

可进行普通专升本考试的普通高等院校：各大专层次的普通高校，包括公办、民办的本科院校的专科；公办、民办高等职业技术学院（高职）；公办、民办高等专科学校（高专）。

可接收普通专升本学生的普通高等院校：办学条件达到国家设置标准的普通本科院校，经省教育厅批准，可按规定的推荐选拔程序和名额招收优秀高职、高专毕业生进入本科阶段学习。只有国家公办本科院校具有普通专升本招生资质。（教育部与国家发展和改革委员会表示，从2005年起"985工程"和"211工程"重点建设的高校、独立学院和民办院校原则上不举办普通专升本教育。）

5. 考试制度

普通专升本考试，大部分省份为省教育考试院组织的统一考试，小部分为省教育厅高教处组织的统一考试。各省市的出题方式不同，以当年各省教育考试院或教育厅公布的政策为主。考试时间不一，由各省教育考试院制定的当年政策决定。考试形式不一，主要以笔试为主，分为统考和校考两种。统考考试科目分文、理科，具体为：录取类别由专科阶段所学专业决定。基础课为省统考，专业课各省规定不同，分为统考和本科院校出题两类。

统招专升本只限报考专科所在省份的本科院校，不允许跨省报考，且所报专业必须与所学专业对口，目前已有某些地方允许跨专业报考。

就考试科目而言，各省情况不一，但通常有2门考试科目，分别是公共课（政治、英语）和专业课，艺术专业根据所报考学校规定可能会增加本科专业加试。

6. 招生对象

仅限于应届优秀普通全日制专科毕业生，某些省份应往届毕业生均可报名（还包括退役普通专科士兵免试进入普通专升本）。各省市和学校规定不同。某些省市和学校要求英语三级以上（上海为四级）、无不及格记录；某些省市和学校无此要求，具体情况请参照当年各省的政策。

7. 统招专升本招生专业

就普通专升本招生专业而言，省份不同、学校不同，则所设专业也不尽相同，但一般与教育部所公布的普通本科专业设置相一致。需要注意的一点是：普通专科应届毕业生只能选择与专科阶段所学专业相对口的本科专业，也就是与普通高考不同，普通高校专升本在报考专业时，必须专业对口。另外，在院校选择上也受到一定限制，通常只能报考本省内设有相关对口专业的高校，不允许跨省报考。

具体省份具体学校每年统招专升本的专业设置，都不尽相同，有意报考的在校专科应届毕业生，可以及时关注、查询所在省份教育机构网站（教育考试院、省教育厅）所提前发布的当年普通高校专升本考试的院校及专业设置等相关信息。

8. 报考条件

选拔对象为列入国家普通高校招生计划、经省招生部门按规定程序正式录取的、本省各类普通高校的专科三年级在籍学生（普通全日制统招入学）。

坚持四项基本原则，遵纪守法；具有较高思想道德修养和文化素质，上进心强，品行端正；在校期间未受记过（含）以上处分，无考试作弊记录。

部分省份要求英语水平，比如，浙江省要求通过浙江省大学英语三级考试或高等学校英语应用能力考试 A 级。

具有普通高职（专科）毕业学历的退役士兵，经民政系统等有关单位按照规定和程序审核后，可参加普通专升本。

9. 学费和待遇

进入本科阶段学习的学生，按录取学校所录专业的学费和住宿费收费标准交纳有关费用，普通高校专升本学生享受统招本科生相同的待遇。各高校要根据国家有关资助困难学生的政策规定，采取奖、贷、助、补、减等措施，帮助困难学生完成学业。学生学习期满，各科成绩合格，由本科院校按照《教育部关于当前加强高等学校学历证书规范管理的通知》要求颁发本科毕业证书（即注明专科起点，两年制本科），毕业后自主择业。

（二）成人高等教育专升本考试

1. 成人高考

成人高等学校招生统一考试简称成人高考，是我国成人高等学校选拔合格的毕业生以进入更高层次学历教育的入学考试，属于国民教育系列，列入国家招生计划，参加全国招生统一考试，各省、自治区、直辖市统一组织录取。

设立之初，目的是解决在岗人员的学历教育和继续教育问题，参加者多为成年人。它是国家终身教育体系中高等教育的重要组成部分。

现行的成人高等学历教育与普通高等教育、高等教育自学考试统称为教育部核准的国民教育系列高等学历教育。列入国家招生计划，国家承认学历。成人高考分为专科起点升本科（简称专升本）、高中起点升专科（简称高起专）和高中起点升本科（简称高起本）三个层次。录取入学后的学习形式包括函授、业余和脱产三种学习形式，以前两种形式为主，脱产学习只有极少数成人高校实行。

教育部出台允许社会各界人士和在校生参加全国成人高考，这满足了大部分社会在职人员和中等职业院校在校生享受高等教育的机会。成人高考文凭是国家承认的学历文凭之一。单纯地从成人高考文凭含金量上来讲，它是仅次于普通高等教育（普通高考）和自学考试的。

从成人高考学习本质上讲，成人高考、自学考试和普通高考一样，都是考生提高素质的国家级大考，只是由于本身的学习特征需要，才在学习形式等环节上有所差别，进行了一定区分。

2. 远程网络教育

远程网络教育，在教育部已出台的一些文件中，也称现代远程教育为网络教育，是成人教育学历中的一种。它是指使用电视及互联网等传播媒体的教学模式，它突破了时空的界限，有别于传统的在校住宿的教学模式。使用这种教学模式的学生，通常是业余进修者。由于不需要到特定地点上课，因此可以随时随地上课。学生亦可以通过电视广播、互联网、辅导专线、课研社、面授（函授）等多种不同途径互助学习，是现代信息技术应用于教育后产生的新概念，即运用网络技术与环境开展的教育。招生对象不受年龄和先前学历限制，为已步入社会的人员提供了学历提升的机会。

远程网络教育的特点是：学生与教师分离；采用特定的传输系统和传播媒体进行教学；信息的传输方式多种多样；学习的场所和形式灵活多变。与面授教育相比，远距离教育的优势在于它可以突破时空的限制，提供更多的学习机会；扩大教学规模，提高教学质量，降低教学的成本。基于远程网络教育的特点和优势，许多有识之士已经认识到发展远程网络教育的重要意义和广阔前景。

3. 自学考试

高等教育自学考试简称自考，1981 年经国务院批准创立，是对自学者进行的以学历考试为主的高等教育国家考试，是个人自学、社会助学和国家考试相结合的高等教育形式，是我国社会主义高等教育体系的重要组成部分。其任务是通过国家考试促进广泛的个人自学和社会助学活动，贯彻《宪法》鼓励自学成才的有关规定，进行以学历考试为主的高等教育国家考试。自学考试的目的是造就和选拔德才兼备的专门人才，提高全民族的思想道德、科学文化素质，使其适应社会主义现代化建设的需要。

自学考试是我国高等教育基本制度之一，是我国现阶段高等教育的一个重要组成部分。学生经过系统的学习后，通过毕业论文的答辩、学位英语的考核达到规定的成绩，可申请授予学士学位、参加研究生考试，并可继续攻读硕士学位和博士学位，待遇与高考统招生相同。

自学考试已遍及全国 31 个省、自治区、直辖市及军队系统和港、澳、台地区，是我国规模最大的开放的高等教育形式。中华人民共和国公民，不受性别、年龄、民族、种族和已受教育程度的限制，均可依照国务院《高等教育自学考试暂行条例》的规定参加自学考试。

（三）高职医学生专升本（以河北省为例）

1. 河北省医学类专升本招生院校、专业
2022 年河北省医学类专升本招生院校共 12 所，11 个专业，分别如下。
华北理工大学：康复治疗学、中医学、针灸推拿学、中药学。
河北医科大学：康复治疗学、助产学、护理学、临床医学、药学、医学检验技术、医学影像技术。
张家口学院：护理学、药学。
河北中医学院：中医学、针灸推拿学、中药学。
河北北方学院：护理学、医学检验技术。
承德医学院：护理学、临床医学。
河北地质大学华信学院：护理学。
北京中医药大学东方学院：护理学。
燕京理工学院：护理学。
河北外国语学院：护理学、康复治疗学、口腔医学技术。
河北科技学院：护理学、助产学。

河北东方学院：护理学、医学影像技术。

2. 河北省医学类专升本考试科目

河北省医学类专升本考试科目分为公共课和专业课。公共课考政治和英语，每科目满分100分；专业课考专业基础课和专业综合课，每科目满分150分。

河北省医学类专升本英语考试科目根据教育部2000年颁发的《高职高专教育英语课程教学基本要求》中所规定的A级要求，参照《大学英语课程教学要求》中三级要求，并考虑我省高职高专英语教学实际，制定考试内容。河北省医学类专升本考试公共政治课考试内容包括：马克思主义哲学原理、中国特色社会主义理论体系概论以及部分重大时事。马克思主义哲学原理部分：主要考查学生掌握辩证唯物主义和历史唯物主义基本原理和马克思主义哲学中国化理论成果的状况，考查学生树立马克思主义哲学思维的实际水平和运用马克思主义哲学原理与方法分析和解决现实问题的能力。中国特色社会主义理论体系概论部分：主要考查学生对中国特色社会主义理论体系的形成发展、主要内容和精神实质的理解和掌握情况，对党的基本理论、基本路线、基本纲领、基本经验、基本要求的认识情况，以及运用有关理论分析和解决实际问题的能力。时事部分：主要考查学生对国内外重大事件的了解情况和分析辨别能力。

专业课程各专业考试科目各有不同，2022年河北省医学类专升本考试各专业的专业课考试科目包括：护理学专业——生理学和人体解剖学；助产学专业——生理学和人体解剖学；康复治疗学专业——生理学和人体解剖学；临床医学专业——医学生物化学和人体解剖学；药学专业——无机化学和有机化学；医学检验技术专业——临床检验基础和生物化学检验；医学影像技术专业——病理学和人体解剖学；针灸推拿学专业——中医基础理论和正常人体解剖学；中药学专业——中药学和中药化学；中医学专业——中医基础理论和正常人体解剖学；口腔医学技术专业——口腔解剖生理学和人体解剖学。

3. 近年来河北省医学类专升本考试政策变化

2022年河北省医学类专升本考试政策与上年相比基本无变化，但2022年相比往年在跨专业方面多了一条限制：经生源学校审核同意后，也就是说跨专业报考是需要经院校审核的。从政策中可以看出普通医学类以外的专业在经过院校审核同意后是可以跨专业报考的，但是报考医学类专业（临床医学、中医学、针灸推拿学）及护理学、助产学专业的考生，原学专业应与报考专业保持相同。也就是说，临床医学、中药学、针灸推拿学以及护理学、助产学专业的学生是"可以跨出，但不能跨入"报考的。

目标检测

1. 什么是终身学习理念？高职医学生树立终身学习理念的重要性是什么？
2. 高职毕业后有哪些途径可以进行学历提升？

参 考 文 献

陈兰云，胡继兰，王芳倩. 2016. 大学生职业生涯规划[M]. 北京：科学出版社.

陈兰云，王冬杰，李谭. 2017. 大学生就业指导[M]. 北京：科学出版社.

李小妹，冯先琼. 2022. 护理学导论[M]. 5 版. 北京：人民卫生出版社.

刘晓筝. 2017. 大学生职业生涯规划目标的作用及实现策略探析[J]. 河南财政税务高等专科学校学报，31（4）：69-72.

沛霖·泓露. 2015. 主动，让行动决定一切[M]. 北京：中国商业出版社.

闫岩. 2012. 职业生涯规划[M]. 北京：北京师范大学出版社.

应届生求职网. 2009. 应届生求职笔试全攻略[M]. 上海：上海交通大学出版社.

张琳琳，王慧玲. 2019. 护理学导论[M]. 2 版. 北京：人民卫生出版社.

张文会. 2015. 自信赢得未来[M]. 北京：中国商业出版社.

赵正宝. 2012. 趋势的力量：个人职业发展战略决策必修课[M]. 北京：中国广播影视出版社.

周春美，陈焕芬. 2019. 基础护理技术[M]. 2 版. 北京：人民卫生出版社.

周艳芬. 2021. 新时代医学生责任担当意识培育研究[J]. 西部素质教育，7（18）：67-69.

邹红艳，马淑平，尹艺霏. 2014. 高职高专学生创业与就业指导[M]. 北京：中国水利水电出版社.

参 考 文 献